PARTIAL TRUTHS

我們的心智如何被分數扭曲，並學會克服它

TRUTHS
誤判的總和

HOW FRACTIONS DISTORT OUR THINKING
JAMES C. ZIMRING

詹姆斯・齊姆林 ———— 著　唐澄暐 ———— 譯

獻給金（Kim）、亞力克斯（Alex）和露比（Ruby）

你們讓一片片的我合為整數

目次

第三部
我們能否逆轉錯誤感知，且我們有必要嘗試嗎？

致謝

從空白頁面到成書可不是簡單工夫,那必然需要許多人的貢獻和鼓勵——本書確實就是如此。多年來,我喋喋不休地跟朋友同事(當然同事也是朋友)談本書背後的主題和概念,我要謝謝他們所有人的耐心回饋與對話,也包括對文中具體案例的看法。我特別要向 Steven Spitalnik、Patrice Spitalnik、Angelo D'Alessandro、Katrina Halliday、Chance John Luckey、Krystalyn Hudson、Eldad Hod、Heather Howie、Janet Cross、Jacqueline Poston、Karolina Dziewulska 以及 Ariel Hay 獻上我的衷心感謝。我想特別表揚 Ryan D. Tweney,既成為我在認知心理學方面求教及聽取意見的對象,也是我的朋友,但很遺憾在我的撰稿期間離世——我懷念能拿起電話向你求教的時刻。

我特別感激 Lee McIntyre 好心指導正在起步寫作的我,不只是整體指導,也在本書的思考和概念上給我關鍵的回饋。我也很感激 Cailin O'Connor、Mark Edward、Karla McLaren、Carla Fowler、David Zweig 以及 Steven Lubet 的學術回饋。我也感謝審稿的同行,他們好心自願花時間審核文章並提供關鍵回饋——雖然我始終無從得知大名,

但我謝謝各位——因為你們的有益批評，讓本書紮實許多。

從本書起草到付梓，我極其有幸獲得許多能人協助，包括 Al Desetta、Miranda Martin、Zachary Friedman、Robyn Massey、Leah Paulos、Marielle Poss、Noah Arlow 以及 Ben Kolstad。特別感謝 Jeffrey Herman 的支持鼓勵。

最重要的是，我想感謝家人，感謝你們無盡的支持、愛與鼓勵。

前言

我們人類對自己實在是熱衷到不行。從古至今，西方哲學、心理學、生物學和神學的學術研究，有相當大一部分都曾嘗試解釋，像人類這樣絕妙無比的東西是怎麼形成的。對亞伯拉罕諸教的神學家來說，人類是按照宏偉如上帝的形象所造的。早在古代，哲學家就以推理能力做出明顯區隔，將人類分到高過其他所有動物的類別。亞里斯多德把人類形容為理性動物。[1] 笛卡爾覺得動物就像無法思考的自動機器；只有人類有能力推理。當然，這類學者也都知道，人類不時會（甚至說常常會）做出不理性行為，但他們把這解釋成無法壓抑潛伏於我們心中的動物傾向。不論人類是否隨時都在進行推理，他們都是唯一有推理能力的動物。研究哲學，使我們開發了心智，並學會讓理智控制行動，也讓我們達到與宇宙本質和諧一致的心靈內在和諧，而邁向美好人生。以現代用語來說，不論人的理性是諸神（或單一上帝）的天賦，還是天擇的結果，其實並不重要——明白可見的是，人類的推理能力超越了地球上所有動物的推理能力，並使我們與野獸有所區別。[2]

然而，認知心理學領域卻一反長久以來自吹自擂的那套偉大敘

事，在不過五十到六十年間，就描述了人類認知在觀察、感知和推理上不斷增加的連串錯誤。這樣的「弱點」雖然只在某幾類問題及某些特定情況下最為盛行，但肯定是存在的。當然，人要怎麼想、怎麼做，並不是全人類都一樣。每個人的認知都不同，而特定經驗、遺傳及環境變項，以及文化脈絡之類的因素，都影響一個人心智的可能運作方式。儘管如此，所有人類的頭殼裡總還是裝著某種版本的人腦，會使用一種我們都具有的整體認知設備。當我寫到人類認知時，我指的是平均來說人類怎麼思考；也就是說，並非指特定某個人會怎麼思考，而是說人多半（或說絕大多數人）會怎麼思考。我們對人類認知的全新理解，實在是令人震驚。

認知心理學家以五花八門的方法，一而再再而三地證實（在某些特定條件下）人類連在簡單的推理邏輯任務上都會一直失敗。或許更令人擔心的是，人類有一種缺陷，使其無法看見並理解周遭世界的「真貌」。[3] 先不談我們恐怕無法用世界的事實邏輯推理，我們甚至一開始連大部分的實際情況都觀察不到。或許最令人煩惱的一點，就是人類對自己的思考有著貧弱到不行的洞察力，並且對於我們處理資訊的方式，以及不同因素對這些處理程序造成的影響，通常都無所察覺。

這不代表我們缺乏深入心智的洞察力；關於我們的心智如何運作，我們其實有相當多的知覺。對人類來說，思考為何我們會得出某些結論、評估我們可能受了什麼影響，解釋我們抉擇背後的理由和推理過程，都是輕而易舉的事——問題只在於說，我們常常弄錯。我們在精神方面的自我評估，就跟人類在觀察和推理時一樣，很容易出錯。就連笨手笨腳犯著錯的時候，我們往往還是自認為正確無誤。不管怎樣，認知心理學至少解釋了人類為什麼花了那麼多時間試著解釋人類有多

了不起——我們的天性就是會從好的一面來誤解自己。

本書會思考兩個基本問題。首先，我們要如何真正深入瞭解自己會犯哪些種類的錯，以及那些錯誤如何影響我們的內在思考以及我們對外在世界的知覺？為了闡明人類思考的特性，本書會專注於分數（fraction）的概念，來探討各種人類錯誤背後的基本形式。

接著，如果人類在認知上真的那麼充滿瑕疵，如果我們的觀察不正確，如果我們沒採用邏輯思考，那麼人類在使用推理思考來製造工具、解決問題、開發先進科技，且基本上接管了整個世界時是那麼有效率，又該如何解釋呢？

先把人類進步是好是壞的爭辯——亦即我們究竟是朝著某個值得讚美的結果邁進，還是只在摧毀世界和彼此——擱一邊，我們很難去否認人類的技術已大幅進展，並解決了許多極為複雜的難題。這麼容易出錯的認知，怎麼有辦法達成這樣的任務？難道認知心理學全弄錯了，還是說我們能找到別的原因？雖然這些問題從頭到尾都會隱約包含在本書背景中，但本書第十一章會認真處理這些問題。然而，本書的重點是描述潛藏在許多錯誤背後的單一特定形式，透過分析它的特性，好讓我們更瞭解它，學著辨識它，研究它體現在真實世界的各種模樣，並思考策略來避免這類錯誤。

錯誤的種種形式

（不論是有意還是無意，總之）有著俏皮話天分的知名棒球選手兼總教練尤吉・貝拉（Yogi Berra），有一回去某餐廳點披薩。櫃台後面的廚師問他想切四片還是六片，他回答說：「你幫我把披薩切四片，因為

我沒餓到能吃六片。」也有人說貝拉曾講過:「棒球有 90% 取決於精神;剩下那一半就是靠體能了。」這兩段話之所以好笑,是因為它們違反了直覺中分數運作的規則。

本書會探討人類認知如何處理符合分數形式的問題,包括風險(risk)、可能性(odds)、機率(probability)、比率(rate)、百分比(percentage)和頻率(frequency)。尋找現代生活的正確方向時,不太可能不會遇到這些概念或不運用這些概念。探討分數如何運作以及我們如何理解(和誤解)分數,會幫助我們看出,為何許多深植我們心中的直覺思考程序,不論如何遵照神經學來運作,都很容易犯下某幾種錯誤。它也揭露了,在某些環境下的錯誤,可以在其他環境下是極大的優勢。整體來說,瞭解分數可以幫助我們瞭解自己。

比率、頻率、百分比、機率、風險和可能性的反直覺特性

平淡無奇的分數儘管概念上簡單,卻有著複雜的細微差異。因此,我們既容易出於無知而誤解分數,也容易被刻意操縱分數的人所誤導。我們把百分比和風險這類問題當成尋常概念來運用,而且運用起來還很有效。然而當我們誤解它們時,我們恐怕不會留意到,可能是因為機率和頻率這類概念是要用在群體上。人類的認知是在經驗相傳的游牧小群體環境中演變而來的,而不是在分析了一組組反映人口的資料後,以其作為背景脈絡發展出來的。[4] 這可能解釋了一種情況:出於眾多理由,統計群眾所得出的高品質數據若能(且一定要)被妥當分析,就可以比經驗相傳的資訊來得強大太多,但即便如此,人們還是偏好後者。[5]

結果就是，常識常常出錯，尤其把常識運用在不是我們經演化來適應處理的那一類資訊時，又更容易發生。這有可能就解釋了我們的直覺為何覺得錯誤思考「感覺起來是對的」——因為我們沒辨別出當下在分析的是別種資訊。但也有好消息；當人類接觸到解釋和論證，顯示他們有可能弄錯後，他們就算不能改變潛藏於心的直覺，至少能改正結論。壞消息則是，人類實在沒那麼擅長調整思考方式，來自行發現錯誤並加以避免。就算我們發覺會有什麼樣的錯誤發生，並學著辨識出錯誤發生的條件，正確答案還是有可能「感覺起來」不正確。萬古的演化可沒那麼輕易就被克服。

幾句警語

撰寫本書時，一個無法避免的諷刺始終存在我心中。我努力給出一個平衡過的看法，並考量別種論點，但即便如此，我呈現的證據還是有所選擇；書本篇幅、作者的見識以及讀者的專注範圍還是有限。換句話說，在寫一本談「只留意世界上一部分資訊」的書時，我能提出的證據，不論是支持還是反對這個概念，也都只是現有證據的一部分而已。我一直有留意到，這本書是在西方哲學和智識傳統下寫成的，因此我盡了全力去避免認知或文化上的帝國主義概念；然而我畢竟是我所屬文化的產物，並會為我的視角所偏誤。更何況，我還是使用某個版本的人腦撰寫這本書的（雖然有些認識我的人可能會否定這主張）。所以根據我自己的論點，在談誤解分數時，我往往也會誤解分數，而且犯了這毛病卻渾然不覺。若交互論的人類推理模型正確（在第十一章會詳細說明），那麼至少我知道我的論點會經由他人的爭論和駁斥而獲得

審查。我身為科學家和作者的經驗，讓我有信心認為，舉凡有人留意就少不了爭辯和批評。出於科學實作最偉大的傳統，我就算情感上不樂見，理智上還是歡迎爭辯批評的。

本書的組成與目標

本書第一部定義了一連串可能造成誤解發生的情況並加以解釋，而這些情況是資訊或想法（可用分數來呈現）的形態所造成的。我同時從實驗室受控環境以及真實世界取用例子，來描述這些程序，並藉以瞭解它們的細微差別。第二部以第一部為基礎，進一步探討在真實世界中以及特定脈絡下所顯現的模樣。探討的領域從政治到刑事司法系統、替代醫療與新時代信仰，到宇宙智慧設計論，甚至最後來到硬科學領域。探討的領域之所以如此廣泛，是因為舉凡人類的心智在思考，我們所討論的這個認知程序就存在，因此不管人類想什麼，它們都會顯現。

第三部則是探討為何認知錯誤也能產生巨大優勢，且有可能是人類搞懂事情的能力中一個不可或缺的因素。這些主題直接關係到「人類有多麼容易出錯」與「我們在增進理解和改進技術上有多成功」的明顯矛盾。那種自然而然就覺得「我們應根除我們視為錯誤之事」的衝動，有可能使人誤入歧途——就跟世上許多事一樣，好壞很少黑白分明。好壞要從淨效應來看，也要從背後脈絡來看，而一個獲得充足資訊的策略，應該要把這樣的因素也考量進去。最後一章則討論，我們在「如何減輕或抑制這些認知效應」方面知道了些什麼，這樣做是否妥當，以及何時這麼做才妥當。

第一部

錯誤感知的問題

第一章

分數問題

1979年，出生於美國俄亥俄州的詹姆斯·達拉斯·艾格柏三世（James Dallas Egbert III）正在密西根州立大學（Michigan State University）念書。人稱「達拉斯」的艾格柏是個天才兒童，早早在十六歲就進了密西根州立大學。[1] 他也是《龍與地下城》（*Dungeons and Dragons*，D&D）的重度玩家，有些人可能會說他是狂粉。那年8月15日，他失蹤了。在他宿舍房間發現的手寫字條看起來像他的自殺遺書，但沒找到屍體，於是警方展開一場調查，要查出他發生了什麼事。[2]

《龍與地下城》是大受歡迎的角色扮演遊戲，玩家投入共同想像活動，並在充滿魔法、謎團和戰鬥的怪獸橫行世界中扮演中世紀的冒險人物。我是根據個人懷念不已的經驗，來描述這款遊戲的。我年輕時是個狂熱的《龍與地下城》玩家，徹底沉迷於這個遊戲。《龍與地下城》就跟任一種風靡一整個世代孩童的新風潮一樣，對父母來說又奇怪又陌生。它是一個神祕的黑盒子，充滿了暴力、惡魔、魔鬼以及不祥的魔法。在我母親那一代，人們得要擔憂普萊斯里（Elvis

Presley）[1] 那扭來扭去的臀部；在我這一代，父母對《龍與地下城》充滿疑慮，並小心翼翼地看待這種奇怪的新流行。

試圖找到達拉斯的調查者發現，他常玩的那種《龍與地下城》，還會在密西根州立大學底下宛如迷宮的 12.9 公里蒸汽通道內進行實境角色扮演。或許在隧道裡出了什麼差錯。媒體很快就盯上《龍與地下城》。報紙頭條可說聳動到了極點：[3]

「失蹤青年恐投入冒險遊戲」

「失蹤學生是否成為遊戲受害者？」

「腦力幻想造成離奇失蹤」

「學子恐因腦力幻想遊戲喪命」

「學子恐死於『地下城』」

全面搜索蒸汽通道的行動引來大量關注，但也沒因此得到達拉斯去向的相關線索。[4] 最終在 1979 年 9 月 12 日，有人找到了失蹤近一個月的達拉斯，他還活著，而且身體狀態不錯。那些偵探是怎麼查到他的？他們沒查到。是達拉斯聯絡了其中一個找他的偵探，要他把自己帶回去。他人在離東蘭辛（East Lansing）[2] 約 1860 公里遠的路易西安納州摩根城（Morgan City）；他在一座油田工作，隱姓埋名地跟一群人合住在一間破爛公寓裡。[5]

達拉斯的案件使得全國關注起《龍與地下城》。令人震驚的是，

---

1 譯注：中文亦稱「貓王」。

2 譯注：密西根州立大學所在地。

頻繁玩《龍與地下城》的青少年於 1980 年代初期出現了一連串自殺和他殺行為。到了 1985 年，對於《龍與地下城》可能導致精神變態、謀殺和自殺的擔憂，已徹底發展為一場成熟的行動。擔心《龍與地下城》可能和自殺有關並沒什麼不妥，因為有一些相關性是真的，甚至可能有因果關係。如果某個東西可能有危險，就不該忽視，而且有明顯的證據顯示《龍與地下城》可能真有危險之處。

　　媒體的關注集中在人們擔心玩《龍與地下城》很危險的擔憂上。連《六十分鐘》（美國最出名且精良的新聞節目）都針對這個問題做了一段專題。蓋瑞・吉蓋克斯（Gary Gygax，《龍與地下城》的兩名創始者之一）接受節目採訪，並直接回答了以下問題：「如果你發現有十二個孩子遭逢了謀殺式自殺[3]，而且他們彼此之間有個關聯因素，你難道不會去質疑那個因素嗎？」吉蓋克斯回答，「我一定會以科學態度來質疑，但這麼做恐怕是最不科學的。」那段節目作出了以下陳述：「有些人擔憂，遊戲到了易受影響的孩子手中會造成傷害；也有證據看似支持這種看法。」接著是一份名單，列出玩《龍與地下城》的人的年齡以及他們的遭遇。

　　所以，我們要如何評估人們提出的可定罪證據？後來一份更詳盡的分析證實了有二十八名常常玩《龍與地下城》的青少年曾經謀殺他人、自殺或者兩者兼行。有人可能會問，要不要乾脆禁掉這款遊戲，我們還在等什麼？[6] 畢竟已經失去了二十八條性命，還需要追加什麼事實？但其實，需追加的事實還有好幾個。

　　第一個事實是，在 1984 年時，《龍與地下城》已受歡迎到估計有

3　譯注：指人在自殺前或者在自殺過程中殺死其他人。

三百萬青少年在玩。第二個事實是，當時全美青少年的整體自殺率，大約是每年每一百萬個青少年當中有一百二十人自殺。這代表，在玩《龍與地下城》的三百萬青少年中，若沒有其他額外的風險因素，那麼預估每年平均會有三百六十人自殺。換言之，乍看之下驚人的多年來累積的二十八人，其實只是（《龍與地下城》玩家）每個一般年間預期自殺數的 1/12。這樣看來，《龍與地下城》反而具有療效，降低了自殺率。[7] 在考量了玩《龍與地下城》的青少年人數及背景自殺率之後，《六十分鐘》口中「似乎支持」《龍與地下城》十分危險的證據，反而支持了相反看法。

關於這個主題，有大量研究發表在科學期刊、非科學期刊、一般媒體、專題論文和線上文章上（總共超過一百五十篇著作）。[8] 到頭來，沒有哪個可靠證據支持「角色扮演這類遊戲，或者《龍與地下城》這款遊戲，會提高謀殺或自殺等危險行為出現的風險」的說法。[9] 但不幸的是，在達拉斯返家近一年後，也就是 1980 年 8 月 11 日那天，他朝自己的頭部發射了一發點二五子彈。六天後他的維生機器停止。[10] 達拉斯為何自殺，我們永遠無從得知。但我們確實知道，玩《龍與地下城》以及自殺之間並沒辦法找到可信的關聯，我們也沒有理由去猜測幻想角色冒險遊戲會怎麼傷害達拉斯。比較可能的情況反而是，《龍與地下城》其實曾幫忙他度過痛苦艱難的時期。精神疾病和憂鬱症要顯現在人的心中，並不需要外在原因；如果非得假定一個原因，那麼和達拉斯身為非異性戀者所經歷的社會羞辱還更可能有關。人們已清楚知道這類羞辱確實和較高自殺風險有關，[11] 不像《龍與地下城》那樣與自殺之間的關聯未明。有鑑於這番說明，由誤解導致的錯誤應該就很清楚明白了。但我們要怎麼正式描述這種錯誤？如果我們能辨識

出錯誤的普遍形式，我們便能記得那種形式，並在其他情況中加以警惕防範。分數概念，就是描述這種形式的其中一種方法。

把分數形式當作概念框架使用

你們之中許多人聽到「分子」和「分母」這類用詞時，可能會勾起深藏在回憶裡霸道的國中數學老師，或是回想起面對長串難題亂寫一通、試圖算出百分比的悔恨創傷。好比這樣的問題：

強尼買了六塊錢的水果，莎莉買了九塊錢的水果。強尼只買了蘋果（一個兩塊），而莎莉只買了柳橙（一個一塊）。那麼蘋果佔全部水果的百分之多少？[12]

不要慌。應該已經沒有人會用這方面的能力來評判你這個人了，而本書接下來也不會再多提這種假設提問。我們就只需要使用簡單的數學概念。

我們接下來處理的分數有這樣的定義：上面的數字是分子，告訴你有多少個東西具有某種特性。下面的數字是分母，告訴你總共有多少個東西。[13] 現在來想想 1/2 這樣的簡單分數，即「一半」這個普遍概念的數學表現式。在這個例子中，分子是分數的頂部「1」，而分母是分數的底部「2」（圖 1.1）。我們可以看出，一個分數表明了總數量（分母）裡面具有某特性（分子）的東西有多少個。如果一間加油站擺出一千張刮刮樂彩券，那麼刮刮樂中獎的分數便是全彩券數（即分母）當中的中獎彩券數（即分子），或者 250/1000。換句話說，也就是 1/4

（即每四張裡就有一張）。重要的是，分母包含著分子。換言之，分子就只是那兩百五十張中獎彩券，而分母則是兩百五十張中獎的彩券加上七百五十張沒中獎的彩券，包含全部共一千張的彩券。（圖 1.2）[14]

　　人類每天思考並討論的許多尋常概念，好比說比率、頻率、百分比、機率、風險和可能性，都可以用分數表現。我這裡講的是它們在英語中的一般用法，而不是它們的精準數學定義，那有著細微（但重要）的差異。我們關注的是這些詞的普通用法，以及些詞所帶有的概念。[15]

$$\text{分子} \longrightarrow \frac{1}{2} \longleftarrow \text{分母}$$

圖 1.1　簡單分數 1/2

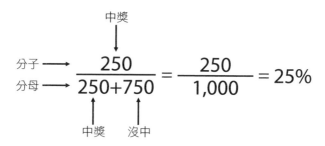

圖 1.2　使用彩券示範的分子與分母範例。

　　舉例來說，俗諺會說某件事「萬中選一」（one in a million，直譯：一百萬中的一個）。儘管通常不是真的照字面上使用，卻還是可以用分數 1/1000000 這種數學語言來表現。當《紐約時報》報導「預計美國每七人就有一個會在某些時刻發展出物質「使用障礙（substance use disorder）⁴」時，[16] 那是在說，物質使用障礙是以七人就出現一人的

比率發生，也就是人會有 1/7 的機率，或說 14.3% 的人有著物質使用方面的問題，其機率為 0.14，而風險是七中一，可能性為七次出現一次。[17] 因此，我們日常生活所使用的普通用詞和概念，都可以以分數來呈現。

　　分數有一個特性。分數的數值可根據不同的機制而上下增減（圖 1.3）。增加分子或減少分母，可以讓分數的數值上升──不論是增加更多中獎彩券，或是拿掉一些不會中的彩券，都可以把抽到中獎彩券的可能性提高到一樣的程度。如果一開始中獎彩券的分數呈現是

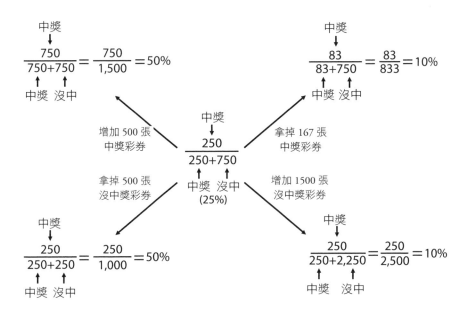

圖 1.3　受分子分母不同改變所影響的中彩券可能性。

4　譯注：意指在會產生重大傷害和不良後果的狀況下，仍持續使用藥物或酒精等物質的狀況。

250/1000，就代表有 25% 的彩券會中獎（四次中一次的可能性，或者機率 0.25），若現在加進五百張中獎彩券，分數就會變成 750/1500，或者 50% 的彩券會中獎（二中一的可能性，或機率 0.5）。又或者，從中獎彩券 250/1000 開始，我們也可以拿掉五百張不中獎的彩券。那麼，現在分數就成了 250/500，或者 50% 的彩券會中獎（二中一的可能性，或者機率 0.5）。兩種方法都把分數增加到一樣的數值。

另一方面，減少分子或增加分母都可讓分數的值下降——拿掉中獎的彩券，或是添加一些不中獎的彩券，都可以把抽到中獎彩券的可能性降低。若中獎彩券一開始是 250/1000，那麼代表 25% 的彩券會中獎（四中一的可能性，或者機率 0.25）。若拿走一百六十七張中獎彩券，分數現在就會變成 83/833，便有 10% 的彩券會中獎（十中一的可能性，或者機率 0.1）。又或者，我們可將中獎彩券維持一樣（二百五十張），但添加一千五百張不會中獎的彩券。那麼，分數就會變成 250/2500，或者 10% 的彩券會中獎（十中一的可能性，或者機率 0.1）。

出於人的直覺，分數的簡單特性遭到誤解的程度，可說是根深蒂固。在這方面，有一個幽默但也難堪的例子是在 1980 年代出現的，與美國的偉大標竿——速食漢堡——有關。麥當勞的四一磅堡（quarter-pounder，即 1/4 磅漢堡）從 1971 年開賣以來就主宰了漢堡市場。為了要把四一磅堡打下王座，艾恩堡（A&W）開賣了一種消費者盲測試吃時比較喜歡的漢堡，而且價格比四一磅堡低。比起消費者喜歡更好的，是艾恩堡的肉量更多，來到了三分之一（1/3）磅。但對艾恩堡來說很不幸的是，它們新發售的三一磅堡徹底失敗。即便有眾多優點，但當它顯然已經失敗時，消費者焦點團體分析說明了人們不買它的理由，即消費者認為 1/3 磅的肉比 1/4 磅少，因為 3 比 4 小。[18]

我們用來描述分數變化的普通語言，也可能導致違反直覺的結果。舉例來說，假設有一檔股票有一股一千元的價值；然後假設這支股票的股價先是跌了 50%，後來又漲了 50%。對許多人來，股票現值看似是每股一千元，畢竟它漲跌幅度都一樣。但其實不是。它漲跌一樣的是百分比。當它跌 50% 時，股價成了每股五百元。當它又上漲 50% 時，股價來到了每股七百五十元。百分比的變化，是數值變化的函數。

又或者，來想想某一特定疾病罹患者的百分比增加。根據美國疾病管制與預防中心（Centers for Disease Control and Prevention，簡稱 CDC）資料，（平均來說）美國每年有七個鼠疫病例；[19] 與其相比，美國每年有超過八十萬人死於血管疾病（心臟病發作或中風）。但有人可能會跟你說，鼠疫案例和血管疾病的死亡人數都增加了 300%。雖然都是增加300%，鼠疫僅增加了二十一個案例，但在血管疾病這邊卻相當於多死了二百四十萬人，兩種疾病的數字變化規模天差地別。

忽視分母

我們要如何利用分數的概念，來解釋青少年自殺跟玩《龍與地下城》的案例之間發生了什麼事？某個玩《龍與地下城》的人謀殺或自殺的可能性，其實是一個簡單的分數。那些玩《龍與地下城》且謀殺或自殺的人，是分數的頂部（分子）；而玩《龍與地下城》的總人數則是底部（分母）。分數顯示如下：

玩《龍與地下城》且謀殺或自殺的人 / 所有玩《龍與地下城》

的人

媒體及關注者都只專注於分子,並沒有把分母思考進去。

忽視分母為何這麼嚴重?若我只專注分子而不考慮分母,那麼圖1.4 裡的每個說法看起來都是正確的。然而,把分母的效果考量進去的話,這些陳述就都是錯的。風險是以分數來計算的,因此非得要同時精準考量分數的底部,才能斷定風險有多高。然而,人們在面對不少事件時(在這個例子中是玩《龍與地下城》且謀殺或自殺的孩子,**分子**),往往不考量總數(在這個例子中是玩《龍與地下城》的孩子人數,**分母**)就直接跳到風險評估。[20]

$$\frac{1}{2} \quad 小於 \quad \frac{5}{1,000} \quad 因為\ 1\ 小於\ 5$$

$$\frac{5}{1,000} \quad 大於 \quad \frac{1}{2} \quad 因為\ 5\ 大於\ 1$$

$$\frac{1}{1,000,000} \quad 等於 \quad \frac{1}{20} \quad 因為\ 1 = 1$$

圖 1.4　如果忽視分母的話看起來就會為真的明顯錯誤陳述。

只專注分子並不一定是錯的;有時候分母並不相關,把它納進來反而會得到錯誤結果。有時候,我們就只需要知道分子的值,而不必關注比率、頻率、百分比、機率、風險或可能性。舉例來說,假設我

是個提供醫療保健服務的人，嘗試在我的藥局裡備妥心臟疾病藥物的存貨。此時，我真正需要知道的是社區裡有多少人罹患心臟疾病。出於這些理由，人口中多大的**百分比**罹患心臟疾病，其實跟我無關。我不特別需要知道分母（我社區裡的總人口），而只需要知道分子（社區內心臟病患者的確切人數）。

但舉凡比率、頻率、百分比、機率、風險或可能性是重要問題時，我就同時需要分子和分母。只專注其一而排除另一個，就有可能導致錯誤。流行病學家在計算兩個城市的心臟疾病罹患比率時，沒辦法光靠分子就得出答案。如果不知道每個城市住了多少人，就算知道去年每個城市各有一萬個案例也沒什麼用。[21] 若只有分子（10000），兩個城市的心臟疾病比率看來可能是 1：1──畢竟兩個城市的案例數都一樣。然而，若發現第一個城市是像（約有八百萬居民）紐約那樣急速發展的大都會，而第二個城市是：只有兩萬居民的美國中西部小鎮，那麼這個定論就會大幅改變。[22] 評估頻率或風險時，單靠分子或分母都是不足夠的；分子或分母要有意義，就同時需要兩者。

上述這些並不特別博大精深，人類出於直覺就能分辨其中差異。若某人跟你說，因為大城市和中西部小城鎮的心臟疾病案例數都一樣，所以兩邊的風險都一樣，那麼這段陳述很顯然就是把患病風險和患病人數搞混了。然而在許多案例中，人類的認知並沒有進一步去問分母有多大，甚至不去思考分母這東西。這種傾向往往出於下意識，而人們始終沒意識到自己考量的不是完整的分數。

遺憾的是，許多人偏好自己對世界的直覺詮釋，透過數據資料進行的分析結果，對他們沒說服力。這之中有一部分頗耐人尋味。用強·彼得森（Jon Peterson）談《龍與地下城》的巧妙文字來說，就是「『遊

戲把大學小鬼給逼瘋了』的這種迷思，比起『太多天花亂墜與軒然大波起於一個私家偵探走偏了的直覺』的乏味現實，來得更有力道」。[23]然而，實情似乎不止如此淺薄。人類有那種只留意分子的頑強傾向。最近《紐約時報》從回顧角度寫了一篇關於《龍與地下城》相關恐慌的後續報導。[24]就如文章所點出的，錯誤是始終如一且持續進行的，而且完全不限於《龍與地下城》。「如今，家長的焦慮轉往影像，尤其是那些充滿血腥的影像。有人問，科羅拉多州科倫拜高中（Columbine High School）、奧羅拉市（Aurora）戲院，以及康乃狄克州紐敦（Newtown）小學的濫殺者都玩暴力電子遊戲，會不會只是巧合？」

科倫拜高中、珊迪胡克小學（Sandy Hook Elementary School），還有在那之前和之後其他看似無止盡的大量大規模槍擊事件，都是慘痛無比的可怕事件。在我們尋找暴力行為的原因以及盡一切可能避免暴力行為時，都應該戒慎警醒。重要（且悲慘）的一點是，尋找這類原因時，不能僅止於找到攻擊者的少數共同點，然後在還沒進行涵蓋全貌（即分母）的更詳盡分析下，就先試著禁止那些共同點。換句話說，就像《龍與地下城》的情況那樣，玩暴力電子遊戲的青少年的暴力行為比率，是否比全體青少年的暴力行為比率還高？如果是，它是不是起因？[25]一如良好妥當的情況，對這方面的研究正在進行中。

的確，有多個研究都表明了暴力電子遊戲和攻擊行為的關係，[26]儘管這種關聯也可能起因於所謂的發表偏誤（publication bias，是本書要探討的錯誤的一種展現，會在第十章詳細討論）。[27]值得慶幸的是，科學家利用控制這種干擾因素的方法持續研究了這個問題。無法評估分母，不只可能讓我們的精力集中於汙衊良善（甚至有益的）事物，也會讓我們的注意力分散而錯失方向，導致無法追究真正的問題何在。

忽視分母在政治對話中十分普遍

　　政治人物常常忽視或故意遮掩分母，以此來操控政治事實。就想想政治人物和政黨幾乎在每個經濟季度和每個選舉期都會提出的那類普遍主張。好比說「我們達成了史上最大的減稅」，或者「我們創造的工作比過往的哪個人都多」，或者「我們有著史上最大的經濟成長」，或者「在對手的主政下，經濟損失的價值比本國史上任何一次衰退都來得多」之類的主張。倘若這些論點說服不了人，就不會有人提出，也不會一而再再而三地被重複使用。然而這些主張往往只指出錢或工作的量，而沒有考量經濟規模或勞動人口多寡；換言之，它們專注分子而忽略了分母。

　　想想看，如果道瓊（Dow Jones）指數今天跌了 182 點，雖然是不大好的一天，但也沒啥大不了的。然而，著名的 1929 年股災也跌了這數字，卻造成慘烈無比的結果。1929 年道瓊指數崩盤之前達到的巔峰是 381 點，2021 年則是在 30,000 點以上。也就是說，1929 年掉了 182 點損失了 48%；同樣的下滑在 2021 年卻只比 1% 還少。如果你只考慮分子（市場中的數字變化）而不考慮分母（市場值），那你說「股市在卡特、雷根、老布希、柯林頓、小布希、歐巴馬、川普等總統任內下跌的程度，都大於胡佛（Herbert Hoover）任內美國落入大蕭條時期的程度」，其實也不算說錯。

　　再想想 2016 年的美國總統選戰。當時的候選人川普反覆聲稱，面對移民我們需要封閉邊界，並主動驅逐無證件移民。川普提出的論點是必須保護公民不受移民犯罪行為危害。他反覆提到美國公民斯坦勒（Kathryn Steinle）被一名無證件移民桑切斯（Juan Francisco López-Sánchez）殺

害的事情。論點很簡單,由於斯坦勒被一名無證件的移民給殺害,因此無證件的移民很危險。所以,趕走無證件移民相當於移除危險人物,能藉由減少謀殺而保護公民。

川普修辭中隱含的想法是,移民比美國公民更危險。從川普自己的話來推理出這一點並不困難:「當墨西哥把人送來時,沒有送最好的來……他們帶來毒品。他們帶來犯罪。他們是強姦犯。當然,我想也有一些是好人。」[28]

的確,如果墨西哥真的特地挑選罪犯送到美國,這就十分令人擔心。然而若要正確瞭解情況,我們就需要更多資訊。我們必須知道分數的頂部(即每年有多少謀殺是由移民執行的,**分子**)以及分數的底部(即美國總共有多少移民,**分母**)。接著為了評估相對風險,我們必須拿這和其他分數(即同一套分數用於非移民)比較,又特別是以下這個分數:(非移民公民執行的謀殺)/(非移民公民的總人數)。這個分析的結果實在是太明白了。

眾多研究都已證明,移民犯罪的發生率遠低於非移民。[29] 換言之,把分子和分母一起算進來之後,美國出生的公民還比移民更有可能犯下暴力罪行。就算只專注無證件移民,結果也還是如此。[30] 倘若情況真是如此,那麼有了更多移民反而會有較低的犯罪率(通常稱作人均犯罪次)。的確,1990 年代移民增加的那十年間,美國曾經歷穩定的人均犯罪次數下降。當然,我們沒辦法分清楚那是簡單相關還是因果關係,但我們也不能忽視這數據。數據長得就是那樣,而它們確實顯示了一種倘若移民不比本土公民危險時,我們預期應見到的情況。隨移民增加而減少的犯罪數,在研究的觀察中是如此顯著,以致不太可能操控統計來取得。就如加圖研究所(Cato Institute)的分析家諾拉斯泰

（Alex Nowrasteh）所解釋的：「我實在沒辦法搬弄這些數字來得出不一樣的結論。」[31]

當然，我們可以擔心該論點在某個時候改動了分數。儘管大部分反移民的說詞都是針對全體，但川普的主張似乎專注於墨西哥移民。或許來自墨西哥的移民真的比較有可能是罪犯，但來自世界其他地方的移民是如此守規矩，以至於他們抵消了效應。然而實情並非如此，當我們把分析僅限於墨西哥移民時，也觀察到了同樣的**趨勢**。[32] 格外值得注意的是，2016 年總統大選後一個陪審團發現，整起槍擊是一次無心而可怕的意外，因此桑切斯在受審後，所有謀殺和過失殺人的罪名都獲判無罪。但桑切斯身為重罪犯卻持有輕武器一事**仍被宣判有罪**。

這不是主張移民不會犯罪。的確有很多犯行是由移民至美國的個人所執行的。然而不能從中推論說，因為有些移民犯下犯行，所以犯行就比較可能是由移民做的。若要證明這個結論正確，我們就得觀察更大規模的移民犯罪相較於非移民犯罪的**比率**，結果證明並非如此。然而，許多政治人物不會去做這種比較，一方面可能是因為他們不知道該做這種比較，另一方面則是因為，把這種因素算入無法支持他們的意圖。斯坦勒女士的遇害當然是件很糟的事。然而，採取對策來鎖定暴力犯行的真正原因，才是最尊重斯坦勒女士的作法。

藉由剔除資料來改變結果

1574 年在蘇格蘭村莊「費希內爾湖」（Loch Ficseanail），有一個叫做麥利爾德（Duncan MacLeod）的人和他的好友哈米許（Hamish）一起喝

酒。鄧肯對哈米許發下豪語說:「真正的蘇格蘭人是千杯不醉的!」約莫此時,一名高大英俊、留著紅鬍子、穿著方格蘇格蘭裙的男人走進酒吧,點了一杯蘇格蘭威士忌。喝完之後,他開始語無倫次,看起來不分東南西北,接著就從長腳凳摔到地上不省人事。哈米許狐疑地看著鄧肯。

「這個嘛,」哈米許說,「你聲稱真正的蘇格蘭人是千杯不醉的,我看你恐怕錯了。」

「我沒說錯,」鄧肯大吼,「你也知道的,倒在地上的這傢伙顯然不是真正的蘇格蘭人。」

產生「無真正蘇格蘭人謬論」的經典故事有好幾個版本,以上是其中之一。鄧肯一開始提出的主張和先前那些例子一樣,其實是分數或百分比的問題。基本上這句話是說,真正的蘇格蘭人百分之百會杯不醉。只要選擇性地把千杯會醉的蘇格蘭人踢出分數(亦即把他們移出真蘇格蘭人的圈圈),就可保證上述聲明始終為真。這個故事有著突顯謬誤的巧思,卻很容易被當成古怪好笑的故事而不予重視。

在真實世界中,人們整天都在進行這種思考。有時候它很明顯,好比川普的 2016 年選戰發言:「我會全面接受這偉大且有歷史意義的總統選舉結果——如果我贏了的話。」[33] 換言之,我贏的選舉才是正當合法的選舉;因此我百分之百會贏得正當合法的選舉。的確,川普是真心致力於這個概念,這也說明了為何他會不屈不撓地挑戰 2020 年大選的正當合法性。在他看來,選舉必有舞弊的最有力證據就是選舉結果。川普沒有贏,因此那就不是正當合法的選舉(如果真正的蘇格蘭人無法千杯不醉,那他就不是真正的蘇格蘭人)。雖然這類錯誤在該案例中很明顯,但同一類錯誤常以更細緻的方式呈現出來。

　　我們三不五時就會聽到美國的失業率——這是用來評估我們經濟健康情況的其中一個關鍵經濟指標。因為這是一個比率，因此符合分數形式。這乍看之下沒有很複雜：失業率應該就是一個分數，頂部（分子）是沒工作的人數，底部（分母）是總人數。但分數其實無法把所有沒工作的人都包含進去，因為那包含年紀太小不能工作的孩子、（因失能或生病而）無法工作的人，以及不想工作的人（例如退休人士或選擇不找工作的人）。倘若這樣計算，失業率會很高，而且數字也會失去意義。這樣就錯誤納入了不符合分數的個人，也就和「無真正蘇格蘭人謬論」相反。這就像在吹噓說，美國的攝護腺癌罹患率永遠不會高過 50%，但前提是計算時把所有美國人都列進去（亦即把生下來就有攝護腺跟沒有攝護腺的人口都列進去）。這裡的真正問題在於，是哪些人構成了失業人口？失業人口的標準定義是「某個沒有工作但有工作能力、且正在尋找工作（即過去四週內有求職）的人」。這代表說，想要有工作且正在尋找工作（但過去四週內沒在找）的人，就既不是就業也不是失業——他們就像喝醉的蘇格蘭人一樣，被踢出了分數。那些不再尋找工作的人也沒被計算進去。這代表說，如果就業市場惡化到讓想要工作的人灰心喪志而好幾週不找工作的話，那麼即使失業人口沒有變化，失業率還是會下滑。關鍵在於，一個正在增加許多新工作的經濟，和一個工作實在太難找以致求職者會好幾週不去找工作的經濟，都會導致失業率下滑。

　　當我們聽到失業率這種用語時，我們只會收到單一一個數字，好比說 8%。但若詮釋手上這個數字（好比說失業率），就必定要瞭解這個數字背後的分數，以及知道分子和分母是如何定義的。很遺憾的是，有特定意圖的政治人物以及其他人，都會很有目的地利用這一類分數

來操控意見，並鼓吹利於他們個人要務的誤解。我們很少獲得分數（好比說失業率）的具體細節，除非我們特地找出來，否則就無法看見。我們獲得的只是計算後得出的單一數字而已。

平均值的特殊情況

2020 年 5 月 8 日，當因應新冠肺炎的停擺正對經濟面產生效應的同時，美國勞工部公布了薪資方面令人驚異的強力成長。[34] 難道是各公司突然領悟到要好好珍惜員工，並察覺到日子有多艱難，因此提高了薪資嗎？不，其實薪資完全沒有變化——至少對大部分個人來說沒有變化。政府統計數字往往只是一個平均值，用來評估一整群人的表現。平均值是把群體中每個人的值加起來後除以群體人數所算出的。這是一種分數。平均值有個重要的區別，讓它得到了目前討論的其他分數中都找不到的特性。平均值不是「我們去計算某個東西的總數（分母）中有多少個東西具有某種特性（分子）」的那種分數。它的分子反而是「要拿來分配給每個單位的一個總值（好比說收入總和）」。想想以下的情況：

有三個人各賺了一份薪水。三份薪水分別是 2、4、6，那麼平均薪水是多少？

$$(2 + 4 + 6) / 3 = 4$$

要注意有不同方法可以得到一樣的平均值。舉例來說，如果三個人都得到 4 的薪水，那麼平均值也會是 4：

$$(4 + 4 + 4) / 3 = 4$$

或者，如果薪水分別是 1、1、10，平均值也同樣是 4。

$$(1 + 1 + 10) / 3 = 4$$

所以，儘管平均值是一個重要的計量單位，但它完全不會告訴你數字是怎麼分配的。統計學領域就是以這種方式出手，思考受分析群體的特性。

我們要如何靠著瞭解平均值來看懂美國勞工局的報告？因為平均薪資的計算只能用於那些真正在賺薪水的人，所以失業人口就從計算中移除了（換言之，他們被踢出分數了）。賺最少的人佔了失業者的最大宗，所以（還有工作的人）平均薪資變高了，但不是誰的薪資提高了，而是因為低薪者被移出了分數。就如《華盛頓郵報》的報導所言，「所以，沒有誰真的賺比較多，就只是許多最低薪的人現在完全沒在賺錢。」[35]

如果沒意識到一個數字背後之分數的所有特性以及各種修正分數的規則，就會產生無法反映現實的主張、感知和信念。這就是分數的欺人力量。

用不同的分數來雞同鴨講

2020 年 7 月 28 日星期二，川普在 HBO 的節目《值得》（*Axios*）上接受記者史旺（Jonathan Swan）的訪問。該訪談引發了軒然大波，因為反對川普的人聲稱訪談內容點出了他的無能。[36] 引起大家注意的那段交談，是在爭論美國因應新冠肺炎疫情的作為比其他國家好還是差。仔細聆聽這段討論，就能明白川普總統和史旺其實是在爭論要用

哪個分數來弄清楚美國的疫情到底如何。

　　川普總統承認美國的案例比世界其他各國都來得多，但他聲稱這有所誤導，因為在美國接受檢測的人也多上太多；因此，當然會判定出更多案例。就這方面而言，川普沒有說錯。的確，如果兩個國家有一樣的感染率（案例／人數），而一個國家檢測的人口比另一個多十倍，檢測人數比較多的國家便會測出多十倍的案例。

　　然而，這個分析專注分子而忽略了分母。如果我們反過來把案例數除以接受檢測的人，那這兩個國家就會有一樣的感染率。[37] 這就是分數的威力：它們任人去解讀案例數在人口脈絡下真正代表的意思是什麼。所以，就這方面而言，川普說「因為在檢測方面我們比世界各國都好上太多，所以我們案例比較多」的時候，有可能是正確的。

　　儘管多檢測會導致通報更大量的案例，但這並不代表說，通報更大量的案例只可能是因為做了更多檢測。許多不同因素都可以產生更多案例，包括感染率上升在內。我們可以使用正確的分數，來輕易查明案例增加的實際原因。如果川普的主張是正確的，那麼分數值（檢測為陽性／檢測總人口）在美國就不該比別的地方高。但對美國而言，很遺憾的是情況並非如此。2020 年 7 月 27 日，在《值得》訪問的幾天前，美國在有監控疫情的世界各國中，有著排名第三高的檢測陽性百分比；和包括英國（0.5%）及韓國（0.7%）在內表現較佳的國家相比，美國有 8.4% 的陽性率。[38] 有鑑於這個事實，如果說美國只因為檢測的人數較多所以案例較多，恐怕站不住腳。令人遺憾的是，川普的主張禁不起現有數據的考驗，也扭曲了真相。

　　不過，持平而論，有很多定義分子分母的方法，都能改變分數的特性。各國或許使用了對病毒有著各種靈敏度和特異度的不同檢測方

法，而那都會改變分子。至於分母方面，就算兩個國家中其中一個只
對有症狀的人進行檢測，而另一個對所有接觸過感染者的無症狀者也
廣泛進行了檢測，甚至還檢測了無症狀者當作隨機檢測的一部分，它
們也能得出一樣的感染率。換言之，第一個國家測量的實際分數是（檢
測為陽性者／被檢測的有症狀者），而在第二個國家則是（檢測為陽性者／有
症狀以及無症狀的被檢測者）。第一個國家會比第二個國家通報出更高的
感染率（就算整體感染率兩邊一樣）。因為第一個國家有在（利用症狀當篩
選工具）挑選被檢測的人口，所以檢測陽性的發生率會比較高。這便是
錯誤比較的例子，在這種案例中，計算分數的公式看似一樣，但其實
不同。這是一個容易犯的錯。雖然這兩個分數基於「什麼人被納入分
數」而打從根本不同，但「檢測為陽性率」這個標籤卻可以同時描述
這兩種分數。

　　同樣問題也可以發生在單一個國家的不同時刻。舉例來說，疫情
初期因為檢測資源有限，只有出現症狀的患者接受了檢測。後來隨著
檢測資源更為普及，接觸者和隨機選出的人也接受了檢測。因此，陽
性案例的頻率會下降，讓疫情即使沒有緩和，看起來也正在轉好。這
情況產生的頻率下降是如此之大，以至於就算疫情正在惡化，看起來
也還是像是有所改善。

　　為了避免這類錯誤，史旺不專注於通報的檢測陽性人數，而是聚
焦於死亡率（因新冠肺炎而死的人數／全國總人口）。這為什麼會有差別？
首先，分子沒有含糊之處──死了就是死了（雖然說可以爭論實際死因，
且的確有人這樣做）。接著，分母是全國總人口，那也是一個固定值。
史旺讓川普知道，和其他國家相比，美國在「死亡人數對總人口」方
面表現得有多差，並解釋了這個數字當時在美國是如何增加。如果川

普說對了，通報案例的增加的確沒有反映較高的感染率，而只是因為做了較多的檢測（亦即疫情的確沒有惡化），那麼死亡率應該就不會上升。

> 史旺：「我看的數字是死亡數，而死亡數正在上升⋯⋯現在是每天一千例。」[39]
>
> 川普：「看看這邊這幾張圖表⋯⋯我們來看⋯⋯就這邊，美國在好幾個類別中都是最低的，我們比全世界低，我們比歐洲更低⋯⋯就在這邊，死亡案例在這。」
>
> 史旺：「喔，原來你是拿死亡數和確診案例數來比較，但我說的是死亡數和總人口比；美國情況很差就是差在這裡，比南韓、德國等國都還要糟糕很多。」
>
> 川普：「你不能這樣看；你要看確診案例。」

在這個例子中，川普和史旺都說了正確的事。川普說和其他國家相比，美國的數字（死亡數／新冠肺炎確診數）比較低並沒有錯，而史旺說美國的數字（新冠肺炎死亡數／人口）比較高也沒有錯。川普用了一個分數，而史旺用的是另一個。在「用哪個才是正確的分數」以及「這兩個分數顯示了什麼」方面，兩人看法不一致。史旺的分數顯示，如果你活在美國，你會比活在其他國家更有可能死於新冠肺炎。川普的分數則顯示，一旦你在美國確診出新冠肺炎，和在其他國家相比，你沒那麼可能會死掉。川普這個分數在談患者照護品質時很重要，但和「多少人被感染」或「美國在掌管公衛措施以抑制新冠肺炎擴散時的表現好壞」都沒有相關性。

我們不清楚川普真心相信他那套分數是正確分析，還是他很清楚

情況，因此只是在死馬當活馬醫，試著找到任何可以讓美國做得比別國好的衡量標準。然而，他的結論顯然不正確，而且不只是因為前面那些論點而已。死於新冠肺炎的實際人數就是那個數字，我們是否發現他們遭受感染都不會改變數字。如果我們把一個死者算成是新冠肺炎造成的，那我們做檢測就會造成影響，但單憑這件事並不會改變那個人的死活。因此，美國 2020 年的死亡人數比根據（2013 年以來的）年度平均來預測該年死亡人數高上許多，而死亡人數增加的時間和新冠肺炎傳染的時間一致，都是值得多思考的事。[40] 如果情況看起來像是我們只因為做了更多檢測而有更多確診死亡人數的話，那麼為什麼死去的絕對人數還是激增呢？

　　調整分數或者使用不正確分數來主張一個由意圖所驅動的論點，這種伎倆絕不是只有川普才會做的。任何政黨的政治人物都在使用這個招數。儘管這個例子專門談美國，但因為這種陳述實在太過明白，所以基本上所有國家的政治人物都使用了這種手法，從獨裁君主到代議制共和政體都在使用。它的普及性並沒有使它比較不誤導人或比較不好操作。這個例子說明了「你選什麼分數」以及「你如何使用那些分數」的問題，是如何植入每天在我們面前開展的即時事件。這個案例也說明了為何在釐清各種主張是否與現實一致時，我們對於分數本身、對於分數如何運作，以及對於分數代表了什麼意義，都需要一個堅定穩固的概念。

分數啊分數無處不在，卻沒有一點機會給人思考[5]

　　你一旦發展出尋找分數的習慣，你就會開始在任何地方看見分數——而且你可以開始看出哪裡是該使用分數卻沒使用的地方。一個絕佳的例子，就是給個人和公司使用的自我成長方案。[6]想想你有多常看見一本書或者研討會的標題是「百萬富翁白手起家的五個習慣」或「新創公司大獲成功的顛覆性策略」。實際上，這種名單彷彿一串沒有止盡的輸送帶，上面有著同一類主張，周而復始且沒完沒了。「百萬富翁白手起家的五個習慣」意味著，做這五件事曾使某人賺大錢，且如果你做了同樣這五件事，你有可能一樣成功。這聽起來很合理，然而，它很不幸地遺漏了某個東西。你一定猜到了：我們忽視了「當中運作的分數」這個關鍵成分。

　　不論是個人習慣還是公司文化，隨便哪個成功法都行，我們姑且先同意那些成功故事都是真的，而且是靠某些策略達成的（亦即不是瞎矇到的）。若要分析成功之道，就不能只留意個人或公司的特質並模仿那些特質。為什麼不能？如果說美國最有錢的十個人都具有以下特徵，那這陳述就必然為真：(1) 呼吸、(2) 進食、(3) 眨眼、(4) 排尿、(5) 排便，以及 (6) 打呵欠。[41]我們討論的那種自我成長方案往往會描述的那幾種特質，與呼吸和進食相比，都更合理地與成功有關，但那並沒有解決我們在討論的問題。問題並非成功人士身上會發現哪些特質；

5　譯注：這是在戲仿詩人柯立芝（Samuel Taylor Coleridge）的〈古舟子詠〉（The Rime of the Ancient Mariner）：「水啊水無處不在，卻沒有一滴可飲。」（Water, water everywhere, nor any drop to drink）。

6　譯注：個人方面中文多稱「勵志書」，公司方面或稱「經營術」。

問題在於，哪些特質在成功人士身上找得到、但在不那麼成功的人身上**找不到**。如果某個活動增進了成功的可能性，那麼它在成功人士和成功公司那邊應該會以較高的比率出現。當你在尋找一個比率時，你在考量的東西就具有分數的型態。

　　下次你遇到一個如同我們描述的自我成長法時，去看看它有沒有去評估它所描述的習慣或特徵，有多常出現於不成功的人或公司身上，或是那些顯然失敗的人事物上。如果你出席一場自我成長法的研討會，記得問這個問題：「你們有沒有數據說明這些特徵有多常出現在總人口上，以及這個出現頻率在高成就人士身上是更高還是更低？」如果不把道聽塗說的孤例當作證據來接受，而去跟對方索取調查整群人的資料，那就更好了。在我的經驗中，就算你能得到一個答案，你也不會得到什麼好答案（不幸的是，你付的錢恐怕拿不回來，就算好聲好氣地央求他們也是一樣）。在大部分情況下，等你通過先承諾教你成功祕訣然後賣書開課的那一套方法後，邁向成功的真正祕訣才會現身。

總結

　　我在本章介紹了分數，並證明它們的特性如何影響人對真實情況的描述，以及對事實主張的解讀。這些例子說明了不去思考分數在其中的運作、不考慮完整的分數，或者不使用正確的分數，會如何導致混淆、溝通不良以及在某些情況下受人操控。一定要學著去認出分數何時正在運作。討論到比率、頻率、百分比、機率、平均值、風險和可能性時，分數幾乎一定會參與其中。

一旦我們學著去尋找分數,分數就會無所不在,儘管不是時時都顯而易見。若要瞭解資訊真正意義,就必須認出有分數涉入其中,並瞭解分數的本質以及分子分母的定義(及操作)規則。學著在定義分數並加以操控而產生各種事實主張的方法中,認出有哪些細微差異,便可以改變我們瞭解世界的方式。

本章大部分例子的都專注於我們身外的情況。然而,分數概念的運用不僅限於外在世界,還能繼續拓展到我們內心的情況。這會是下一章的焦點。

第二章

我們的心智如何將世界分數化

人類會去感知周遭整個豐富又複雜的世界。然而，我們的心智卻會以「感覺到什麼」以及「留意並記住什麼」來扭曲面前事物的出現頻率。我們對於事物頻率的直覺，常與外在世界發生的情況有著天壤之別。我們不用被他人操控就能讓這類事情發生，因為人類感知與認知的基本特性，我們對自己做了這樣的事——而且最糟的是，我們這麼做往往渾然不覺。[1]

我們感官的濾鏡

我們聽覺的範圍是 20 赫茲到 20 千赫。然而，世界充滿了這範圍之外的聲波，但我們沒法聽見。我們的雙眼可以看見波長 380 奈米到 740 奈米的光，但這範圍以外的紅外線或紫外線我們就察覺不到。顯微鏡揭露的世界充滿了小到我們肉眼看不見的細節、生命和物體。我們的嗅覺和味覺可以偵測到某些化學實體，但那之外的其他化學實體就完全沒辦法偵測。我們的**觸覺**系統可以偵測短至 10 奈米的**皺褶**，再

小就不行了；有比那還小的皺褶，但人類的指頭感覺就無縫而平滑。世界充滿了超出我們感知界限外的聲光、化學物質和質地。我們無法取用它們，因此它們對我們體驗世界的方式沒有影響。

那麼，我們的知覺可以偵測的資訊有多少，其中有多少會被我們留意到？一旦人們知道自己對於輸入感官的大半訊息有多渾然不覺，往往會十分驚訝。就算世界近在眼前又無處不在，我們還是只採下可得資訊的微量樣本，並從中推斷樣本之外的世界。[2] 一篇談論人們如何閱讀的迷人作品，就有個這樣的例子。1975 年，麥康奇（George W. McConkie）和雷納（Keith Rayner）試著問一個看似簡單的問題：[3] 一個人在匆匆一瞥中，亦即「單一定像」中，能讀多少東西？為了回答這個問題，麥康奇和雷納設計了一個相當巧妙的實驗。

他們打造了一台儀器，並給一台電腦編寫了程式，讓它能偵測到一個人正在看電腦螢幕上的哪段文字。經程式設計後，電腦的記憶內容會包含連貫的可讀文字頁面，然而電腦會在人正看著的那段文字上開個窗口，只在那窗口內展示實際文字；至於不在窗口內的文字則會被置換成廢文（隨機字母拼成的大雜燴）。受試者完全不知道有這道程序，他們以為自己只是在電腦上讀一頁尋常的文字。圖 2.1 顯示了看起來會是什麼樣。

當人閱讀一段文字且視線持續移動時，電腦會移動窗口以跟上視線，凡是此刻落入窗口內的字母，會被置換成可讀文字，並把不在窗口內的文字還原成亂文。實驗者藉著改變可讀文字窗口的大小，估算人會在何時覺察到廢文的存在，而得知一個人在單一定像中能感知到多少文字。換言之，要等到非廢文的窗口小於人的感知窗口時，人才會覺察到廢文的存在。透過這方法以及後續的研究，研究者證實，人

Graphology means personality diagnosis from hand writing.

（筆跡學指的是從手寫判斷個性）

改變為以下這行文字：

Cnojkaiazp wsore jsnconality diagnosis tnaw kori mnlflrz.

非廢文窗口

圖 2.1 當受試者的定像點位於星號時，一行文字在受試者眼前的模樣範例。

資料來源：Reprinted by permission from Springer Nature Customer Service Centre GmbH: George W. McConkie and Keith Rayner, "The Span of Effective Stimulus During a Fixation in Reading," Perception and Psychophysics 17, no. 6 (1975), © Psychonomic Society, Inc.

會認定一個定像字母，而感知窗口是該字母向左延伸兩至三個字母、向右延伸十七至十八個字母（定像的字母在圖 2.1 中標記星號）。[4] 窗口的確切性質，依文字大小和字體、字詞的長短，以及閱讀的方向而有所不同——因為有些語文的閱讀方向不一樣。

閱讀窗口的大小儘管很有趣，但不是我們當前討論的重點；重點在於人一次讀二十個字母時，並沒有感知到的其餘文字。這些實驗得出的結果是：人在閱讀時對於狹窄觀測窗口以外的文字渾然不覺。就如斯洛曼（Steven Sloman）和芬恩巴赫（Philip Fernback）在《知識的假象：為什麼我們從未獨立思考？》（*The Knowledge Illusion: Why We Never Think Alone*）中所解釋的：

> 即使幾個詞以外的一切都是亂文，參與者仍以為自己在閱讀
> 正常文字。只要站在閱讀者後面觀看螢幕，就會看到有一大
> 半在瞎胡亂寫，但閱讀者本人卻不知道。因為閱讀者任何一
> 刻看著的內容都具有意義，他便假定一切都有意義。[5]

　　就你所知的範圍內，你現在閱讀著的這一頁就有同樣的特性，而你如果只在正常距離內閱讀，就沒辦法分辨是否如此。這並非說你的視域以外有趁你不察而變成廢文的文字，而是說從那些文字反射出來的光子雖然依然打進你的眼中，但你的專注力與感知就是會使你無法留意到那些光子。它們得要在你直接盯著看時還是廢文，你才會感知到它們，就好像 hglaithceayl-flgoenicisth kkjanreiah 這樣。

　　這個問題並不僅限於「連貫閱讀窗口被亂文包圍」這種非常態的實驗室場合；想想你在擠滿人的餐廳裡與桌子對面友人對話時的專注力。其他用餐者的話語還是進了你的耳朵，餐廳裡所有其他聲音也是，但你就是沒留意到。就算你試著留意，你也沒辦法同時聽多個對話；就算可以好了，也沒辦法聽得多清楚。這是魔術舞台秀誤導觀眾的基礎方式。你沒察覺到在發生的事並沒有隱藏起來；它就在你眼前，但你把注意力集中在別處而沒法察覺，這就是戲法高竿之處。你對戲法機制的心不在焉，讓你在官能上無所覺，所以看起來就會像魔術。[6]這即所謂的「不注意視盲」（inattentional blindness），是人類感知過濾周遭世界輸入資訊的一種方法。

　　在《為什麼你沒看見大猩猩？：教你擺脫六大錯覺的操縱》（*The Invisible Gorilla: How Our Intuitions Deceive Us*）一書中，查布利斯（Christopher Chabris）和西蒙斯（Daniel Simons）提供了眾多感知不到面前世界的情境

案例。[7] 在其中一個知名例子中，實驗者給受試者看一段影片，影片中穿著白色或黑色球衣的球員正運著幾顆籃球，並彼此來回傳球。研究者指示觀看者去數算穿某色球衣的球員傳出了幾球。觀看者有些數對了傳球數，有些沒有，但那不是重點。重點在於 46% 的人沒察覺一個穿大猩猩戲服的人走過螢幕中央、拍打胸脯，然後到處亂晃。[8] 因為觀者的注意力全都集中在數算傳球數，所以沒留意到畫面的其他部分——他們對大猩猩出現了不注意視盲。

「不注意視盲」並不只是一種透過籃球大猩猩影片才引發的老把戲。它會在現實生活中以許多嚴重的方式發生，是那種描述為「有看但沒看見」而撞車的機車死亡事故之重要因素。這種車禍中，一台交通工具（通常是車）撞飛迎面而來的機車。在不注意視盲中，就算汽車和機車都明顯可見、兩者都正在移動，且駕駛也都直直望著兩者，駕駛還是比較容易感知到汽車迎面而來，感知到的機率遠高於機車迎面而來。[9] 因為駕駛注意著汽車，所以看到的往往就只有汽車——他們對於面前汽車以外的世界渾然不覺，包括機車在內。

心智如何將我們察覺之物的分數性質扭曲掉

我在芝加哥北邊的郊區長大的。每年寒假，我們家都會開車南下佛羅里達度兩週的假。早些年前，我父親在軍中曾搭乘一架在空中發生引擎故障的飛機，後來迫降非常驚險，使得他深信飛行十分危險。所以，我們一家無論去哪都會開車，因為父親覺得那樣比較安全，至少按照我們的估算是這樣。我們在佛州的主要休閒娛樂是在海灘上閒晃；然而，我實在很討厭進入墨西哥灣的水域。當時《大白鯊》（*Jaws*）

才剛剛橫掃電影世界；我**才不要**進到海裡去。不，我想要長命百歲，我才不要粗心冒險行事，好比說去搭飛機，或是讓自己暴露在鯊魚的攻擊之下。我很高興地向各位報告，我那聰明的人生策略和深思熟慮的人生態度，就完全如我所計畫地那樣生效了。截至動筆的此時，我既沒有遭遇空難也沒遭到鯊魚攻擊，而且從各方面來說，我都還活得好好的。

不論是你自己體驗過或從他人聽來（即所謂的道聽塗說證據）的經驗，都是我們日後抉擇進行考量時的重要資訊。為避免曾讓你有過不良經驗的情況，我們會基於現有資料來理性判斷並行動，儘管說資料量很小。若你曾聽說某些人在從事某項活動時過世，就會覺得似乎該避免做那件事。看到一則某人在某些情況下遭到殺害的新聞報導而想避免那些情況，不過是合乎常識的作為。然而，在評估做某件事相較於做另一件事的相對風險時（就像開車去佛州之於搭飛機），選擇聽從個人經驗和道聽塗說的證據，而非基於群體的整體資料，問題可能會很大。令人遺憾的是，人往往會這樣行事。

就如我們在第一章所探討的，風險符合分數形式。我父親當年大可去圖書館尋找車禍死亡風險對比於空難死亡風險的相關資訊，來對開車風險和搭飛機風險進行比較——這在今日，只要上網搜尋就可以了。當然，還可以多多檢驗其他層面的細節，讓機率思考有更充分的資訊，好比說班機、飛機種類、車輛款式、移動路線以及天氣條件等。不過，我們家什麼也沒做；事實上，我們連想都沒有想——而重點就在這邊。人類有種傾向，只會用「避開聽說很恐怖的事」當作風險問題的應對方針，而不去考慮實際的相關風險。

認知心理學家在辨識人類於不同場合及不同情況下傾向的推理模

式方面，達成了大幅進展。特沃斯基（Amos Tversky）和康納曼（Daniel Kahneman）是啟發我們瞭解「捷思法」（heuristic）的關鍵人物。捷思法是人類心智用比較簡單的比擬問題來取代複雜難題，藉以快速解決後者的程序。人們把捷思法描述成一種從經驗法則而來的思考，或者描述成「心理捷徑」。這套程序可以用「買棒球和球棒」這個知名案例來輕易展示。想想下面這個由康納曼和佛德瑞克（Shane Frederick）描述的問題：

一根球棒和一顆棒球總共要 1.10 美元。

球棒比棒球貴 1 美元，那棒球值多少錢？[10]

大多數人會回答說棒球值 0.10 美元。這樣一來，球棒和棒球一共就會值 1.10 美元，問題就解決了。

但等等。再多想一下，就會發現一個問題：1.00 美元只比 0.10 美元多 0.90 美元。所以球棒值 1.00 美元且棒球值 0.10 美元，並不能滿足球棒比棒球貴 1.00 美元的條件。只有球棒 10.5 美元、棒球 0.05 美元，才能滿足這問題。

這個例子顯示了直覺思考如何讓人快速得出答案，但在這一案例中，答案卻是錯的。心智用一個比較簡單（而可以輕易解決）的問題，去替換更複雜的難題。此外，這個替換是下意識發生的，這樣做的人並不知道自己這麼做了。人們透過一套稱作「屬性替代」（attribute substitution）的程序，認為自己是在分析面前的實際問題，而沒有察覺到他們下意識使用了一個比較簡單的問題來替換掉比較複雜的問題。

有一種捷思法，即所謂的「可得性捷思法」（availability heuristic），

關係人類如何評估我們前面討論過的那幾類問題（即比率、頻率、百分比、機率、風險和可能性）。用特沃斯基和康納曼的話來說，就是：「據說人們會因為能輕易想起實例或關聯性，所以凡是估計頻率或機率時，都會使用可得性捷思法。」[11]

　　值得注意的是，可得性捷思法通常十分管用。然而，可得性捷思法的效用仰賴了一個假設，那就是越容易想到的關聯就越有可能真的發生。用特沃斯基、斯洛維克（Paul Slovic）和康納曼的話來說，就是可得性捷思法「把關聯的力量當作判斷頻率的一個基礎」。[12] 如果我們可以同意「你的個人經驗或你經驗中的短期記憶，是對實際頻率的準確重現」這個假說，那麼可得性捷思法不會有什麼問題。有時候這個假說是成立的，這樣的話可得性捷思法就可以提供明顯優勢。此外，當我們的微環境和世界不一樣時，偏好個人經驗勝過整體統計資料，或許會是一個比較好的方法。如果你在家中體驗過地震，那你可能是住在地震頻率較高的地方（像是美國南加州），那樣的話，即便全美國整體統計數字指出發生地震的風險整體來說極低，你選擇依據防震標準來改裝住家還是很有道理。

　　然而，面對許多事物時，即便低風險的事件在我們這個微環境裡發生的機率沒有比較高，我們還是會選擇性地留意低風險事件。飛機失事時，我們會在新聞上聽說，而那產生了強烈的印象。新聞給了頭條，有時連續好幾天都是頭條，接連不斷地對遇難者家屬進行訪問。那之後，靠著偵查、報告和調查，這件事還可以連續再講個好幾週甚至好幾個月。相比之下，新聞不會報導每天沒有遇難的航班總量。好萊塢拍了不少航班遇難的電影，好比《聯航 93》（*Flight 93*）、《長空驚魂》（*The Horror at 37,000 Feet*）以及《新九霄驚魂》（*Terror in the Sky*），

還有許多著重描繪空難的電影，好比《浩劫重生》（*Cast Away*）以及《絕命終結站》（*Final Destination*）。儘管感知如此，但空難其實極為罕見；每天死於車禍的人數比空難人數多上太多。

車禍不常上新聞（除非特別駭人或牽涉名人），而且就算報導了，與空難相比也只是短短帶過。電影中確實也會出現車禍，但我們很少看到整部片都在演車禍。車禍只是用來造就一場帥氣的爆炸，或是當作發生在背景的特效而已。南加州或許比其他地方更有可能發生地震，但從芝加哥飛往佛州並沒有比飛去其他地方更可能發生空難。當我們一家想著要怎麼去佛州時，空難的畫面和回憶在我們心中立即就「可取用」，導致即便車禍的風險遠高於空難，我們也不覺得開車更危險。

因為風險符合分數形式，於是我們可以從錯誤感知分數，來解釋可得性捷思法如何影響了風險評估。我們專注於分數的頂端（我們碰巧遇到、留意到或記得的事），卻忽略了分數的底端（所有其他場合）。

如果我們手上僅有的資訊就只有心中事物的關聯性，那麼根據它來評估風險不一定是不好的思考方式。全面考量現有可得的資料（通常是個人經驗和聽說之事）確實比隨機瞎猜來得好。然而到了現代，人類通常能獲得那種針對大量準確群體資料所進行的精密分析並且加以使用。然而即便有這種資訊，人類往往還是不會去求取這些詳細資料。一旦可得性捷思法不再是最佳方法，它就成了麻煩問題，但我們還是偏好它，甚至勝過一套套只要我們留意就更能幫助我們好好評估風險的資料。

驚人的是，問題並非只有無法找到高品質的資料——人們甚至連送到眼前的高品質資料都會加以忽視。人們接觸到相牴觸的道聽塗說證據和統計數據時，往往會偏好道聽塗說證據。[13] 如果用對象團體中

權威者的證言來傳達安全性行為避免性病的公衛訊息，會比發表牢靠的流行病學資料所顯示的事實統計證據來得更有效。[14] 雖說敘事資訊的有效性仰賴敘事者的本質以及訊息的細節，但前述的現象還是會存在。[15] 或許有人會認為，統計數據之所以較無說服力，是因為聽眾缺少該領域的特定專長。然而，就連受過訓練的專業人士在自己的專業領域內，也還是會展現一種偏好道聽塗說證據勝過大數據組的傾向，即便數據組基於樣本龐大和令人信服的統計嚴謹度而具備高品質也一樣。[16]

這多少可以解釋，為什麼即便有壓倒性的證據證明麻疹疫苗不會導致自閉症，卻還是有那麼多人堅信如此。

主張疫苗導致自閉症的證據包含了許多故事，反駁證據卻有大量謹慎的科學研究支持。[17] 我們歷經演化，成了會覺得前者十分可信的人；而後者天生就是不能引起我們共鳴──況且，憑什麼能呢？從演化觀點來看，我們是到了晚近時期才開始能取用基於群體的可靠資料。

保險公司的專業風險評估人，也就是工作內容和關注焦點在於準確查明事物實際發生頻率的人，可能會有一個相當接近真實世界的經驗基礎（或者至少見過那樣的資料）。至於我們這些其他人，是從個人經驗、跟我們講話或通訊的人們（也就是家人、朋友和同事）提供的經驗、新聞媒體（我們找到或碰巧看見的特定幾個論壇）、好萊塢和娛樂，以及近年出現的社群媒體，來得到大部分的資訊。

我們習於從個人層面接觸到的事物，去推斷一個更全面的統計頻率假設。舉例來說，看電視肥皂劇的人認為肥皂劇裡常出現的職業（如醫生或律師）比實際上更頻繁地存在於社會，並高估了肥皂劇中描繪的

其他情境（如非婚生子女和離婚）在現實社會中出現的頻率，[18] 也相信肥皂劇常發生的人人發大財情節比實際上更普遍。[19] 同樣地，看了更多抗憂鬱藥物廣告的人，則會高估憂鬱症在社會中的盛行率。[20]

可得性捷思法的效果遠遠擴及到個人抉擇之外。舉例來說，這種捷思法對政府決策有著深遠影響。美國有大約三‧五億公民，但最終做出立法決定的人只有那當中的五百三十六人（也就是四百三十五名眾議員、一百名參議員和一名總統）。在這個情況下，立法團體和行政首長的個人經驗，恐怕和什麼是好的政策沒有多大關聯。和好政策相關的，反而是就國家整體趨勢來看，以及就全國各個不同地區和次族群來看的全國大小情況。出於這個理由，政府會花費龐大資源，從全國個各地分門別類地收集資料和統計數字並加以處理。

在不少情況下，使用統計數據推廣整體福祉達到了絕佳效果。這方面的例子，包括：實施安全帶使用法令、開車禁止發訊、在香菸上強制加注警告標籤等措施。然而，有些領導者似乎是根據個人經驗和從他人聽說的事，來做出範圍涉及國內外的整體決策；更糟的情況下，他們是根據推特上讀到的事情，或特定新聞網上聽到的評論者說法來做出決策。他們就是會忽視更全面的統計數據，甚至對此渾然不覺。有些人甚至瞧不起數據收集分析。當這種人會影響政策決定時，就會大幅放大可得性捷思法的效應，而對許多人造成危害。

只要看川普前總統，就可以看到最頂級的範例，示範了極度有權者做出偏好道聽塗說證據勝過牢靠科學資料的整體決策。川普提出的主張常常與相反的顯著證據相衝突；而且一而再再而三地，當別人要求他針對自己相信的事給出正當理由時，他的回應往往是「很多人都覺得……」，或者「你也知道，有很多人說……」[21] 有些人認為這

是一種經過聰明算計的策略,不直接說自己支持陰謀論,而是推說別人這麼主張,來讓陰謀論得以散播。[22] 然而川普本人對於羥氯奎寧（hydroxychloroquine）和新冠肺炎的信念,看來卻十分清楚明白。

持平而論,川普早先的確有合理基礎去猜測奎寧有機會成為有效療法,因為有報告指出,氯化奎寧（chloroquine）對於與新冠病毒有關的 SARS 病毒具有療效。[23] 基於這樣的背景資訊,且因為這麼做不失妥當,接著就進行了對照實驗,但結果卻證明羥氯奎寧對於預防或是治療新冠肺炎都沒有效用。[24] 然而,川普還是鐵了心要推廣羥氯奎寧,堅定到聲稱自己也在使用。有人問他有何證據證明有效,他回答說:「以下是我的證據:我收到很多關於它的正面消息」以及「好幾週前我就開始服用,因為我覺得它很好。我聽到很多不錯的消息」。[25]

當然,許多立法者很清楚統計數據顯示了什麼,但他們也迎合選民的喜好來制定政策,而選民又十分仰賴個人經驗、新聞媒體和社群媒體來產生意見看法的。人類是種講故事的動物,會對彼此交談所得的軼聞和情報有所反應。自雷根就任以來,（不論美國哪一黨的)總統都會邀請幾位公民到國情咨文演說現場,請他們站起來讓人認識,其中多次是為了以他們的親身經歷為本,來證明政策論證的正當性。利用個人案例輕易就能與選民產生共鳴,統計論證就完全沒有這種效果。我們會記得聽過的故事,但要我們記得事實、數字和資料分析就很困難。故事在我們的心智中「隨手可得」,並且會影響著我們的思考。

回頭看我小時候去佛州的旅程。我們選擇了開車而不搭飛機,是否真的明智地降低了死亡風險?人們常聽說開車比搭飛機危險,是因為在美國死於車禍的終生風險是 1%,相比之下死於空難的風險太低,甚至無法準確計算。[26] 然而,就算是這個看來有留意到統計數字及實

際風險比較的考量，還是犯了「比較兩種不同分數」的錯誤。理由在於，人們搭飛機的頻率遠遠低於開車，有些人根本沒搭過飛機，但許多人卻常常開車，而且算下來每天要開好幾個鐘頭。或許在我們的終生死亡風險中，車禍高於空難的部分是因為我們花在開車的時間遠多於搭飛機？況且，我的家人是在為一趟有確切距離的特定旅程，做一個有關移動方式的決定。比較適切的比對，應該是每行進一英里時，開車風險和搭飛機風險的互相比較。就算是在這種情況下，每行進一英里，死於車禍的風險還是比搭飛機高了七百五十倍。[27] 我們從芝加哥開車到佛州時，其實沿路增加了自己死亡的可能性。[28]

我擔任醫生時，常常見識可得性捷思法的運作。我曾遇過肥胖到不健康的中偏老年男性病患，他一天抽四包菸，不太關心身上沒做治療的糖尿病，騎車也不戴安全帽。但他們真正擔心害怕的卻是自己有可能被恐怖分子殺死。如果他們的目標是避免不好的下場，可得性捷思法便會穩穩地讓他們達不到目標；他們錯失了處理可能遇上的可控風險之機會，反而把精力集中在極度不可能發生的事情上。

在美國，肥胖症每年要替 5-15% 的死亡負上責任，而抽菸則要擔負 18% 的責任。[29] 在美國，被恐怖分子殺掉的機率是 1/27,000,000（被國內恐怖分子殺掉）以及 1/3,700,000（被海外恐怖分子殺掉），後者還是在 2001 年九一一攻擊事件後才開始變得比較高。新聞可能偶爾會放送一個報導，談論每年死於糖尿病或抽菸的成千上萬人，但一般來說，那類故事都是醫療記者在「沒大事」時用低調的方式進行報導，或是寫成一篇雜誌文章，但怎麼也不會被當成突發新聞。相對地，當恐怖行動發生時，我們會接連好幾個月甚至好幾年都被圖像和對話所轟炸。就我所知，好萊塢還沒有發行過片名叫《糖尿病》的驚悚片。

可得性捷思法絕非僅限於察覺壞事，它也確實能用來預測好事或期望之事的出現頻率。看到樂透中獎者新聞的人，感覺到的中獎機率會比實際機率高上許多。[30] 因此，他們就比較有可能把錢花在樂透上，結果幾乎保證是拿錢打水漂。拉斯維加斯各賭場花了非常多錢來宣傳贏家的故事，並老謀深算地把會贏錢的吃角子老虎放在賭場門口附近，導致路過的人恰好會看到其他人贏錢，並決定走進賭場。

可得性捷思法深植於我們心中，就連先進的教育和大量的經驗都無法消除它。如果一名醫師最近看了得了某種病的病人，那位醫生往往會高估了其他新病人也得到那種病的機率。[31] 同樣地，因為鴉片類藥物的成癮很出名，所以當醫生治療病人的劇烈疼痛時，反而會在該使用鴉片類止痛藥時給予不足的劑量。這並不是在說，鴉片類止痛藥成癮不是個大問題，也不是在說鴉片類止痛藥在缺乏正當理由使用的案例中都沒有給予過度劑量——它們是重大的健康危機，且導致許多人受苦及死亡。然而對於成癮的恐懼，也會因感知上讓人覺得有上癮可能，而造成醫師給予劑量不足，導致許多不必要的受苦。[32]

總結

本章探討了我們如何只根據世上可得資訊的一小部分來行動。我們經由感官限制，只能感受到可得資訊的一小部分。在我們可感受的資訊中，我們又只留意到一小部分。在我們留意到的資訊裡，我們又不成比例地專注於特定資訊，並忽略其他大部分的資訊。最後，就連在我們專注的資訊上，我們也只記得一小部分。這往往是件好事，它讓人敏銳地專注於重要資訊，而不會被讓我們分心於關鍵事實的資訊

洪流所壓倒。

　　然而，當我們透過自身的聚焦而錯過了該要意識到的額外資訊時，我們這些天生傾向就成了問題。此外，到了現代，雖然我們已能取得以群體統計的高品質資料，即一種只要加以考慮就對我們做出更佳選擇有幫助的資料，但我們卻沒能把它找出來。更糟的是，我們無法認出那是種有意義的資料，還特地忽視它，就算它以最好消化的形式擺在我們面前也一樣。這根本不需要他人刻意操弄，在我們察覺到之前，我們自己就已經這麼做了。雖然如此，這種傾向也展現了一條途徑，讓那些想要操控我們的人藉此就能輕易成功，因為我們樂於接受用特定方式扭曲世界的主張，而那些主張和人類習於思考的程序容易產生共鳴。

誤判的總和

第三章

確認偏誤

我們的心智如何根據既有信念來評估證據

死刑是意見兩極的政治議題。因為人犯了罪而把那人殺掉，有著長久深遠的歷史。在至今仍行使的一套最古老的法制系統——英國法的脈絡中，處決一度極為普遍。1800 年代的人會因為超過兩百種不同的犯行而遭處決，包括擅闖他人土地時穿著偽裝，或有強力證據顯示孩童有犯意（你沒讀錯，不是**對**孩童有**犯意**，而是孩童**有犯意**）這類雞毛蒜皮小事。[1] 自從那高峰過後，能處決人的犯行就日漸減少。當前除了美國以外，沒有哪個工業化國家會處決囚犯 1；該國五十州裡有二十七州有死刑法律。從全世界來看，一百九十五個國家中有五十六個有死罪並實際執行死刑。

關於死刑的爭論，一般包括能否嚇阻犯罪的問題。換言之，死刑能否降低適用死刑的犯行之犯罪率？想一想你目前對這議題的看法。相關資料很複雜。

1　譯注：日本有執行死刑。

　　就美國死刑來說，克隆諾（Kroner）和菲力普（Phillips）的研究比對了其中十四州在採用死刑前後一年之間謀殺率是否有差異。十四州當中，有十一州的謀殺率在採用死刑後降低。因此，該研究支持死刑的嚇阻效應。然而，由帕瑪（Palmer）和克蘭達爾（Crandall）進行的另一個研究，比對了十對有著不同死刑法律的相鄰州。而在十對相鄰州中，有八對出現死刑州謀殺率較高的情況。這個研究反駁了死刑的嚇阻效應。考量這些研究結果後，你現在怎麼看？這些資料如何影響你對於「死刑是否有嚇阻力」的信念，又為何影響了你？花點時間來想想吧。

　　這個練習源自於 1970 年代晚期在史丹福大學進行的一個心理實驗。[2] 該研究是對兩組研究生進行，而在幾週前就已根據課堂上針對既有信念的問卷，將這兩組人識別出來。第一組人支持死刑，並覺得死刑有嚇阻作用；第二組人則持相反看法。來自這兩組的一些受試者，混同研究人員一起圍著大桌子坐下，執行實驗的人不知道哪個受試者屬於哪組。每位受試者都被告知，他們會從二十項有關死刑嚇阻效果的研究中，拿到兩張隨機選出的索引卡。卡上會顯示其中一項研究的結果。受試者被指示要讀第一份研究，以此評估他們的想法是否被改變，以及如果有的話是如何造成的；接著再讀第二份研究，再次評估想法是否被改變，若有的話又是如何造成（受試者在計分量表上替自己的信念評分）。

　　其實所有受試者閱讀的是同樣兩份研究的描述，而這兩份研究皆為虛構，但刻意寫成具有「會在司法判決引用的當前文獻中找到的那種研究之特徵」。[3] 實驗結果是，兩組人馬在閱讀了索引卡之後，都增進了對自己最初立場的信念。換言之，以完全一樣的方式呈現出同樣資訊，可同時強化大相逕庭的兩種對立看法。重要的是，這不是研

究的內在性質（即某一份比另一份嚴謹）所造成的，因為當研究者把虛構研究的研究結果互調之後，還是會出現一樣的效應。這也不是受試者閱讀研究的順序所致，因為研究者也控制了這部分。

同一份資料怎麼有辦法同時支持相反互斥的看法？受試者對閱讀過的研究寫下評估，而他們的回應揭露了一個清楚的效應，那就是：每一組人馬都把支持自己先入為主看法的研究評分為高品質，而把反對的研究評為低品質。[4] 此外，這還不只是陳述偏好的問題而已。受試者給出了非常具體的理由，說明他們為何偏好某些研究勝過其他研究，也評論了實驗設計、研究時間長度、接受比對團體的隨機化，以及自變項的數量。這些都是研究中應考量的適當科學問題；然而，它卻提出一個疑難問題——受試者並沒有把研究的優缺點認定為研究本身造成的結果，而是當成研究結論是否合乎受試者既有信念造成的差異。

我們正在描述的效應有別於前兩章提出的效應。在這種情況下，人人接觸的是一樣的資料，但卻會根據接觸資訊前的想法而以不同的方式評估。這種下意識的程序稱作「確認偏誤」，被描述為「以偏袒既有信念、期望或手上某個假說的方式，來尋求或詮釋證據」。[5] 人們面對遇到的證據時，並不是客觀的觀察者；我們觀察世界的方式，反而受到我們早已相信的東西所影響。至少在某種程度上，我們並不是「眼見為憑」，而是「眼見所信」。

如果你覺得你的看法受到現有證據的強力支持，而反對的證據沒有，那麼你最好重新思考。情況或許真是如此，但不管真實情況是否如此，你可能都會這麼覺得。那些反對你看法的人，可能也一樣深信既有證據證明他們的看法沒錯，而你的沒有。

　　儘管「確認偏誤」這個詞要到 1960 年代才由瓦森（Peter Cathcart Wason）發明，但人們早就發覺到人有確認偏誤的傾向。早在伯羅奔尼撒戰爭（Peloponnesian War，西元前 431-404 年）時，歷史學家修昔底德（Thucydides）就寫道：「人有種習慣，就是把渴望的事物寄託於粗率的希望上，並使用獨斷的理由來把不想要的事物推到一邊。」[6] 二千二百年後，我們身上還是有這個傾向，就如梭羅（Henry David Thoreau）談起在森林中尋找特定某類植物時所言：「我們得要先對某物抱有想法並採信，才能看見某物——而那之後，我們就很難再看見其他事物了。」[7]

　　確認偏誤的正式實驗研究一直要到 1950 年代才開始。尼克森（Raymond S. Nickerson）於 1998 年對這主題寫下一份傑出而詳盡的評論，雖然在那之後人們於確認偏誤的認識一直都有所進展，但沒有人比他更能刻劃該問題的深度和廣度。[8] 確認偏誤的一個特點是：在人心中，支持某信念之證據的分量，會高過反駁某信念的證據分量——人並不會公平地權衡所有證據。用尼克森的話來說，就是「一旦某人對某議題採取了一個立場，他的首要目標就變成替該立場辯護，或者為該立場賦予正當理由。也就是說，不論一個人在採取立場之前對待證據有多公正無私，在採取立場之後，便會變得十分偏頗。」[9] 比這更極端的是，當人遇到反對其信念的證據時，人可能不只會忽視該證據，甚至有可能會用該證據來增強他們對於「該證據駁斥的事物」的信念。[10]

　　舉凡注意美國激烈政爭辯論的人，都免不了看見確認偏誤即時在眼前開展。梅西耶（Hugo Mercier）和斯珀伯（Dan Sperber）特別指出，人不是只會對任何碰巧出現在腦中的想法尋求肯定而已。他們也很擅長替違反自身既有信念的想法尋找否定證據。出於這個理由，梅西耶和

斯珀伯偏好使用「我方偏誤」（myside bias）一詞，而它似乎很適合當今世界。[11] 你可以在同一晚花上一小時，看看政治傾向不同的新聞（在美國，可能是福斯新聞〔Fox News〕、CNN 和 MSNBC）。你一定很難相信這些新聞是在報導同一起事件。任何國家都能觀察到這種關於不同資訊來源的現象。用尼克森的話來說，

> 許多人已經寫過這種偏誤，而且這種偏誤看來夠強大也無所不在，以至於人們會去想說，能不能光憑這種偏誤來說明大部分發生在個人、團體和國家之間的爭論、爭吵和誤會。[12]

人們可能會有更憤世嫉俗的看法，認為有些新聞出處是刻意偏誤，是幕後有特定意圖操縱者的宣傳工具。當然，情況有可能確實如此。然而，因為有確認偏誤的存在，所以在解釋意見的差異時，情況也未必就是如此。當然，這些選項並非互斥的；兩種因素都有可能正在運作。

確認偏誤是無心之過，對於自利一無所知

對人類行為和思考的分析揭露了各式各樣的偏誤。我們的一般對話，對種族、宗教、年齡、性別、族群和性偏好（以及其他眾多大小事）的偏誤有相當多顧慮。我們常用偏見和歧視這類用詞來指涉這類偏誤。然而，確認偏誤的本質打從根本就不一樣。確認偏誤並非一種信念。確認偏誤是種程序，我們藉著這種程序來強化我們的信念——任何信念都行，而不去管那信念的源由或正確性。

我們最初的信念來自幾個不同源頭（我們觀察到的事物、我們閱讀的內容、別人跟我們說的事、我們夢到的事物、我們推理的事物、直覺以及心念一動）。我們活著就會有持續不斷的經驗，而它們有可能會符合我們的信念（也可能不會）。我們可能會以為人類會根據持續不斷的經驗來調整自己的信念，但有了確認偏誤之後，我們反而明白人類會根據我們的信念來調整我們的經驗。因此，不論信念的起源為何，確認偏誤幾乎是所有信念能夠維持下去的關鍵。

確認偏誤對於一個信念的正確性或虛假性全都一無所知。對於那些抱持錯誤信念的人來說，確認偏誤使他們就算面對矛盾證據也會堅持信念。對那些抱持正確信念的人來說，確認偏誤使他們對自己看法的信心高過了證據所能提供的正當程度。當然，根據證據而維持信念的人會理智行動——如果資料支持一個想法，那麼相信該想法就是理智的；這預先假定了資料是精準而正確的，且我們妥當考量並權衡了證據。但確認偏誤基本上保證了，就算有準確資料，我們也不會適當地加以權衡；事實上我們對資料的評估，過度受到既有信念的影響。

各式各樣的人都帶著目的挑選出支持他們既有觀點的證據，然後故意用最有利自己的方式來詮釋證據。這**不是**確認偏誤。儘管確認偏誤和專挑好資料有類似的效應，但在確認偏誤中，人們渾然不覺自己在這麼做，同時還相信自己的資訊評估是不偏不倚的。第四章會詳細探討那種專挑好資料的行為。

重要的是，確認偏誤並不只是「生而自利」的問題，也不是「偏袒有利信念並駁斥有害看法」的問題。它也並不只是「捍衛我們基於信心、傳統或信仰而有情感依附的寶貴信念」的問題。上述這三個刺激因素，在人類評估信念架構時，確實會產生作用。套用辛克萊（Upton

Sinclair）的說法，就是「如果用一個人對某事的不瞭解程度來決定他的薪水，就很難要他去瞭解那件事」。[13] 但確認偏誤與其相反，它基本上依附於所有信念，也包括那些與信者無關或者甚至會傷害信者的信念。確認偏誤存在於我們認知的背景中，用以評估（基本上就是）任何信念脈絡底下的任何證據，而且它無時無刻都存在著。

資訊的時機以及首位效應

信念一旦形成，確認偏誤就開始起作用了。因此，先接觸到而促成信念的資訊，比後來才接觸到的資訊有著強上太多的效果。展示一連串共六十枚有著不同顏色的籌碼，並要人斷定不同顏色籌碼的出現頻率時，人會偏好以頭三十枚籌碼的趨勢來斷定，即便後三十枚籌碼改變了趨勢也是一樣。[14] 不論是哪種信念，只要先有證據支持，不論接下來的證據顯示如何，它都會比較受人偏好。這被稱作「首位效應」（primacy effect）。

就算面對矛盾證據，首位效應還是屹立不搖。在一項研究中，研究者要求參與者要在一張圖畫中辨認一個圖像。一開始，圖畫脫焦到無法辨認，但研究者要受試者做猜測。大部分人當然都猜錯了。研究者接著給他們看一連串越來越對焦的同一張圖畫。最後一張圖畫對焦對得夠準，以至於從來沒看過先前脫焦圖畫的對照組，可以輕易辨認出圖像。然而，那些看過先前脫焦圖畫的人，就算他們後來看到了對焦的圖畫，顯示了有別於他們猜想的圖像，他們往往還是會持續偏好他們（從脫焦圖畫形成）的第一個猜想。[15]

俗話說得好，「第一印象沒有下次機會」。這句俗諺說的正是首

位效應。一旦你產生了第一印象（不論好壞），就算後來的證據相反，大事也已底定。

為何確認偏誤符合分數形式

就像第一章和第二章介紹的問題那樣，從許多方面來說，在思考確認偏誤的某些性質時，分數是個絕佳比擬。讓我們來假設，有個人帶著某個信念，並遇到了二十份與該信念相關的證據：有五份支持信念、十五份反駁。我們也來假設每份證據的品質都一樣，因此支持信念的資訊百分比是 5/20 或 25%。若其他條件相等，那麼一個理智的人似乎應該要改變看法，或至少弱化原本的確信感，因為 75% 的證據和自己的信念不一致。然而，確認偏誤就是會在即便多數證據反駁其信念時，還讓人可能堅守信念，而這甚至可能會強化其信念。事情怎麼會這樣呢？

就如我們從死刑案例中所學到的，當我們誇大了支持信念資訊的品質，並低估反駁信念資訊的品質時，就會發生這種事。這也可以用一種質性方式來進行，只要人不去留意反對信念的證據就好——它就只是從不受人注意罷了。在極端案例中，如果某人留意到那五份支持信念的證據，而不去留意反駁的十五份證據時，分數 5/20（25% 的證據支持信念）就轉化為 5/5（百分之百的證據支持信念）。

人就這樣把否定的證據丟出了分數之外，這和（第一章描述的）「無真正蘇格蘭人」謬論有些類似。所有證據都支持信念：因為否定證據遭到排除，所以它就不算證據。誰會不相信某個百分之百的證據都支持的東西？或者，人也有可能同時採取兩種方法，一邊改變分子或分

母的數量，一邊又在論及質性時改變分子或分母的權衡比重。這種非常有效的雙重手法，就是確認偏誤得以徹底發揮效應的方式。

　　有些人可能會抱持一種看法，認為穆斯林移民是恐怖分子，或者至少比其他人更可能成為恐怖分子，因此當新聞報導了一件穆斯林移民的暴力行為時，人們就會留意到；至於其他種族成員的暴力行為報導，就只是被忽略了。然而，情況遠不止於此。如果某次暴力行為是由人名聽起來像阿拉伯人或有褐色或黑色膚色的人所犯下，就會算作是穆斯林犯下攻擊的一個數據點，而不論那人實際上的族裔、宗教或移民身分。此外，如果某次攻擊是由一名在這種廣泛定義下的穆斯林移民所犯下，任何造成擾亂的事件都會被視為恐怖行動。突然間，一名美國出生、有著印度口音的印度商人在政治遊行中的抗議行動，就變成穆斯林移民是恐怖分子的確認案例。然而，**真的**把東西炸毀的非穆斯林高加索人（好比說大學航空炸彈客〔Unabomber〕卡辛斯基〔Ted Kaczynski〕，以及奧克拉荷馬市炸彈客麥克維〔Timothy McVeigh〕及尼可斯〔Terry Nichols〕），不知為何就沒被算作恐怖分子。

　　麻煩之處還不只在於「人們是如何處理他們偶然遇到的資訊」。就如我們接下來會探討的，在如今十分出名的瓦森 2-4-6 任務（Wason 2-4-6 task）中，人往往會尋求能肯定自己想法的資訊、詢問能肯定自己想法的問題，而不會尋求可能反駁自己的資訊。這不只是人被動接觸的一道篩選世界的質量濾鏡而已；它也是一個會改變人暴露在何種資訊下的主動程序。

2、4、6、8⋯⋯
確認偏誤是與生俱來的！

瓦森是位心理學家，他首度發明了「確認偏誤」這個詞，並描述了一個有助於說明的知名例子，叫作「2-4-6 任務」。[16] 研究者把數字 2、4、6 提供給許多研究受試者，並告訴他們這些數字遵守一個特定規則。規則是任三個數字之間都會有某種關係，而 2、4、6 不過是其中一例。參與者被要求找出該規則。他們可以隨便寫下任三個數字，然後會有人告訴他們這三個數字符不符合規則。受試者要做幾次都可以，利用反饋來改進他們對規則的猜想。一旦受試者覺得自己知道了規則，就可以再次猜測，然後會有人告訴他們是對還是錯。

如果他們猜對規則，實驗就此結束。若猜錯，他們可以持續說出一套又一套三個數字的組合（並得到是否符合規則的反饋），直到他們猜對為止，如此進行下去。某方面來說，這有點像是「二十問」（Twenty questions）這種遊戲會問的問題；某個人心裡有一個特定的東西，玩家可以透過詢問其特性（得到「是」或「否」的反饋），來猜出那東西是什麼。

大部分的人首先會寫下三個符合心裡規則的數字。舉例來說，一個普遍會想到的規則是「連續遞增的偶數」，所以某人可能會猜 12、14、16，看能不能得到一個「符合規則」回應。他們的策略往往是，若能從測驗者得到正面反饋，就會增加他們對於知道規則的信心。相較之下，參與者很少會刻意去猜一個不符合心底規則的數字組。畢竟，何必這樣做呢？這是一個非得回答的關鍵問題。尋求肯定證據時的思考程序及邏輯架構，在尋求反駁證據時則會很不一樣。

2-4-6 練習基本上是個探索世界的模型。它假定確實存在著某些規

則，但我們還不知道那是什麼，而我們正嘗試透過經驗把它們辨識出來。我們先猜測是跟我們經驗一致的規則，然後隨著體驗了更多事物，再進一步改善我們的猜測。這不一定得是被動過程；我們可以主動進行實驗，亦即特別設計來測試我們所在世界規則的任務。

我們先來檢驗尋求肯定的策略。對許多人來說，第一個想到的就是「連續遞增的偶數」，畢竟 2、4、6 確實符合這個規則，因此往往會接著猜 8、10、12。如果得到的回覆是 8、10、12「符合」規則，就會增加對於信念的信心。儘管這方法看來合理且遵循常識，但它有些明顯的問題。尤其是，不論你進行了多少次實驗並得到正面的結果，你還是無法證明該規則就是正確的。為什麼沒辦法？針對這種證據、確認和歸納難題的最知名解說，出自於休謨（David Hume）。

一個經典解釋範本就是去設想某個相信「天下烏鴉一般黑」這種自然法則的人。我們可以去觀察十萬隻烏鴉，然後發現每一隻都是黑色的。想要支持規則，這樣的證據夠多了吧？但如果接下來的一隻烏鴉偏偏是白色的，那該怎麼辦？

回到我們的 2-4-6 練習，我們可能會料想規則就是「連續遞增的偶數」，因此猜 4、6、8；接著猜 10、12、14；然後是 20、22、24；接著是 50、52、54，如此猜下去。在每個例子中，答案都可能是「符合規則」。在這種情況下，人們應該會有滿滿信心認為猜的規則是正確的。但不論有多少肯定案例，再下一次猜三個遞增偶數時，得到的回答都有可能是「不，這不符合規則」。

否定回答和正面案例的無能為力相反，不管用多少例子來證明一條規則絕對正確，只要有一個猜測得到否定回答，就必定能反駁規則，且邏輯上來說理當如此。[17] 一隻白烏鴉就可以反駁「天下烏鴉一般

黑」的規則;同樣地,不管前面有多少個符合案例,只要有一次連續偶數「不符合規則」,就可以駁回「三個連續偶數」這個規則。就如人們常引用愛因斯坦的說法,「再多實驗都不能證明我是對的;但一個實驗就可以證明我錯了。」[18]

瓦森 2-4-6 研究的重要性,就在於它似乎證明了人傾向去尋求肯定想法的證據,而不那麼會去尋找反駁想法的證據。基於上述理由,「肯定證據」邏輯上不像「否定證據」那麼理所當然。[19] 這是否代表說,若想把事情弄清楚,尋找肯定證據一定是比較不好的方法?或許。瓦森研究的受試者中猜測三個數字時傾向尋找肯定例子的人,成效比那些傾向尋找否定例子的人差,也花了較長時間找出規則。[20] 後來的研究顯示,在研究者特別指示受試者去猜那些不符心中規矩的數字後,他們就會有比較快速的進展。[21]

瓦森還另外觀察到好幾個重要而發人深省的現象。在那些第一次猜規則猜錯的人裡面,有超過半數的人接著會表示,他們接下來測試的三個數字,是按照剛剛被說不正確的規則去選的。在猜錯規則的受試者中,有三個人在下一次猜規則時,還是引用了第一次猜錯的規則(雖說措詞有改)。本書會在第十一章會更詳盡探討人為什麼有這些傾向(在那之前就只要想著人確實有這些傾向即可)。眾多研究者的大量實驗都重現了 2-4-6 任務的結果,包括這種任務的其他變體。重要的是,其中有些實驗並未給予特定例子(如2、4、6)。受試者一開始會隨便猜,並傾向落入同個模式——也就是說,不論第一次猜測結果如何,還是會根據它來尋找肯定案例。[22] 2-4-6 任務已是一種成果豐碩到不可思議的實驗工具,曾用於多種脈絡下的多種研究中,並有著許多不同細節。要如何確切詮釋 2-4-6 任務在人類認知潛在機制方面所揭示的意

義，即便在六十年後（就如接下來會探討的），人們都還沒達成共識。然而明白而確切的事情是，至少在瓦森所制定的情況下，人類認知往往會如此運作。

1、5、7、10……
我們應不應該再詮釋一次？

人們常常把瓦森等人的發現，呈現為一個證明「人類是尋求肯定的機器」的強力證據。人類傾向如瓦森所描述的那樣行動，這點已經很清楚，但瓦森是否正確詮釋了這些研究結果？伊凡斯（Jonathan Evans）教授對此提出了具洞察力且思考縝密的分析，在此分析中他走得相當前面，表示「毫無疑問地，人們會反覆確認自己對任務的假說來行動，而對自己的正確性變得深信無疑」。[23] 然而，就如伊凡斯接下來解釋的，這種傾向是否由一種「肯定態度」所驅動，則變得不甚清楚。我們無法單單根據這個行為就做出結論，說人心「尋求肯定」。如果我們不能這樣做出結論，那可能還有什麼別的詮釋？

如果我們相信規則是「連續遞增的偶數」，那麼猜 8、10、12 看來就是嘗試得到肯定，而猜 1、3、7 則似乎是嘗試得到否定。然而，情況並不一定如此：這兩個猜想都可以用來取得肯定，也可以用來取得否定。8、10、12 有可能得到「不符合」的回答；在這種情況下，受試者就得拋棄心中的規則。1、3、7 也有可能得到「不符合」的回覆；雖然不符合規則，但這一猜想至少替心中的規則提供了一些肯定證據。因此，猜一個符合心中規則的例子，並不會顯示出受試者實際上有沒有「肯定態度」。在此，伊凡斯替「**邏輯**」肯定和「**心理**」肯

定做出了重要區分。

規則通常不會單獨存在，而且可能有無數條規則都符合我們手頭上的資料。畢竟，儘管在我們這例子中心裡的規則面對 2、4、6 時確實有用，但有太多規則也都能符合。舉例來說，

A. 連續遞增的偶數（我們目前的信念）

B. 任三個增加的數字

C. 任三個偶數

D. 第三個數是前兩個數的和

E. 第二個數是第一數和第三數的平均

F. 由等於或少於四個字母拼成的數字（英文為 two、four、six）

G. 還有其他眾多規則都適用於此。只要人願意發揮創意，創意就沒有極限。舉例來說，「桑坦（Stephen Sondheim）以前的住址」。[24]

就來想想，若我們心底的規則是連續遞增的偶數。若我們像人類會傾向的那樣猜 4、6、8 的話，我們會得到兩種可能的結果。首先，我們可能得到一個肯定的回應：4、6、8 符合規則。這確實肯定了規則 A（以及 B、C 和 E）；然而，同一個結果卻反駁了 D 和 F。[25] 或者，若我們猜 4、6、8，然後對方告知說，不，它不符合規則，那麼我們就可以駁回 A、B、C 和 E。同樣的回答現在支持 D 和 F。相對地，如果我們猜 2、3、5，肯定的結果會造成規則 A、C、E 和 F 不正確，同時肯定了規則 B 和 D。否定的結果則會駁回 B 和 D 並支持 A、C、E 和 F。每個猜測都有能力肯定某些規則並駁回其他規則。

在後來的研究中，研究者跟受試者講了兩個不同的規則（稱作 DAX 和 MED），而 2、4、6 符合 DAX 但不符合 MED。[26] 在這種情況下，受試者找起 DAX 和 MED，會比尋找原本 2-4-6 任務的規則順利。受試者仍使用同樣的方法行事——即傾向尋找正面例子。然而，因為有兩個互斥的假說，所以每個猜測必然都會導致 MED 不然就是 DAX 遭到駁回。因此，不論實際上的心理動機可能為何，演繹都得要同時透過肯定和否定來推進。

重要的是，不是每個確認某假說的嘗試，都有能力反駁其他也有在考慮的假說。舉例來說，如果範圍已縮小到只可能是 A 和 B 這兩道規則的話，那麼，猜 10、12、14 就會是一個「無法判定」的猜想，因為它無法區分哪一條規則正確而哪一條是錯誤的。這時獲得的答案同時符合兩道規則。答案如果是「不正確」的話，那它就還是同時反駁了兩個假說，但根據前面引用的研究，嘗試得到反駁似乎不是比較普遍的行為。4、5、6 就是一個有判定能力的猜想範例，因為如果得到正面結果，就可以反駁 A 而不反駁 B。

即便兩個可能正確的規則完全相反對立，人往往還是會提出沒判定力的猜測。舉例來說，某人發表了一個關於人們偏好某一產品品牌勝過另一品牌的研究，可說發人深省且實用。當人們獲知自己支持的品牌還多了某種性質時，就算該性質在兩種品牌中都有著一樣的分量，還是會增加他們對自己喜愛品牌的偏好。[27] 根據無法判定的資訊來改變或強化一個人的看法並不合邏輯，但那卻有可能在我們每個人日常生活的簡單工作中，對我們產生廣泛普遍的影響。

肯定的心理強化

人類有一種打從心底對正面反饋的喜愛,他們不只喜愛來自他人的正面反饋,也喜歡知識理解任務有所進展時得到的正面反饋。在我所知的範圍內,最能清楚說明這件事的,就是以下這個跟小孩進行的演練。有人跟一群小孩說,他們得要猜一個介於一到一萬的祕密數字。有人問了,「這數字比五千大嗎?」如果回答為「是」,孩子就會熱烈歡呼。如果回答是「否」,孩子就會失望嘆息。其實,不論哪個回答都可以獲得一樣的資訊,但我們的認知反射就是會比較喜歡肯定。肯定會在我們的腦中製造快樂,所以我們探索世界時尋找肯定,這又有什麼好奇怪的?誰不會想要一點小確幸?

人類熱愛替問題尋找答案。加州大學柏克萊分校的心理學教授高普尼克(Alison Gopnik)認為,解決疑難的神經化學反饋類似我們性高潮時的體驗。[28] 的確,把人放進能即時掃描腦內不同部位活動的功能性核磁共振造影(functional magnetic resonance imaging,fMRI)後,研究者觀察到,當我們解決了一個推理任務時,也就是當我們有了一個「啊哈!」時刻時,我們的愉悅中心就會亮起來。[29]

有人主張,同樣那幾個腦中心也涉及對一個想法的「肯定」,也就是「當我們找到肯定資料時,我們也會湧上一股多巴胺,類似我們吃巧克力、從事性行為或戀愛時的多巴胺噴發」。[30] 這同一批神經傳導途徑也會在賭博和藥物濫用等行為中活絡起來。[31] 值得注意的是,人們若收到自己支持政黨及候選人的相關負面證據,然後又用確認偏誤排除那些證據時,在他們的腦部成像掃描中,腦中涉及情感推理的幾個中心和其他與深思熟慮推理相關的區域相比,就會明顯地顯示活

化。[32] 因為找到肯定證據的感覺很好，我們有可能對此上癮。找不到時，用確認偏誤誤以為世界是由我們的既有信念所引導，感覺也一樣好。

人類潛在的心理會以微妙但強大的方式強化對於肯定的偏好。當人們必須就一個問題的單邊論點和兼顧雙邊論點之間做選擇時，他們往往會覺得單邊論點較為有力，並對其結論較有信心。[33] 就如研究心理學家達頓教授（Professor Kevin Dutton）做出的精妙解釋一樣，我們偏好「黑白分明的思考」並因含糊不確定而感覺不自在 [34]。人們也往往偏好簡單、正面且肯定的論點和結果；就想想政治廣告上那種立場單邊的金句，以及相對缺乏那種平衡或細緻的論點。政治人物熟悉他們的聽眾，而他們會用行得通的方法。

人類甚至常在修正主義歷史中進行某種悲傷的做法，溯及既往地使用確認偏誤。人類在好幾個選項中做出選擇，選出心目中的最佳選擇之後，接著就會詆毀之前的第二佳選擇，好消除我們對已定案選擇的疑慮。[35] 這全都是「心理確認」，而它們會和我們的內在精神程序共鳴。然而就如本章所探討的，這並不是「邏輯肯定」。[36]

為什麼人類會發展出確認偏誤？

確認偏誤的存在看來令人困惑。它是能滿足什麼目的嗎？我們的腦盲目強化了我們的既有信念，甚至包括自我毀滅在內的任何信念，怎麼可能因此而更具有適應力？我們應該想想，瓦森（以及其他許多人）的研究，描述的是人類在心理實驗室裡會怎麼行動。然而，心理實驗室不是大部分人過日子的地方，也絕不是人類的演化發展場所。

大部分的人類思考，反而都是在與其他人類的合作行為及社會契約脈絡中發展出來的。確實，把瓦森 2-4-6 那種任務放進社會脈絡的框架後，人類在任務上往往表現更佳（這會在第十一章進一步探討）。此外，各種新興的認知理論也解釋了確認偏誤（以及整套捷思法）在面對邏輯思考和反思時，如何能（至少在某些時候能）具備極大優勢（這也會在第十一章進一步探討）。優勢的有無要看脈絡，儘管它們可能在某些環境下提供淨利益，但那並不代表它們無法同時造成不利。

總結

確認偏誤深植於人類的認知中，並以多種方式體現。我們尋求資訊的方式，讓我們更有可能接觸到肯定我們既有信念的證據。在我們接觸到的證據中，我們往往會留意肯定證據，並忽視反駁的證據。而在我們留意到的所有證據中，我們又往往認為肯定證據品質較高，而反駁證據品質較低。不論信念的起源或基礎為何，舉凡是我們先相信的，都會帶著確認偏誤（首位效應）；而這種偏誤接著又會扭曲我們從那一點出發的觀察結果。因為確認偏誤會根據一個初始信念產生新的觀察結果，所以就算一開始促成該信念的證據不足以採信，這些新觀察結果接著還是能拿來替代原本的信念基礎。確認偏誤就以這種方法，替「說服某人說他錯了」所要下的工夫設下了高門檻。確認偏誤始終都在我們的認知背景中運作。為了合乎本書主題，確認偏誤可用分數的形式來瞭解。在「根據一個想法有多大百分比的證據支持（支持想法的證據／所有證據）來評估該想法」的過程中，我們偏誤的認知藉由放大分子、削減分母而改變了分數。

第四章

偏誤頂上再添花

專挑好資料

專挑好資料（Cherry-picking）[1] 是一種暗中撒謊的手段。它沒有明目張膽到直接說某個東西不是真的；它使用完全精準正確的資料，來替一個謬誤提出有說服力的論點，只是說它並未使用整筆資料。專挑好資料類似「人只留意支持既有信念之證據」的確認偏誤，而那些是有所挑選地呈現支持既有意圖的資料。然而，專挑好資料有別於下意識的確認偏誤，它往往是徹底地故意為之——犯下這事的人沒有一定要相信自己聲稱的結果。

就想像一下，你在一間大公司的行銷部工作，打算瞭解你手上產品的顧客滿意程度。你托人針對你的產品對不同消費者團體做了十份不同調查，其中有九份都顯示，買過你產品的人有大約 80% 討厭你的產品，無論怎樣都不會再次購買；然而，有一份調查顯示了 55% 的認可率。此時有人要你代表公司向董事會報告你產品的顧客滿意度，你

1　譯注：原意為「採櫻桃」。

站在他們面前，面帶微笑，以真摯的語調說「近期我們委託一間備受讚譽的公司做的一次調查中發現，多數消費者認可我們的產品」。儘管你說的是事實，你傳達的概念卻是假的。你靠著疏漏來說謊——你選擇性地報告了有利的那份調查，而沒有提及其他調查，呈現了只進行過一份調查的假象。你專挑了好資料。

專挑好資料要促成一個錯誤看法，並不一定都要專注於資料的少數部分。大學時代的某個周末，我和幾個朋友出去玩了一整晚。我們吃晚飯、看電影，然後在電視上看《X 檔案》時喝掉一瓶伏特加。第二天，當我試圖專注於有如外星人爆出頭殼般的頭痛來忽視面前一波波嘔吐感之時，我媽打來宿舍就只是要跟我說：「嗨！寶貝，我知道你念書很累不想吵你，但我要確定你有洗衣服，乾淨的襪子還夠穿。」

當她問我昨晚在幹麼時，我跟她說了實話：有些朋友跟我一起吃飯，看了電影，然後回宿舍看電視。我不只完全據實以告，還把大部分事實都跟她講了——只排除了一件小事而已。儘管如此，我還是藉由遺漏令人悔恨的伏特加經驗（我認為她不知道就不會受傷，即便我喝了很受傷），扭曲了那晚的真相。

許多國家的國民在法庭作證時，起的那段誓言包含「實話，所有的實話，僅有實話別無他言」（the truth, the whole truth, and nothing but the truth）之類的話，而這段話恰好顧慮到專挑好資料的問題。如果誓言沒包含「**所有的實話**」，那就可以專挑好資料了。

用專挑好資料來解決氣候變遷問題

當政治人物和權威專家錯誤地描述科學資料時，專挑好資料會化

為最不恰當的模樣——對科學實作來說，準確完整呈現資料是神聖不可侵犯的。專挑好資料會誤導大眾，使他們認為「科學資料」支持某項結果，但那結果卻和資料真正證明的結果相反。出現這情況時，反對者往往會把它戳破。然而，就算是清楚的反駁，似乎也阻止不了這種作法，而人們對於這問題有多少認識，還不是很清楚。

作家列維坦（Dave Levitan）在《不是個科學家：政治人物如何搞錯、曲解、徹底搞爛科學》（*Not a Scientist: How Politicians Mistake, Misrepresent, and Utterly Mangle Science*）中，提出一個絕佳案例。[1] 列維坦關注的是，以全球暖化為主題持續進行的充滿憤怒的辯論。他提出的問題是辯論中較沒爭議的部分。我們不是在思考地球是否因人類活動而變暖，或者暖化有沒有任何不良影響；我們就只是問：「地球到底有沒有在變暖？」

令人遺憾的是，這個問題實在太政治了，以至於你幾乎一定會有一個通常很強硬的既定主張。由於存在著第三章解釋的確認偏誤，你勢必會透過你既有信念的濾鏡來看這個問題（就跟我一樣）。出於這個理由，我希望你試著退後一步，仔細看看這個「專挑特定資料而歪曲了更完整證據」的例子。

氣候科學家一直都在收集地球溫度的資料，已收集了超過一個世紀，而美國國家航空暨太空總署（NASA）以及其他各個團體也都在匯整這些資料，並追蹤其發展。地球某一處的溫度就跟任何動態系統一樣，每一天、每一年都在變化，就連不同年的同一天或同一季也都不同。2015 年 4 月 10 日紐約州羅徹斯特（Rochester）的溫度，本來就會和 2016 年 4 月 10 日及 2017 年 4 月 10 日不一樣，不論地球變熱變冷或沒有變化都是如此。而川普便是在 2016 年 4 月 10 日的一場造勢大會上留意到那天溫度比平均低，而說出了那句知名的俏皮話——我們

需要來點全球暖化。我們大可主張那只是個玩笑話,但這個戰術實在是太常被人使用了,不能只當作異想天開而予以忽視。這明顯就是專挑好資料式的思考。單一場寒流不是反駁全球暖化的證據,正如一週的炎熱氣候也不是全球暖化的證據。我們得去看一年又一年下來的平均值,才能辨識出整體發生了什麼事。

正確分析地球溫度的一個方法,就是把某一年每一天的溫度,拿去和近幾年(通常是過去三十年)同一天的平均溫度做比對。某一天的溫度與史上該日平均溫度的差異,稱作「溫度距平」。需謹慎注意地點和方法,因為任一天的溫度在不同測量站可能不一樣(即便處在同一緯度)——舉例來說,會因為高度差異而有所不同。

來想想圖 4.1 展示的圖表,它提供了 1880 年以來從陸地上和海上收集的測量資料。[2] 在這裡,每個資料點(黑方格)代表了那年的溫度距平;換言之,溫度和三十年平均相比暖了或冷了多少。一如預測任何動態系統會得到的結果那樣,我們發現每一年都有自然的變化,也因此線條會是鋸齒狀起伏(曲線則是一道「平滑化」的手續,協助將隨時間出現的趨勢加以視覺化)。

這張圖並沒有呈現出地球的溫度,而是呈現出某一年的地球溫度比平均高還是低。所以,自 1880 到 1940 年間,地球是在變冷。1910年之後,變冷的程度開始減少;而在 1940 年,第一次跨過變冷到變暖的門檻。地球上一次有著負的溫度距平是在 1976 年。換言之,過去四十五年間,地球每一年都比自己前三十年的移動平均來得更溫暖。

2015 年,美國參議員克魯茲(Ted Cruz)根據這些資料做出了以下發言:

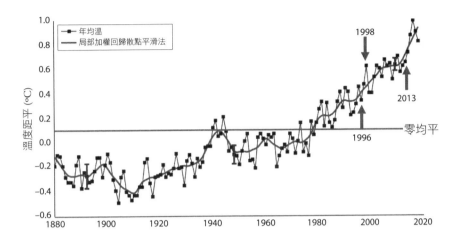

圖 4.1　以陸地及海洋資料為基礎之全球均溫估計值。

資料來源：Adapted from J. Hansen, R. Ruedy, M. Sato, and K. Lo, "Global Surface Temperature Change," Review of Geophysics 48, no. 4 (2010). © John Wiley and Sons, used with permission.

科學證據不支持全球暖化。過去十八年裡，衛星資料（我們有監測大氣層、實際測量溫度的衛星）根本沒顯示出什麼明顯暖化。[3]

根據列維坦文中所言，[4] 克魯茲在《德州論壇》（*Texas Tribune*）的訪談中作了以下發言：

衛星資料證實了十七年來根本沒有什麼明顯的暖化。如今，對那些警告暖化、大驚小怪的人士來說，這可是個真正的麻煩，因為被這整個議題當作根據的電腦模型全都預測會有明顯暖化，然而衛星資料卻顯示它並沒有發生。[5]

從某個特定觀點看，克魯茲的發言是有些真意（儘管很少）。如果我們考量 1998 年的溫度距平是攝氏 0.62 度，而 2013 年是攝氏 0.65 度的話，那麼你說十五年間沒有明顯增加（從統計學觀點來說，0.65 並沒有「明顯」比 0.62 大）就是正確的。儘管資料隨著時間過去而有所改進，使得年份的確切範圍會根據使用了哪一種分析而各有不同，但趨勢都是一樣的。克魯茲在他的發言中提及的就是這段時期。

克魯茲這番分析的問題在於，1998 年是溫度距平已經高於趨勢的一年。因此使用那年當作比對的基準，就會得出溫度沒有變化的表象。相較之下，那段時間的平均趨勢明顯是在增加。

克魯茲選擇性地只專注於資料的兩個點，而忽視了所有其他年份的資料，從而提出一種專挑好資料的看法，認為地球並沒有在變暖。但他只要把視線往外拉開一年（1997 年是攝氏 0.47 度），又或者把他的視野向內縮一年（1999 年是攝氏 0.4 度），那麼同樣的計算就會顯示在同一段時期裡有著大幅增加（40%）。要注意，克魯茲並沒有反駁測量資料，而是接受測量資料。他大可說資料不正確，但他沒有。他反而接受所有的資料都是正確的，然後從兩個特定年份專挑好資料，同時忽視其他資料。在這個例子中，他的這個方法並非來自認知錯誤，而是方法本身就有想要操弄結果的特定意圖，好在明明綜觀全局就會有明顯答案的時候，給出相反的答案。換言之，他專挑好資料。[6]

就算我們打算接受克魯茲所主張的、資料顯示溫度並沒有隨時間而增加，仍要記得數字代表的是什麼意義——那並不是地球的溫度，而是那年溫度比平均年溫暖了多少（或者暖化的比率）。克魯茲提及這些資料，並說「衛星證實了根本沒有什麼明顯的暖化」，其實是在主張地球變暖的速率穩定；然而在這種情況下，地球還是一年年在變暖。

這個評論就像是在說，因為你的車加速度恆定，所以你的車並沒有變快。這種說法要不顯示他打從根本誤解數字代表了什麼，要不就是刻意扭曲數字的意義。不論是哪種情況，當克魯茲聲稱數字穩定時，他基本上是在表示地球確實每年都在變暖，因為數字反映的是溫度增加量而非溫度本身。克魯茲說的頂多就是暖化的速率沒有增加，而**不是**地球沒有在變暖。

再者，也有可能你不相信地球正在變暖；然而如果情況真是這樣，你的懷疑也不該基於克魯茲這種目光短淺而誤導人的分析。就算地球沒在變暖，就算 NASA 的資料有所編造，而且是整個大陰謀的一部分，這個例子還是同樣切中要害。這明顯是個透過專挑好資料造所成扭曲的案例。

質問數字是否正確以及資料是否準確收集，屬於高水準的科學。接受數字正確，接著卻故意扭曲其意義，卻是科學所憎惡的。克魯茲所做的就是後面這種活動。這是一種常見的操控工具，因此我們必須警覺、防範、不接受也不允許。[7] 我無意只針對克魯茲而排除其他例子。我選擇克魯茲的這個例子，是因為他嘗試進行的扭曲實在是明顯到令人難受。然而遺憾的是，專挑好資料實在是太過普遍，眾多政治人物和各個政黨都讓它持續下去。

專挑好資料似乎是政界的標準作法

2012 年夏，時任美國總統的歐巴馬和挑戰者羅姆尼（Mitt Romney）的總統選戰正火力全開。就跟任何總統大選一樣，各陣營都提出了大量關於自家候選人優點及對手缺點的主張。只要這些主張誠實而正

當，就是妥當合宜的行為，因為把候選人擺在一處檢視，並讓他們針對政策和表現進行辯論，都是我們政治論述的一部分。然而，很遺憾地，典型的情況往往是兩邊都扭曲了資訊來支持自己這方的候選人。最值得注意的是，在《華盛頓郵報》的「事實查核」專欄中，歐巴馬和羅姆尼得到的「小木偶分數」是一樣的。[8]

在 2012 年選戰中，就業是個主要議題。想想看圖 4.2，它根據美國勞工局（Bureau of Labor Statistics）的資料，顯示了從 2007 至 2012 年的每月勞動力大小（也就是全職受雇人數，以千為單位）。[9] 看著這張圖，很容易就能發現以失業為一項主要驅動力的 2008 年大衰退。2008 年 1 月 1 日，通報了超過一．二一億個工作。兩年後的 2010 年 1 月，只通報了少於一．一一億個工作，在短短兩年內就消失了一千萬個工作。

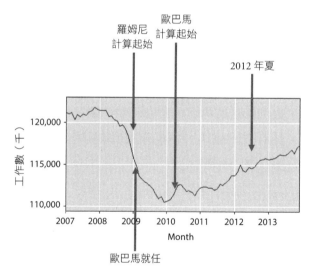

圖 4.2　美國 2007 至 2012 年勞動力大小。
資料來源：Adapted from data by the U.S. Department of Labor and Statistics.

　　歐巴馬評估自己在就業方面的政績時，聲稱「過去兩年裡創造了超過四百萬個工作」。相對地，羅姆尼在談到歐巴馬政績時聲稱「他並沒有創造工作」。在這些看似不相容的主張中，誰才是正確的？嚴格來說，兩邊都對。

　　羅姆尼是從 2009 年 1 月開始算，那時間基本上是歐巴馬上任時。按照這樣將歐巴馬第一任任期整個含括來算的話，羅姆尼的主張就是正確的：2012 年夏天的工作比歐巴馬上任時少。相對地，歐巴馬是從 2010 年 3 月開始算起，也就是他就任一年多工作數量達到谷底的時候。2012 年夏天的工作比 2010 年 3 月多了四百萬個。

　　有別於克魯茲在全球溫度距平進行的惡質扭曲資訊，人們至少可以針對歐巴馬和羅姆尼的情況提出一個哲學論點。為何歐巴馬要從 2010 年 3 月開始算起？這個嘛，可以主張說，不論歐巴馬總統實施了什麼政策，都沒辦法指望它立即生效：當歐巴馬上任時，經濟體失去工作的速度已經太快，以至於從那時候開始算不太公平。另一方面，羅姆尼說，如果我們要計算歐巴馬當總統對就業的影響，那就該從他宣誓就職時開始算，這其實也很公平：那都是在他的監督下進行的。[10]但比較可能的情況是，每個陣營選擇自己起始點的真正理由，都是因為結果對自己的候選人有利。

總結

　　我們在本章中辨識出一種特定的扭曲資訊方式，符合了錯誤描述分數的形式。對任一種大量資訊來說，支持一個看法的資訊百分比都可以用分數來呈現（支持的證據／所有證據）。藉著選擇性地只呈現支持

證據，並忽視其他證據，人就會扭曲分數，也就是在專挑好資料。

專挑好資料可用不同的方法達成。它可以是展現某些資料點而忽視其他資料點，好比說在多份不同的調查中只通報其中一部分。它也可以是只顯示特定時段，就像創造工作機會的例子那樣。專挑好資料可以是在一條範圍更廣的趨勢線中專挑兩個特定的時間點，這樣的話兩個時間點之間的差異就不會代表實際上的趨勢；克魯茲在全球暖化方面就是這麼操作。專挑好資料並不一定要產生一個跟實際情況相反的結論，它也可以用來誇大某件事發生的程度——也就是真正發生的情況並沒有到挑選過的資料所顯示的那種程度。

只要人有所選擇地呈現某些資料並漏掉其他資料，又沒有正當理由，且有著扭曲現實的意圖，那麼那人就是犯了專挑好資料的罪。

第二部

不同場合的分數問題

第五章

刑事司法系統

撰寫這本書的同時，美國社會正陷於動盪的困境之中，而動盪的中心是一連串似無止盡的警察殺死非武裝公民的事件。從 2015 到 2020 年，每年大約有一千名美國人被警察殺害。根據《華盛頓郵報》報導，在某一段期間內，警察殺了二千五百三十二名高加索人、一千三百二十二名非裔美國人，以及九百二十五名西班牙裔，其中高加索人被殺的人數顯然比其他族裔的人數都多。[1] 看來警察對白種人有偏見，畢竟每年被殺的白人都比其他群體來得多。但這只是分數的頂部——我們不難看出，只專注於分子會如何導致第一部中所描述的那種錯誤。

若要在群體之間進行比較，就需考量比率，而不是絕對數字。被殺害的比率，是每一百萬非裔美國人三十二名、每一百萬西班牙裔美國人二十四名，以及每一百萬高加索美國人十三名。少數族裔合計起來被殺的比率，遠超過高加索人的四倍。[2]

近幾年，有鑑於旁觀者數位錄影的激增，我們現在面對著難以辯駁的證據，證明長久以來美國的悲傷現實；而少數族裔過往長期對這

現實可說是再清楚也不過。有些警察的行事方式最終導致了草率處決公民；而在這種方式下遭到謀殺的公民，少數族裔不成比例地佔了多數。

當然，我們得要小心，不要陷入第二章詳細說明的可得性捷思法困境中。每年被警察殺死的高加索人比少數族裔多，但殺死少數族裔的事件整體來說卻得到了多上太多的新聞關注。因此，人們有可能高估了少數族裔被警察殺死的比率的程度。然而，就算捷思法有時會搞錯，也不代表它們全都不會搞對。可得性捷思法或許會使我們對於過度殺害少數族裔產生誇大的看法，但小心謹慎的資料分析，證實了少數族裔被殺害的比率是高加索人的四倍。[3]

光是少數族裔被警察殺死的比率較高，並無法證明有機構面或甚至個人面的種族歧視。可能還有其他因素能解釋這種情況。舉例來說，或許警察把面前的人殺死的比率是不分種族地一致，但警察接觸的少數族群就是比較多。然而根據美國司法部資料，情況並非如此。警察與非裔美國人和高加索人接觸的比率是同等的（都是 11%）。然而，一旦警察開始與他們接觸，警察威脅要對非裔美國人使用強制力或實際使用強制力的比率（5.2%），是對高加索人（2.4%）的兩倍以上。[4] 這是否證實了種族歧視？或許，但不一定。另一個可能的干擾因素是年齡；非裔美國人的平均年齡是二十七歲，高加索人的平均年齡是五十八歲。[5] 或許少數族裔比較頻繁被警察殺死的理由，就只是因為年輕男性是最普遍被殺害的，而少數族裔當前最常見的恰巧就是年輕男性。然而，光憑這一點沒辦法說明為何少數族裔較常被殺死。真正需要問的是，如果其他條件都相等，警察是否仍有差別對待少數族裔，以及如果有的話，為什麼？

　　上述資料，並不代表大部分警察都不是每天為了人民安全福祉冒生命危險而值得尊敬的好人。在美國超過六十八萬名的警察中，只有少數人曾經殺死公民，其中不當殺人的又更少。然而，儘管大部分警察是值得尊重的好人，也不能抹除那些不是的警察的駭人行徑，而那也不能用來證明潛藏著機構種族歧視問題。要瞭解不平等對待少數族裔是如何被編入體制內，我們就必須更深入探討。

透過分類隱藏偏誤

　　負責監控預防美國國內恐怖主義的聯邦調查局（Federal Bureau of Investigation，FBI）會把恐佈分子分類成不同組別。2017 年以前，白人至上主義者和極右激進分子各自是一個分類。雖然白人至上主義者和極右激進分子要為大部分的恐怖行動負起責任，但聯邦調查局卻把資源集中在調查和少數族裔及少數社群有關的其他團體上。[6] 當思考資源為什麼沒有集中在最該為恐怖主義負責的團體時，某些人主張，這又一次體現了深植於我們體制中的機構種族歧視；由種族從屬關係所組成的團體受到了較多審查，與這些團體實際所展現的風險，二者是獨立不相干的。

　　為了使人關注這個問題，參議員德賓（Dick Durbin）於 2017 年推出一部法案，稱作「國內恐怖主義者法案」（Domestic Terrorists Act）。該法案要聯邦調查局報告，如何根據不同團體殺害的人數多寡來投入資源監控各個團體。根據聯邦調查局前探員兼吹哨者日耳曼（Michael German）所言，聯邦調查局回應「國內恐怖主義者法案」的方式，是把白人至上主義者和「黑人身分極端主義者」這兩個分類合併為一組。

日耳曼主張，聯邦調查局這麼做是特地要隱藏一個事實，那就是它們花在調查白人至上主義者和極右激進分子的資源，遠低於應該要花的量。[7]

這是一個藉由修改分數來改變行為樣貌的例子。這與第一部所描述的「無真正蘇格蘭人謬論」相反；那個是把資料點從分數中剔除，以此人為地提高百分比。這邊的情況則是有人把資料點加進來，好稀釋並混淆重要資訊，讓人無法分辨花在調查不同群體上的資源各有多少，因為全被混在一起了。這套重新分類的程序，讓人無從查明花在特定分類上的資源。

當然，我們無從得知聯邦調查局做這種重新分類的真正意圖為何。實際上的理由很可能和日耳曼所主張的不同，也很有可能沒那麼邪惡，但也未必。不論可能的意圖為何，這都是個很有效的案例，示範了改變一個分數所包含的分類，如何能讓世界看起來跟真實情況不一樣。令人遺憾的是，這不過是冰山一角。類似的考量，也可用來評估電腦演算法；那些演算法藉由把人類移出方程式，而被預示為挽救人類偏誤的特效藥。但它們是嗎？

大數據和大數據維安：
電腦演算法如何能同時隱藏偏誤並放大偏誤

近年有一個流行用語就是「大數據」（big data）。大數據的定義是，蒐集自多種資料來源的廣泛龐大資料集，並讓電腦分析這種資料集，來辨識出人類自己無法辨識的關聯。大數據的方法可用於多種目的，但我們最熟悉的形式，就是產品廣告的進階系統。

　　我們之中有許多人的亞馬遜、臉書或 Google 帳號會接收到顯然是為我們量身打造的產品廣告。有時那顯然是我們自身行動的結果：你在線上買了某個東西，類似東西的廣告就跳了出來，且往往是立刻出現。大數據也使用我們並非有意提供的資訊；這些資訊中，有些是關於我們以某種方式相連的其他人。

　　廣告會推到我們面前，是因為具有我們這種特徵的人往往會購買那些東西。這些因素齊心協力地讓大數據演算法預測了我們可能會怎麼花錢。舉例來說，你可能跟某人是臉友，而他跟另一人又是臉友，而那人又是某社群的一分子，而該社群基於其成員特徵，更有可能對於看起來像寶可夢角色的節能空氣加濕器感興趣。因此，你會收到接馬鈴薯電池的傑尼龜空氣加濕器廣告。

　　當然，就算是無所不能的超級電腦也可能弄錯。網飛剛出現時，我當時五歲的孩子和我共用一個帳號。結果，搜索電影然後放進「向你推薦」欄位裡的那道演算法，把我倆當成了同一人；它彷彿是在（徒勞無功地）尋找一部古怪的電影，類型是美國內戰的歷史紀錄片，但是是由小馬村（Ponyville）和坎特洛特（Canterlot）的居民所演出，最好是由紫悅（Twilight Sparkle）、雲寶（Rainbow Dash）和卡丹絲公主（Princess Mia Mora Cadenza）來飾演。[1]

　　常有人把大數據宣傳成一種就算不能消除人類偏誤，至少也能減少人類偏誤的方法。畢竟，一台沒有人心算計的電腦也應該沒有人類的偏見。但令人遺憾的現實是，我們的資料遭到多重來源的（人為與非

1　譯注：以上地名和角色都出自電視動畫《彩虹小馬：友情就是魔法》（My Little Pony: Friendship is Magic）。

人為）偏誤所嚴重汙染。因此，我們大數據演算法的輸出結果也同樣遭到汙染。就如雷勒（Tom Lehrer）有次講的俏皮話：「人生就像下水道。你能撈什麼出來，要看你當初放什麼進去。」[8]

或許更重要的是，使用演算法的方法可確保未來的資料也會以偏差的方式收集。換言之，大數據方法可以讓偏誤長存，甚至可以放大而非減少偏誤；而它可以暗中這麼做，甚至連那些使用大數據系統的人都不知情。這到底是怎麼發生的？

大數據在一個重大領域中既特別使人感興趣也格外讓人憂慮，那就是警方使用大數據來鎖定犯罪。作家弗格森（Guthrie Ferguson）在《大數據監控的興起：監視、種族，以及執法的未來》（*The Rise of Big Data Policing: Surveillance, Race and the Future of Law Enforcement*）一書中巧妙地探索了這點。[9] 執法行動正在結合來自多個資料來源的犯罪統計數字，並使用大數據電腦演算法來預測：(1) 某幾類犯罪在哪裡比較有可能發生；(2) 比較有可能犯下某類犯罪的人的特徵；(3) 犯罪最有可能在何時（月、日和一日中的何時）發生；(4) 受害者的特徵可能為何；以及 (5) 哪一種物件最有可能遭竊或毀損（好比說根據車輛顏色、品牌型號所調整的車輛失竊風險）等事項。

正在使用的這種方法在概念上並不新鮮。警方一直都知道某些地區有較高的犯罪率，有些人較有可能犯下罪行，而有些情況比起別的情況更需要警方加強注意。某些行為特質和犯罪行為有關，因此警察會比較注意以某些方式行動的人，這也是合理的事。要預測某件事未來可能會在哪裡發生，若其他條件都均等，那在它過去曾經發生的地點尋找也很合理。然而不可避免的不利因素是，該方法不只導致真正的罪犯受到差別待遇，所有身上有犯罪行為相關特質的人，就算是個

徹底守法的老實人，也一樣遭到了差別待遇。大數據大幅放大了這個效應，讓警察得到一個新的衡量方式，專注於具有某些特質的某些人身上。

我們就來想想「預測誰最有可能犯下罪行」這個問題。許多大數據演算法的確切細節都祕而不宣，但已知納入了某些明顯特徵，像是過去曾被捕或定罪、正在假釋期間，以及和其他曾犯下罪行的人有著已知關聯等等。但「已知關聯」是什麼意思？作為鄰居或者住在同一街區算不算？念同一間學校算嗎？就是一家人算不算？舉例來說，在一個加州使用過的幫派分子資料庫（稱作 CalGang）中，一個人被列進資料庫的基準包括了以下條件：

1. 承認為幫派成員者。
2. 曾被發現和列管之幫派成員有關聯者。
3. 已知有幫派刺青者。
4. 被發現頻繁出沒幫派地區者。
5. 被發現穿著幫派服裝者。
6. 扣押分類訊問。
7. 因符合一般幫派活動之攻擊行為而被捕者。
8. 被發現顯露幫派符號以及／或手勢者。
9. 經可靠舉報者／消息來源指認為幫派成員者。
10. 由未經檢測之舉報者指認為幫派成員者。

一個人要被列入資料庫，必須滿足上述標準中的兩項。表面上來看這看似合理。然而，就來想想有個人可能不過是住在常見幫派分子

或有幫派分子出沒的地區，也可能會和家附近的人及碰巧遇到的人講話。光是這樣的情況就足以滿足第 2 和第 4 項標準。這是不是代表，任何住在城中有幫派的那塊地區，且和周遭住戶有著合理社交接觸的人，都有可能被分類為幫派分子？如果一名幫派分子搬到你家附近，而你沒本事搬走（或者只是選擇不搬），那你肯定獲得了頻繁出沒幫派地區的資格。如果「被發現與其有關聯」代表的只是住在同一棟樓，或者於某個街角站在一起等紅綠燈，或者在某個夏日被發現在公園裡彼此靠近而已呢？舉個可能發生的錯誤有多荒謬的例子；上面提到的 CalGang 資料庫曾把四十二名嬰孩列為幫派成員，因為他們符合其中兩項標準。[10]

所以，真正的問題在於如何使用這些資料庫。洛杉磯警察曾刻意替某些人輸入錯誤資訊，導致洛杉磯警察局正式遭到封鎖不得再輸入資料。[11] 這並不是我們在此考量的主要問題：就算資料庫有著百分之百的準確資料，且由正直無瑕的行為者按資料庫當初設計的方式來使用，使用 CalGang 這種資料庫還是會出問題。

警察需要「相當理由」（probable cause）來逮捕某人或搜索證據；那是關於某些「事實」的知識，能讓一個理智的人去相信某項罪行正在發生，或者將會發現非法違禁品。與其相比，若要短暫拘留、問訊甚至搜身，警察只需有「合理懷疑」（reasonable suspicion）就可以了，而那是基於一個警察在「什麼個人特質和情況讓懷疑足夠正當」方面的經驗。這是個模糊的定義，基本上代表的是，若有個東西根據一名警察的經驗看來可疑，就足以讓該警察採取行動。

每名警察都有不同的經驗、不同的準確度和偏誤，而這些經驗全都是「一個人可以被警察攔下來搜身的部分法律標準」。出於平衡，

犯罪被告始終都能挑戰一名警察所主張的「合理懷疑」。但若不論這人做了什麼，就算沒有別的東西能讓警察的合理懷疑正當化，只要他列在一份大數據名單上，就可以是警察搜他身的充足原因，那將意味著什麼？若僅僅在名單上就足以導致監視審查的增加，那又代表什麼？如果出現在名單上就代表他較頻繁且較積極地遭到舉發，而且總是被求處以最重處罰的話，那會代表什麼？對了，別忘了有些人可能只因為住的地方就被列在名單上。所以，你會僅因為住址而遭到搜身或監視，而且被起訴時較有可能面對更重的處罰。駭人的是，在某些情況下，大數據維安就是這樣在進行的。

　　大數據演算法可用來產生一個「發燒榜」，列舉較可能成為犯罪者或犯罪受害者的特定人士。這樣的名單有著令人讚嘆的準確度；舉例來說，在一段時期裡，芝加哥大約有 80% 的槍擊受害者在犯行實際發生前就已被列在該城的發燒榜上。[12] 有幾種運用發燒榜的策略，包括：(1) 讓發燒榜上的人們出席（或讓他們打電話給）團體活動，讓他們知道自己被列在名單上，以及被列在名單上的意義；(2) 寄出「慣例通知信」再搭配來自執法單位和社會服務的私下拜訪；(3) 範圍更普及的方法，還包含提供更多社會服務、諮詢以及健康照護（來處理包括心理健康在內的健康問題）。[13] 這種方法還可以和「在發燒榜名單上的人士所在的高風險地區增加公安人員，並增加投資實體基礎建設（如修理路燈）」一併進行。有些部門提倡「壞蘋果方法」：即當發燒榜上的人被捕，就盡全力以最高刑責上限來起訴他們（即便只是犯下小罪）。這當中的想法，是盡可能在最大程度上把「壞蘋果」從社會中移除。

　　這種干涉實際上能減少犯罪到什麼程度，以及它們可能有什麼副作用，仍是一個需要研究討論的問題。或許不讓人意外的是，這幾種

方法的組合似乎最為有效。然而我們討論的重點是,大數據發燒榜的使用如何影響了我們在本書第一部所定義的那幾種錯誤。

我們就以弗格森提供的一個例子來想想兩個青少年的情況:一個住在貧困的市中心貧民區,另一個住在擁有社會經濟特權的富有地區。[14] 兩人都才滿十八歲;前者正要進入職場,成為勞動力的一員,而後者才剛進入一所私立大學。兩人都想多賺點錢;前者想要勉強度日,後者則想要多點錢花。兩人高中都試過古柯鹼,也都知道要跟誰買。兩人都決定去買古柯鹼,加料稀釋,然後賣掉賺錢。

貧困的青少年最終可能就因為他居住的地方而被列進「發燒榜」,而這青少年不論有什麼舉止,也都比較有可能被隨機攔下搜身。而富裕的青少年幾乎可以免於這種反覆無常的搜查。儘管兩名青少年都沒有任何犯罪紀錄且兩人都從事一樣的行為,貧困的青少年還是比那個優渥的青少年更容易被搜查(並因此被抓)。我們先跳過差別受審的問題,來想想如果兩個青少年都被警察抓到的話會怎麼樣。貧困的青少年會被逮捕、丟掉工作並面對刑事司法系統。在多數的情況下,這名青少年要不自己認罪,要不就會被定罪 —— 無論哪樣都會成為重罪犯。如果這名青少年遭到監禁,此時他的「有犯罪紀錄關係人名單」就會瞬間爆量。坐過牢之後(或在未監禁的情況下),這名青少年接著會接受假釋,並進一步進入大數據系統。這又更進一步降低了明明沒做任何違法甚至可疑之事就被警察攔下搜身的門檻 —— 光是在發燒榜上就足夠了。

有錢大學生的情況則與之天差地別;他比較有可能被學校保全逮到,被建議給予某種懲處、進行諮商,然後重回主流學生生涯,沒留下任何公共違規紀錄。基本上,這個有錢青少年不會面對多少後果,

甚至完全沒有後果。就算這學生被警察抓到且被捕，但因不在發燒榜上，他被起訴的可能性也很低。但原因就只是因為住的地方而不被列在榜上。就算他被起訴判刑，因為不在發燒榜上，刑期也可能較輕。[15] 就這樣，即便兩名青少年進行了同樣的行為（且沒有其他行為），其結果仍有可能會根據執法的差別待遇而截然不同。

關於貧困青少年的困境，或許有人會主張說，如果該青少年不先犯法，那他就什麼都不會遭遇。這或許是真的，但這和不平等待遇的問題無關。為了這邊的討論主題，我們反而應該要專注在兩個青少年的行為都一樣上。對那名貧困青少年來說，美國憲法第四修正案（Fourth Amendment）所謂「人不會受到無理搜查和扣押」的承諾，打從一開始就沒那麼大的意義，接著又一路遭到大幅削減，而這是一個被大數據方法嚴重擴大的問題。至於那個有錢青少年，發生的情況正好相反。兩個青少年明明行為都一樣，在法律下卻遭到差別的對待。

這要怎麼符合第一部所定義的那類錯誤呢？制度特意尋找有罪證據的頻率，在貧困青少年身上高過了有錢青少年。這類似於確認偏誤，因為是有所差別地尋找資訊，以此確認一個人的犯行；同時也是根據一個既有信念，有所差別地詮釋一個人的犯行。這種（由演算法本質及根據演算法而來的方針所共同導致的）偏誤，成為大數據維安內的固定偏誤。一個人的實際犯行是一個分數，他們的犯罪行動構成分子，而他們的一切行為構成分母。

在這個例子中，兩名青少年的行為是一樣的——有著一樣的犯行分子。不過，貧困青少年身上產出了較多資訊（因為他頻繁被搜查和搜身），導致了較高的命中機率。接著，以這種命中率為基礎將他移到發燒榜，這又進一步放大了確認偏誤，而這又造成更多的審問和搜索。

　　如果有兩個人的犯行分數都是 1/100（好比說，每一百天裡有一天持有古柯鹼），而第一位每一百天就被搜索二十五天，第二位卻是每一百天只被搜索一天，那誰比較有可能被逮捕？就是這麼簡單。大數據維安和發燒榜讓這成為了現實。對於犯行起訴工作來說，只有「抓到」（也就是分子）才重要。如果某人有一次被搜出了古柯鹼，那麼他之前有多常沒搜出古柯鹼，就一點都不重要了。答辯時說：「對啦，我有在買賣古柯鹼，但也沒很常啊！」不太可能有什麼用。

　　雖然這是為了說明而舉的一個理論上的例子，但它在真實生活中的展現卻明白到令人不悅。已有多種情況下的詳盡紀錄顯示，就算高加索人持有違禁品的頻率比少數族裔來得高，少數族裔被搜索及逮捕的比率還是高上太多。[16] 會發生這種事，是因為執法更專注於較常被攔下搜身且被更積極起訴的少數人口。這總是一再發生，遠早在發燒榜出現前就是如此，但大數據維安和發燒榜只會讓這種事進一步惡化。

　　留意一下，我們的關注焦點已從「貧窮」變成「少數族裔」。令人遺憾的是，平均來說少數族裔在貧窮人口中佔的比例，大於他們在總人口中佔的比例。這是一個顯著的事實；儘管少數族裔身分或許可以依法不允許當作發燒榜的標準，但是住在經濟蕭條地區卻是受允許使用的標準。若把焦點聚焦於少數族裔百分比高到不成比例的經濟蕭條地區，基本上來說就是用大數據來讓「身為少數族裔」藉著關聯性成了被納入發燒榜的標準。某些警察在評估合理懷疑條件時，可能一直都有把少數族裔的身分考量進去，而這從來都不是一件正當的事。大數據維安演算法八九不離十也是這麼做，因此它們就放大或創造（或者說既放大也創造）了偏誤。這樣的做法，剝奪了美國憲法第四修正案

賦予少數族裔的權利。在法律上這是差別待遇，而這只不過是種族歧視如何制度化並深植體制內的一個例子。

這番討論的目的是凸顯深植於大數據分析的觀測錯誤。這不是在評論說大數據維安能否有效減少犯罪，且就算它有，它又該如何解決它所導致的濫用和偏誤呢？持平而論，為了要完整計算大數據維安的益處及可能害處，也應該考慮用大數據來監控警方。大數據演算法可預測警察較有可能不當對待公民的變項（人事地時）。因此在某些情況下，大數據維安是在維警察的安。[17] 當然，根據收集、處理警察資料的方法，以及以此資料行動的方式，這個做法也會出現偏誤。

至少就現在被使用的方式來說，大數據並不是人類偏誤的解藥。人們設計系統及使用系統的方式，可能讓大數據加劇惡化既有的人類偏誤。這個偏誤不用有人類認知涉入就能發生。只要用特定方法編寫程式並加以使用，就連以矽為元件的電腦處理器都可以具備確認偏誤，而那不巧正是當前的實際情況。

評審團給無辜者定罪

在這個世上有個最關鍵的追查事實團體，就是刑事審判的陪審團。這組人（通常是十二人）受指示要在一個案件中公平地權衡證據，並回報有罪或無罪的裁決。陪審團的抉擇決定了被告是否被罰錢、剝奪自由，甚至要不要被剝奪生命。還有哪邊的證據評估會比這更重要？陪審團審判中所展現的一種對頻率和機率的錯誤理解，有個恰如其分的稱呼叫作「檢察官謬誤」（prosecutor's fallacy），而那一直是美國陪審團制度不公正的一個源頭。

　　或許現實生活中最出名的檢察官謬誤範例，是人人皆知的「人民訴柯林斯案」（People v. Collins）。[18] 本案受害者是一名叫做胡安妮塔‧布魯克斯（Juanita Brooks）的女性，她在洛杉磯遭到一名被她描述為「穿深色衣服的金髮女性」攻擊。另一名目擊者看到攻擊者跑走，證實那名女性有頭金髮，還補充說她綁了馬尾，而一名留落腮鬍與八字鬍的黑人男性開一台黃色車把她給接走了。珍娜‧柯林斯（Janet Collins）和馬爾康‧柯林斯（Malcolm Collins）隨後被警方逮捕，因為他們正好符合受害者和目擊者綜合描述的特徵。

　　但對控方來說不巧的是，不論是受害者或目擊者，都沒辦法從指認隊伍 [2] 中指認出兩名指控者中的任一人。因此，控方的主要論點為被告有著被害者和目擊者所指認的所有特徵，而且說到底，那樣的機率能有多高？數學家應該很少成為關鍵證人，但這個案子例外。一名數學家向陪審團解釋說，任兩個獨立事物同時發生的機率是一件事的機率乘以另一件事的機率。舉例來說，第一次擲硬幣結果為人頭的可能性為 1/2，而第二次擲硬幣結果為人頭的可能性也為 1/2，所以連擲兩次都是人頭的可能性是 $1/2 \times 1/2 = 1/4$（或 25% 的機會）。如果你一次擲一枚硬幣兩回，那麼四次裡只會有一次是兩個人頭。[19]

　　利用這個原則，有人提出證詞，說明當時一個人在洛杉磯擁有黃車的可能性（1/10）、身為留八字鬍男性的可能性（1/4）、身為綁馬尾女性的可能性（1/10）、身為金髮女性的可能性（1/3）、身為非裔美國人男性且有絡腮鬍的可能性（1/10），以及身為跨種族伴侶的可能性

2　譯注：警方將嫌犯和外觀類似的人混成一排讓受害者或證人指認，以確認他們是否在一定程度上記得嫌犯樣貌。

（1/1,000）。把這些機率一個個相乘後，估計一對伴侶同時擁有這六個特質的可能性是 1/12,000,000。因此有人提出證詞，說被告只有一千兩百萬分之一的機會不是犯下罪行的人。陪審團基於該機率超過了合理懷疑，而認定他們有罪。[20]

你或許會（或許不會）覺得僅僅一千兩百萬分之一為無辜的機會超過了所有合理懷疑，但問題不在於此。問題反而在於就機率論來說，這種推理是正確的嗎？我們先假定，所有個別事件的機率都估計正確，變項也確實都是獨立的，且目擊證人的觀察也都是正確的。[21] 如果情況是這樣，那麼數學論點的確聽起來很合理。然而不論它聽起來怎樣，它基本上並不正確。

對於確實有這些特質的伴侶來說，在任何隨機伴侶身上觀察到上述每個特質的可能性，跟他們是惡魔黨的可能性並不一樣。現在來假設一下，你在一間酒吧裡，有個二十來歲叫提姆・德諾斯基（Tim DeNouski）的傢伙威脅要你的命，然後就走了。在你向警方投訴之後，他們調查了全紐約人的名字，並找出八個年齡介於二十至三十歲的提姆・德諾斯基。接著，警方去找名單上的第一位，並且拘留了他。當他們把他放進指認隊伍中，你沒辦法把他挑出來，但那沒關係，反正警方起訴了他。畢竟他的名字就是提姆・德諾斯基。[22]

在審判中，他們主張因為紐約只有 1/1,000,000 的人叫提姆・德諾斯基，所以他不是惡魔黨的機率就只有 1/1,000,000。或者，就柯林斯案來說，因為只有 1/12,000,000 的伴侶有目擊者所描述的各項特質，所以被告情侶沒犯下該罪的機會就只有 1/12,000,000。事實上，1/1,000,000 是隨機逮捕一個紐約人、然後他正好叫提姆・德諾斯基的可能性。由於警方先把搜索範圍限縮到已知名為提姆・德諾斯基的

人，並隨機逮捕了其中一人，且因為有八個提姆·德諾斯基住在紐約，那麼遭逮捕者有罪的可能性，事實上只有 1/8。換言之，此人無辜的可能性是 7/8──這跟只有 1/1,000,000 可說是天差地別。所謂的檢察官謬誤，就是在遭逮捕者無罪的可能性其實是 7/8 時，認為可能性為 1/1,000,000。

到最後在上訴審的法庭上，加州最高法院（California Supreme Court）基於柯林斯案在數學方面出了好幾個問題而推翻了定罪，其中一個問題就是法院辨識出檢察官謬誤。[23] 保羅斯（John Allen Paulos）在其著作《不知數》（Innumeracy）中分析了柯林斯一案，並計算出柯林斯有罪的實際機率是 1/8（換言中，7/8 或 87.5% 的機率是無辜的）──就跟提姆·德諾斯基一樣。這是因為柯林斯案就像提姆·德諾斯基一樣，只有八個人身上有用來指認被告的所有特徵。所以（在沒有其他證據的情況下）逮捕了其中一人，有罪的機會就是 1/8，或說無辜的機會是 7/8。這個新機率看起來遠遠沒有「超過所有合理懷疑」。

因檢察官謬誤而造成的錯誤定罪，不需要原告濫用職權也可以發生。檢察官和陪審團都有可能「無辜地」犯下這種常人的認知錯誤，而那會發生是因為我們對機率有錯誤的直覺。如果辯護方沒察覺到這種謬誤，或者無法用有說服力的方式向陪審團解釋這種謬誤，那就有可能出現這種問題（也已出現過了）。幸好，至少柯林斯案的那時，上訴審法庭發現了這個問題並逆轉了定罪，但這還是無法讓錯誤一開始就不發生。這個錯誤理解機率（居然還是一名專業數學家犯了錯）的特殊案例，反而導致無辜公民在沒有充足證據下被國家剝奪自由──這樣既讓錯誤定罪的人受害，也讓真正的壞人逍遙法外。

總結

　　為了符合本書主題，我們探索了刑事司法系統中特定類型的偏誤——專注在一些合乎比率、機率或頻率形式的偏誤上。就如第一部詳細說明的，這些偏誤可以化為分數來瞭解，而這能幫助我們理解到，操縱分數（如大數據維安）或把一個分數誤以為是另一個（如檢察官謬誤），會造成多嚴重的影響。這完全無法囊括所有正發生於個人或機構的刑事司法相關偏誤。至於美國刑事司法系統固有偏誤的其他成因和體現，則不在本書範圍內。

誤判的總和

第六章

邁向戰爭

2003 年 3 月 19 日，美國和英國（還有某些盟國）在一場被美國人稱為「伊拉克戰爭」或「第二次波灣戰爭」的行動中入侵了伊拉克。當時帶頭衝鋒的是美國總統小布希。當前的討論不是要分析海珊（Saddam Hussein）是不是壞人；因為他顯然是。當前的討論也不是要分析海珊該不該被趕下台，或推翻他的政權是否最符合美國或其他國家的國家利益，更別問符不符合伊拉克人民的利益了。這裡要討論的是，小布希政府所提出的讓入侵有正當理由的證據。

副總統錢尼（Dick Cheney）認為，小布希總統有權在不與美國國會或聯合國商量的情況下入侵伊拉克，但小布希不顧他的強烈反對，尋求了上述雙方的同意。最終，他也對美國人民直接提出了他的理由。該理由是以特定幾個小證據為基礎；這些小證據編織成一個有說服力的論點，證明海珊有囤積大規模毀滅武器（weapons of mass destruction，WMD），而且他正主動尋求核武。這就公然違反了至少兩道聯合國的決議。

為了配合本書主題，我們分析的焦點應該是那些更改了「觀測結

果除以當前可得總證據的分數」，如何透過這個濾鏡處理資訊。先前
幾章已介紹過確認偏誤和專挑好資料這兩種扭曲我們對世界感知的程
序，其方法是透過既有信念或別有意圖的濾鏡，來選擇性地留意、關
注和評估證據。以分數（支持你信念的證據／全部證據）而言，（我們已證
實了）錯誤就在於關注分子並忽視分母。就因為小布希政府所提出讓
入侵伊拉克有正當理由，是以證據為基礎的論點，所以偏誤和扭曲證
據如何改變了結論，就與這段歷程大有關係。畢竟，有什麼比開戰的
決定更重大的呢？

　　懷疑海珊有大規模毀滅武器是合理的，而推測他渴望生產更多大
規模毀滅武器並有意如此使用，也是一個合理的推測。他曾違反日內
瓦公約，在兩伊戰爭使用化學武器，也對自己的人民使用過。第一
次波灣戰爭後有在伊拉克境內發現生化武器，而他先前有打算生產
核武等級的高純度鈾，也是毫無爭議的事實。此外，在第一次波灣
戰爭後，伊拉克政府顯然有對聯合國特別委員會（United Nations Special
Commission，UNSCOM）多次說謊，持續調整他們的武器申報，阻止或
逃避檢查，且沒留下紀錄證明有按照先前編列於持有目錄上的數量來
銷毀生化武器。接著在 1997 年，伊拉克將武器調查員全部驅逐出境。

　　美國和英國的回應是在 1998 年發動為期四天的轟炸行動；其目標
在於拖垮伊拉克生產大規模毀滅武器的能力。2003 年的情況是，調查
員自上次被驅逐出境後就不得返回伊拉克，而情報機構想招募伊拉克
境內提供情報的間諜也困難重重。所以除了空拍以外，伊拉克是個不
論聯合國或美國都很難看穿的黑盒子。

　　有鑑於海珊先前的大規模毀滅武器生產活動，再加上他有使用的
意願、他逃避檢查的閃躲工夫、他對過去已知持有的武器之無可奉告，

以及多年來的缺乏調查，懷疑他擁有大規模毀滅武器是合理的。然而這仍然只是個推理，實際的證據是什麼？

為了讓入侵有正當理由，小布希政府給美國國會、聯合國和美國國民一小份精選的確鑿證據。這些證據大部分來自一份國家情報判斷（National Intelligence Estimate，NIE），即一份綜合多個情報機構共識的文件。還有些情報來自其他消息來源。它累積出來的結果，看起來就像個有說服力的論點——一個小布希政府不論私下或在公眾論壇上都能信心滿滿提出的論點。小布希總統和當時的國務卿鮑爾（Colin Powell）直接向聯合國發言，另外小布希總統也對國會的參眾聯席會發表國情咨文。整體來說，他們提出了一連串具體主張，包括以下內容：

1. 伊拉克有化學武器。沒有直接證據指出情況如此，但可根據過往活動、疑似化學工廠的建築物及卡車的空拍照，以及調查的徹底缺乏，來推論情況真的如此。

2. 伊拉克非常可能有生物武器。過去伊拉克就有，而且幾乎可確定又再次擁有——或者打從一開始就沒銷毀過。鮑爾對聯合國的演講中，提到了來自伊拉克內部、基於一名伊拉克人目擊證言而來的情報，說它們有裝在卡車上的移動式生物武器工廠，可以來去各處躲避偵查。這樣的卡車可以輕易在一夜培醞後生產一批批強效生物武器。鮑爾甚至給聯合國看了一張圖像，說明那樣的卡車工廠會像什麼樣，以及要如何運作。

3. 核武方面，有人表示海珊正在談一筆交易，打算從尼日購入大量放射性物質（即黃餅〔yellowcake〕），將其精煉成可

裂變材料。另外，已知伊拉克購買了非常可疑的鋁管，被
證實適合製為精煉黃餅的離心管。

4. 已證實伊拉克正在開發可運到美國沿岸、飛在美國城鎮上
空，然後可在人口稠密地區噴灑生化武器的無人飛行載
具。格外令人顧慮的是，一名伊拉克探員曾企圖購買內建
美國各城市地圖的全球定位衛星設備。

5. 除了上述這些問題，伊拉克與蓋達（Al Qaeda）有著密切關
係，讓雙方與先前的攻擊（好比說 2001 年 9 月 11 日的世貿中
心攻擊事件）有所關聯，也讓它們更有在未來發動攻擊的危
險。

　　國家情報判斷的內容有很大程度是基於推測而來，而那些準備國
家情報判斷的人很清楚知道這一點。舉例來說，內容中表示，「儘管
我們對伊拉克的化學武器儲量沒有多少具體情報，但海珊可能儲存了
至少一百公噸、至多五百公噸的化學武器作用劑──大部分是在去年
增添的。」這明顯是以「沒多少具體情報」為基礎的據理推測。幾年
後，在一次訪問中，前美國國防部長倫斯斐（Donald Rumsfeld）做出這
樣的評論：「如果那是事實，就不會叫做情報。」[1] 換言之，沒一個
是直接證據。這可不像 1962 年甘迺迪總統在古巴飛彈危機期間拿來當
作證據的蘇聯飛彈駐紮古巴照片。關於伊拉克的證據反而是間接的。
當然，情報幾乎總有一定程度的推測；古巴飛彈照片是個例外。然而，
情報資訊的不確定本質並沒有傳達給公眾；小布希政府反而把伊拉克
大規模毀滅武器的相關證據呈現為確切事實。
　　儘管缺少任一項實際的直接證據，錢尼依舊在 2002 年 8 月一場對

海外作戰退伍軍人協會（Veterans of Foreign Wars）的公開演說中表示，「簡單來說，現在海珊無疑擁有大規模毀滅武器；他無疑正在累積它們，用來對付我們的朋友、我們的盟國，以及我們。」[2] 國家情報判斷中以「沒多少具體情報」為基礎的評估，怎麼會等於「無疑」呢？這不就很清楚了嗎；但發表的說詞就是這樣。其他政府官員也在比較次要的場合中表達了同樣程度的信心。據轉述，沃佛維茲（Paul Wolfowitz，當時的國防部副部長）的一名下屬曾於 2002 年夏天對駐埃及美國大使館的一群訪客說「海珊有核武」。當美國大使問說這是否根據美國情報單位的評估時，回答是「我們不需要評估……我們早就知道了。」[3]

　　2002 年 9 月 12 日，小布希總統在聯合國發表演說，明確要求通過新的決議，而聯合國安全理事會於 11 月 8 日一致通過（1441 號決議）。新的決議給予伊拉克三十天時間，提供「確實、全面且完整申報當下全方面的化學、生物和核武器開發計畫」，以及讓聯合國調查員「立即、不受妨礙、無條件、無限制地視察」所有設施。

　　從各方面來說，伊拉克遵守了新決議。在所有調查都還沒進行之前，小布希總統便於 2002 年 10 月在辛辛那提博物館中心（Cincinnati Museum Center）的一場演講中聲明，「監視照片揭露了該政權正在重建過往用來生產生化武器的設施」，而「海珊仍擁有生化武器，並正在加強他增產的能力。而且，他越來越接近要發展出核武了」，以及「伊拉克曾企圖購買氣體離心機所需的高強度鋁管和其他設備，而那是用來給核武濃縮鈾用的」，並且「我們得知伊拉克曾訓練蓋達成員製作炸彈、毒藥以及致命毒氣」。[4]

　　為了遵循 1441 號決議，伊拉克於 11 月 27 日讓調查員進入該國，並提交了長長一串的武器申報，但那份申報基本上沒有新內容。這代

表了兩種情況中的一種：他們要不沒有重新制訂武器計畫，不然就是在說謊。後面的這種情況，可以被當作入侵的正當理由，至少按聯合國決議來說是這樣。證明伊拉克確實有大規模毀滅武器且沒有申報，成了小布希政府的焦點。[5] 然而歷經連月的工作，聯合國調查團隊還是沒辦法找到大規模毀滅武器存在的任何證據，他們尚在持續努力當中。

2003 年 1 月 28 日，小布希總統在對國會參眾聯席會發表國情咨文時說：「英國政府得知海珊近期在非洲尋求大量鈾礦。」接著，2003 年 2 月 5 日，鮑爾在聯合國發表演說，談論伊拉克違反聯合國 1441 號決議。當時，對公眾來說，鮑爾可能是小布希政府內最值得信賴的人物，甚至比小布希總統本人更可信。鮑爾的可信來自他一生不論在行伍間或在退伍後都效忠國家，他不斷透過這一點來展現自己言行上的誠正信實。他的演說令人想起古巴飛彈危機期間史蒂文森（Adlai Stevenson）在聯合國的演說，當時史蒂文森展示了安裝在古巴的蘇聯飛彈照片，幾乎就證明了蘇聯一向否認的事。與之相比，鮑爾呈現的證據就不那麼直接，實在不那麼有說服力，而且最終被拿來支持直接軍事衝突，而不是反對。

鮑爾的演說焦點為伊拉克拒絕申報生化武器和組裝核武所需的材料，也不讓人調查。他斷言伊拉克擁有大規模武器且持續生產，還隱藏起來不讓調查團發現。鮑爾展示了空拍監視照片，主張伊拉克人有留意到調查員何時會抵達哪幾個廠址，而把違禁品移走以躲避偵查。鮑爾播放了攔截到的電話錄音磁帶，內容主張伊拉克人事先知道調查員何時會來，正在移除有罪證據。鮑爾提到了濃縮鈾的鋁管，表示「所有分析過我們持有管子的專家都同意，它們改裝後可用於離心機」。

　　儘管鮑爾小心翼翼地選擇用詞，並略為表達慎重，但他的發言很大程度上還是以分數表達的，用他自己的話來說是：

　　的確，諸多事實和伊拉克的行徑，證明了海珊和其政權正在隱匿它們生產更多大規模毀滅武器的工作。……這些並不是單方面的斷言。我們展示給各位看的是基於牢靠情報的事實和結論。……各位女士先生，這些不是單方斷言。這些是事實，由許多資料來源所證實，其中一些是其他國家情報機構的資料來源。[6]

　　僅僅在六週後的 2003 年 3 月 19 日，美國（以及英國還有其他盟國）便以伊拉克沒能遵守聯合國第 1441 號決議揭露其大規模毀滅武器作為正當理由，入侵了伊拉克。但伊拉克允許調查且調查員什麼都沒找到，那麼，怎麼可以說它們怎會沒遵守決議呢？當然，調查還沒完成；或許有武器存在，但調查員到那時為止還沒找到。雖然聯合國調查到了那時已有長足進展，且調查主席布里克斯（Hans Blix）向聯合國保證，只要再花幾個月就可以完成調查，但美國還是不願意等。小布希政府的立場是，伊拉克一定藏匿了那些武器。小布希總統和他的盟友準備霸王硬上弓、將武器找出來奪下，同時也要讓海珊政權失勢。他們已經受夠了。這種感覺清楚反映在一段最早出自國家安全顧問萊斯、後來常被小布希政府重申的一段話：「我們可不希望槍一開就是一朵蕈狀雲。」[7] 就如軍事顧問所預測的，伊拉克軍很快就被打敗了。

　　戰後佔領期間，一個月又一個月過去，還是沒找到大規模毀滅武器。最終，這證明了伊拉克之所以沒有申報任何大規模毀滅武器，是

因為它們根本沒有。調查員完全找不到大規模毀滅武器的理由是因為它們根本不存在。到了此時，人們才開始問「哪裡出了錯？」當然，不是每種出錯情況都像這樣。有時候，理性平衡的證據評估會導致不正確的結果——我們活在一個充滿不確定的世界。然而，似乎還是有必要詳細分析證據是怎麼收集、怎麼詮釋的。尤其當後果至關重大時，分析更是有其必要。

以全體證據為背景脈絡的證據質量

9月12日，也就是小布希對聯合國演說要求新決議的同一天，與國會的對話內容已鬧得沸沸揚揚。參議員德賓（Dick Durbin）因國會沒收到一份國家情報判斷而感到失望。的確，從來就沒人生產這方面的國家情報判斷。德賓的基本要求是，按慣例必須集結一份國家情報判斷並呈給國會，特別是在考量受到密切關注問題的時候。的確，後來呈給國會的國家情報判斷，被拿來當作前面提及的五大主張的大部分基礎。

一般來說，國家情報判斷至少要花好幾個月來準備，有時甚至長達一年；然而，國會預定在十九天後就要投票決定是否授權總統入侵伊拉克，德賓因此要求國家情報判斷不得晚於10月1日提出。就算是在最佳情況下，國家情報判斷也可能難以達成共識，而那需要小心謹慎地對話並審查眾多的機構資訊。因此若僅有十九天，也只會是趕鴨子上架的成果。就如國家情報判斷的一位生產者後來在德雷珀（Robert Draper）採訪時說的那樣：「我們得盡力而為。問題在於我們盡力而為的成果爛透了。」[8]

德雷珀談這主題的里程碑作品《如何開戰》（*To Start a War*）分析了這個過程，包括涉及此事的一些情報人員的詳盡訪談。情報人員，又特別是中央情報局（CIA）的人員，為了要提供證據來支持小布希政府想要推動的主張，而蒙受了極大的壓力。然而，那並不是情報機構的工作，或者至少不是它們應該做的事。情報機構應該是不管手上有什麼證據，都要盡其所能地對某個情況做出最佳分析，還要謹慎評估證據的品質。就如一名涉入過程的情報官員所反省的：「他們教你的第一個中情局基本功，就是你不要幫他們找正當理由……但在戰爭正當理由這件事上，我們都被影響了。」[9]

小布希總統和泰內特（George Tenet，時任中央情報總監，可說是中情局局長）在 2002 年 12 月 21 日，也就是小布希國情咨文演說的一個月前，有過一段知名（或者惡名昭彰）的對話。白宮曾要求中情局湊出一份簡明扼要、可用來說服公眾的報告，來替入侵伊拉克建立充分理由。它們所擁有的證據實在太沒說服力，以至於小布希總統的回應就只有「不太行喔」（Nice try）。小布希接下來提出了要求，說：「聽好，再過差不多五週，我可能就得去請美國的父母把兒女送上戰場。這得要弄得好一點。我們要留意到它得讓一般民眾買單，所以它得要更有說服力。恐怕需要一些更好的例子。」這讓中情局陷入困難局面。什麼叫更好的例子？他們早就用了手上的最佳證據。這時，總統求助於泰內特，並說：「你有辦法嗎，喬治？」泰內特回答：「小事一樁。」[10]

過了一年，在完全沒找到大規模毀滅武器後，小布希特別提到了這一刻，以此責怪中情局把事情給弄錯了。[11] 小布希先前聽信自己的情報機構，並根據它們跟他說是確切無誤的「小事一樁」來行動。然而，就如泰內特在《60 分鐘》的一場訪問中，以及後來在著作《風暴

中心》（*At the Center of the Storm*）一書中所解釋的，[12]「小事一樁」回應的是「你能否以一種能說服美國人民的方式來表達既有證據？」，而不是「你自己對那些理由有沒有信心？」[13] 從各方面來看，所謂「中情局對其情報徹底有信心，且總統當時是依據它們的建議來行事」的這種說法，都是可以讓小布希挖洞給中情局跳的修正主義歷史，而不是承認他自己犯下的錯誤。

不幸的是，由不同專家所發表的眾多分析在幾年後回顧了小布希政府提出的論點，並證明其中明顯有對資訊的選擇性評估。它們專注於支持「有大規模毀滅武器」結論的小筆資料，而忽略了大筆大筆的相反證據。我們很難分辨這種行為模式是有意為之（好比說專挑好資料）抑或是下意識而為（好比說確認偏誤），但這兩者絕非互斥。

馬修（Jeffrey Jay Matthew）所寫的鮑爾傳記中提到，「鮑爾和其他政府領袖遭遇了一種典型且著實慘烈的『確認偏誤』案例，他們出於此偏誤，大幅摒棄了國家情報判斷中與他們心中伊拉克真相有所衝突的資訊，並放大了看似證實他們嚴重錯誤信念的資訊。」用鮑爾自己的話來說，是「情報方面，你真的得比我們那時還要努力非常多才行」。[14] 有鑑於小布希政府成員成分混合複雜，當時情況幾乎一定是結合了確認偏誤和專挑好資料。若要做出區分，那麼對於既有信念來源，以及涉入其中的人物個性與動機，都必須要有所瞭解。

小布希政府的背後信念、動機和意圖

儘管入侵伊拉克的最終決定是小布希總統自己下的，但這個過程是整個政府的產物。儘管總統的心智是單一認知，但總統當局所包含

的眾多人士、多重觀點以及眾多當務之急，全部同時一起運作。這種眾多投入者形成的網路如何影響信念，是一個重要的題目；然而為了當前的討論，值得一一來檢驗每個投入者。確認偏誤和專挑好資料取決於涉事者背後的信念，以及其意圖。

錢尼和倫斯斐以及他們的眾多手下，似乎遠在 2001 年 9 月 11 日的許久之前，就已多次想找機會入侵伊拉克，而且有著十足把握能輕鬆獲勝並取得極成功的結果。萊斯可能遠比他們更難以抉擇，而且不管跟錢尼還是倫斯斐都稱不上好友；然而，她有著讓中東民主化的雄心壯志。鮑爾強烈反對入侵，但不是因為他有多喜歡海珊，也不是因為他認為入侵會失敗。鮑爾反而徹底瞭解一旦入侵就得為整個局面負責的含意，而那不可能輕易脫身。

至於總統這邊，似乎結合了「美國就該為世界其他地方帶來自由」的堅定信念力量，以及一種強烈的宣揚正義使命感。可能還包含布希家族的一筆家族性的仇恨，因為海珊顯然曾嘗試刺殺老布希。[15] 此外，總統個人的財富和石油業有很緊密的關係，而身為哈利伯頓（Halliburton）前執行長且仍持有該公司展延股票選擇權的副總統也是如此。[16] 此外，就如艾森豪總統在告別演說時所警告的，當美國參戰時軍事工業複合體會發財，而大筆大筆的錢會花在遊說政客上。

更不切實際的是，小布希政府覺得用更友好且和善的政府來取代海珊，不僅對美國的戰略來說很重要，對中東也是裨益良多。先不管這種事發生的可能性有多低，對美國來說，那會是戰略上的重大一步。最後，在政治上最重要的事是撐過去就是你的——政客離下一次選舉總是沒那麼遙遠。美國在九一一攻擊中受到重傷，因此痛擊敵人能從情感深處討好選民。

人可能會出於上述所有理由，認為美國當初就該或就不該入侵伊拉克；然而，這些都不是小布希政府提出的理由。這些反而是預先形成的信念之源頭。實際呈現的理由有兩部分。第一個（如前所述）是海珊違反聯合國第 1441 號決議，持有大規模毀滅武器，而這對美國和世界而言都是不能容忍的的風險。第二個理由並非聯合國決議的一部分，卻出乎意料地被納入小布希政府的說法，那就是伊拉克要為九一一攻擊負起責任。

把海珊牽連到賓拉登，把伊拉克牽連到蓋達

要瞭解完整敘事，得要回到世貿中心的攻擊事件，但不是發生在 2001 年 9 月 11 日的那一場。故事反而是從 1993 年世貿中心的炸彈事件開始，當時一台裝滿爆裂物的卡車在建築物底下的停車場引爆。儘管這沒有危害到建築結構的完整性，但確實造成了嚴重損害，並造成一千人受傷（其中六人死亡）。最終有七名共謀者遭到逮捕、定罪並判刑——他們幾乎都是巴基斯坦或埃及國民，具有極端意識形態，專心致志於攻擊美國來聲援處在困境中的巴勒斯坦人民。

當時，以及後來，有人提出一種理論，認為伊拉克支持了執行爆炸案的恐怖分子。然而，包括中情局在內的眾多情報機構都認為，這個理論站不住腳而不予理會。儘管如此，有些人還是大聲擁護這個想法——或許沒人比麥爾羅伊（Laurie Mylroie）還大聲。這位哈佛大學的教授出版了一本叫作《復仇研究：薩達姆·海珊對美國的未竟之戰》（*Study of Revenge: Saddam Hussein's Unfinished War Against America*）的書。[17]

把海珊牽連至 1993 年攻擊事件的證據為何？涉案的七人中，有一

人（也只有一人）是伊拉克裔，不過他出生於美國。此外，在瀏覽其他犯罪者的所有手機通聯紀錄（包括幾百次通話）後，發現其中一人（他本身不是伊拉克裔）打了四十六通電話給他一位住在伊拉克、曾是巴勒斯坦恐怖分子的叔叔。這四十六通電話涵蓋的時間前後有八個月，其內容無從得知。那就是牽連，那就是證據，全部差不多就這些。基本上每份可信的情報分析都不會予以理會，政治學家進行的分析也多半如此。然而，「反正伊拉克就是攻擊的幕後黑手」這種沒有證據支持的想法，卻給沃佛維茲（Paul Wolfowitz）留下了深刻的印象。

　　沃佛維茲曾是老布希底下的國防部次長，他對於海珊在沙漠風暴行動（也就是把海珊勢力趕出先前入侵的科威特的第一次波灣戰爭）後仍保有政權一事感到十分失望。對於美國鼓勵伊拉克人民起義卻又不支援他們，使得起義被海珊部隊鎮壓一事，沃佛維茲感到十分後悔，同時背負著強烈的罪惡感。麥爾羅伊顯然深信海珊正在攻擊美國，且透過那樣的濾鏡來詮釋資訊。舉例來說，她甚至誇張到主張海珊是 1995 年奧克拉荷馬市爆炸案的幕後黑手。沃佛維茲並不接受後面這種論點，因為連他都覺得太過牽強；然而，他全盤接受了海珊和 1993 世貿中心爆炸案之間的關聯。完全地、徹底地通盤接受。

　　沃佛維茲一直嘗試把伊拉克和對美攻擊連結起來。舉例來說，1998 年，沃佛維茲（還有倫斯斐，當時跟他一起在一個委員會中效力）特別要求中情局試著把伊拉克牽連到 1993 年的爆炸案，但中情局找不到這樣的關聯。沃佛維茲並沒有被這樣的專家分析所打倒，反而不屈不撓地努力激發推翻海珊的策略，還在《標準週刊》（Weekly Standard）與哈利勒扎德（Zalmay M. Khalilzad）共同撰寫了一篇文章，標題為「推翻他」（Overthrow Him）。[18]

2001 年初，沃佛維茲再次在總統當局底下效力，擔任倫斯斐的國防部副部長，而倫斯斐會直接向總統報告。他持續貫徹自己的意圖，要求中情局和聯邦調查局重新調查麥爾羅伊所主張的 1993 年世界貿易中心爆炸案與海珊之間的關聯。答案還是沒有實際關聯。他在這方面繼續下工夫，也規劃著推翻海珊的紙上計畫。這些計畫包括了奪取伊拉克南部的油田，目標在於鼓吹一場伊拉克人民起義，接著便由起義的伊拉克人民接管國家——基本上，就是把第一次波灣戰爭尾聲失敗的起義「重來一次」。當然，奪取油田的概念，也有助於迎合那些會從此般妙計中獲利的公司。

沃佛維茲一直用他的計畫和論點來突破屏障，直到整個政治氣氛在 2001 年 9 月 11 日生變。他立刻打算把伊拉克和海珊扯進九一一攻擊事件，並引用了伊拉克情報人員於 1995 年和賓拉登會面並建立關係的這項證據。然而，中情局有著詳細情報，指出 1995 年那場會面上蓋達明確拒絕與伊拉克合作。所有情報都指出，蓋達要獨自為此事件負責，且他們的工作是由阿富汗的塔利班所協助推動的，而不是伊拉克的海珊。於是美軍發動了持久自由行動（Operation Enduring Freedom），攻擊了在阿富汗的蓋達，但也僅止於阿富汗，至少一開始是如此。

透過美國特種部隊、先進空中武力的戰略結合，以及和阿富汗反抗勢力的協同作戰，塔利班被趕下台，並由世俗政府所取代。賓拉登逃走了，但蓋達遭到擊敗而作鳥獸散。在這個過程中，美國情報單位獲得了大量的蓋達紀錄和文件，顯示了驚人的先進核生化武器生產及獲取程序。很幸運的是，他們沒這麼做下去，但他們的步伐遠比所有人在發動持久自由行動時所認為的還要快上太多。但和沃佛維茲鼓吹的蓋達─伊拉克關聯恰巧相反的是，整批文件中沒有哪一份擄獲文件

有顯示伊拉克和蓋達之間的對話或關係。這個密切相關的「否定資料」對沃佛維茲來說一點用處也沒有，因為它沒有證實他的既有信念。他反而選擇聚焦於一名高階蓋達特務利比（Ibn al-Shaykh al-Libi）所提供的唯一僅有證據上。

利比表示，2000 年時，兩名蓋達成員前往巴格達學習如何生產並使用生化武器，而沃佛維茲把這個證據指為伊拉克支援蓋達攻擊的證明。沃佛維茲專挑支持他理論的單一好資料，對於已捕獲大量通信往來、卻還是缺乏其他資訊的情況視若無睹。他的公民同胞此時危在旦夕：若有下一場恐怖攻擊將使問題更加嚴重，有鑑於此，這時即便證據不充足也該格外關注，這才是謹慎的態度吧？這可能是個合理觀點；畢竟，沒能避免 911 攻擊事件，不就是沒注意丁點證據、忽視大海裡人人皆知的一根針所造成的錯誤嗎？

當然，可得證據量越少，品質就變得越重要。如果這份單一證據要用來成為政策的資訊憑據，那不是應該要確保它是個可靠的證據？情報機構對於利比的證詞有多大信心，而證詞是在什麼樣的情況下取得的，是否都經過其他消息來源的驗證？

利比沒提到任何關於伊拉克的事，甚至在承受美國特務好幾天的「強化審問技術」後也一樣。反而要到美國人把他交給埃及審問者後，利比才終於在未知的審問情況下，講出了這個「事實」。就連中情局對於這個資訊也高度懷疑，後來認為那是已知會產生不可靠情報的刑求下捏造的資訊而不予理會。刑求一段時間後，人就會為了別再受苦而說出審問者想要他們說的任何東西。最終，中情局公開表示，不為這項資訊的準確性負任何責任，但那也要到美國入侵伊拉克之後。[19] 就如接下來會解釋的，有鑑於小布希政府處理證據的方式，中情局這

樣跟資訊撇清關係能造成什麼差別，其實也無從得知。

伊拉克和蓋達可能存在的關聯，在 2001 年 9 月 11 日之後又變得更加重要。沃佛維茲以及小車里比（Scooter Libby）[1] 在九一一劫機者與伊拉克可能有關一事上，不斷煩擾著中情局。十九名劫機者沒一個是伊拉克國民（大部分來自沙烏地阿拉伯）。捷克的外交官倒是有報告說，（跟另外四人一同）劫持美國航空（American Airlines）11 號班機的阿塔（Mohamed Atta），曾於 2001 年 4 月和一名伊拉克情報官員在伊拉克駐布拉格大使館會面。經過中情局小心謹慎的分析後，顯示這則情報最多也只能稱作薄弱。在據稱的這場會面發生前和發生後，阿塔人都在美國，而且也沒有他搭機前往歐洲的紀錄。當然，他有可能以假名來回。

然而捷克的這則報告，是根據一名從報紙照片上認出阿塔的匿名舉報人所言——而且，就算是根據這些有問題的條件，該舉報人也只有「七成把握」。

沃佛維茲一而再再而三地問了同個問題：伊拉克和蓋達有沒有關聯？他一直得到同一個答案——「沒有」，而他不能接受，還讓自己被中情局的某分析家描述為「瘋狂分子」。沃佛維茲並不孤單。副總統錢尼，還有他的一些幕僚，也興致勃勃地追打著阿塔的會面，指派中情局對此提出完整報告。

泰內特監督了這份報告的撰寫，在有眾多其他資料主張從沒有這場會面的情況下，呈現了唯一一份主張曾發生會面的證據（好比說，那

1　譯注：本名為小厄文・路易斯・里比（Irve Lewis Libby, Jr.），是迪克・錢尼的辦公室主任。

個基於報紙照片而有七成把握的匿名消息來源）。此外，中情局還在一個更廣泛的脈絡中分析這個事件：海珊是一個世俗領袖，在各個宗教團體中有很多要他下台的敵人；他與蓋達這一類伊斯蘭極端主義組織的密切合作，並不是天作之合。儘管如此，由於有對美國的共同仇恨當聯手因素，還是得謹慎考量這種可能。的確，中情局出於工作職責這麼做了，但仍找不到關聯。儘管中情局的正式評估中有這樣深刻的懷疑，錢尼還是在全國電視網的節目上聲稱，與阿塔的會面「證據確鑿」。[20]

　　無法強迫或催促中情局轉而支持伊拉克與蓋達有關係的白宮，接著又指派國防部另一個情報團體來找出關聯。用中情局某分析家的話來說，是「他們把未處理的訊息完全抽離出脈絡外……就只是鐵了心要個充分理由」，還補上「他們把根本就不存在的點連成線……那是微乎其微。那是相隔千里。那是凱文・貝肯他媽媽的六度分隔²」。[21]

　　中情局生產了它們自己的分析，讓國防部團隊的結論整個名聲掃地──但中情局的分析卻遭到徹底忽視。中情局局長感覺到自己部門未來可能因此無足輕重，且會徹底遭摒除於決策過程之外，因此最終默許將一份支持伊拉克與蓋達有關聯的報告交給國會。但令人遺憾的是，儘管沃佛維茲等人透過消耗戰硬逼中情局跟他們串通，伊拉克和蓋達的關聯就是站不住腳。

　　儘管如此，這便是支持本章開頭所列第五項主張的證據──其實差不多就是唯一證據了。有鑑於所有資料都由政府持有，當高度相關

2　譯注：美國演員凱文・貝肯（Kevin Bacon）曾在受訪時說，自己和好萊塢的每個人或至少他們的同事共事過，日後被當成「六度分隔」社會關係理論的範例。此處則是挖苦說，若把貝肯換成他母親，關係就差得遠了。

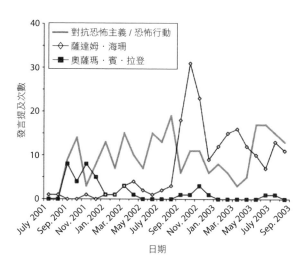

圖 6.1 　小布希總統針對對抗恐怖行動、薩達姆‧海珊、奧薩瑪‧賓‧拉登之逐月
　　　　發言次數。
資料來源：From Scott L. Althaus and Devon M. Largio, *When Osama Became Saddam: Origins and Consequences of the Change in America's Public Enemy #1* (Cambridge: Cambridge University Press, 2004). Reprinted with permission of Cambridge University Press.

的否定結果就是遭到忽略（好比說在擄獲的大量文件中，並沒有發現蓋達和伊拉克的實際通信往來），這於是成了一個專挑好料的極端案例。

　　到最後，缺乏可信證據根本不礙事。有高百分比的美國人早就相信海珊要為九一一攻擊事件負責。到了九一一的六個月後，小布希總統在敲響反恐戰鼓的同時，基本上發言已不再提賓拉登，轉而偏好談及海珊，有可能強化了美國人預先傾向相信的事情（圖 6.1）。[22]

其他事實主張打從本質上的薄弱

　　所以，伊拉克和蓋達的關聯最多也只能說是薄弱，卻被呈現為事

實，而許多美國人就這樣接受了。那其他用來讓入侵有正當理由的證據呢？持平而論，每個在情報圈和白宮的人都有高度警戒的正當理由。這個流程一路往上到了小布希總統；他從聯邦調查局收到「每日威脅匯報」，包含還沒經過審查或驗證的未處理情報。就如萊斯接受德雷珀訪問時所言：「若有哪個瘋子打算從明尼蘇達州的一座電話亭裡炸掉西爾斯大樓（Sears Tower）[3]，總統桌上也會收到報告。」[23]

這種情況相當正常。沒能避免九一一攻擊事件就是因為沒留意到微小警訊。接著，九一一沒過多久，不少人又收到活炭疽孢子郵件，導致生病及數人死亡——恐怖活動正在進行，而人人憂心不已。所以，在避免二度攻擊的熱忱中，就連微量資訊也有著極高的敏感度。當這發生時，小片資訊可以變得極其重大；確認偏誤在這種環境中會被放大。這樣的偏誤結合其他有特定意圖且刻意專挑好資料的偏誤，可以形成壓倒性的力量。

那麼，本章開頭列舉的五項事實中的其他堅決聲明，也就是關於化學武器、移動式生物武器工廠、黃餅和煉鈾鋁管，以及毒害美國各大城市的無人飛行載具等說法，又有什麼實際基礎呢？那些躲避調查者、在聯合國調查員抵達前一刻把違禁材料移出倉庫，以及始終搶先一步的事又要怎麼說？

化學武器存在的假設基礎，始終都只是根據過往行為以及「先前的武器如何清除」的貧乏紀錄推論而來。至於新產能的部分，伊拉克確實有廠房能生產化學物質，但這些全都有合乎日常工業目的的高度

3　譯注：位於伊利諾州芝加哥，現在稱為威利斯大樓（Willis Tower），兩地相距超過四百公里。

合法用途，任何工業社會都可以找到。的確，小布希政府有特別留意這件事，主張伊拉克有意把它的化學武器生產能力編藏在合法工廠內，讓人不可能查探到武器生產。這是一個經典的套套邏輯；沒有任何證據證明化學武器存在，就證明了有隱藏化學武器生產的大陰謀。的確，我們深知那是真正傑出的陰謀，因為只有內行的陰謀才會不留任何證據。有證據證明武器存在是不錯，但沒有證據才是最好的證明，因為這樣就證實了他們想必藏匿著什麼；不然的話，我們應該就會找到武器才對，因為我們就是**知道**它在。

伊拉克人憑什麼不是真的在藏匿武器？他們以前就做過啊。假定他們這時也在這麼做，不是很合理嗎？那麼，又該如何看鮑爾在聯合國演說中顯示的「伊拉克人找出調查員要去哪，然後在他們抵達前一刻移走違禁品的行為」這件事？其中一名出現在鮑爾照片上的調查員如此評論：「我就在照片中……我進了他們停那些卡車的地堡裡面。那裡有一層約八公分的鴿糞蓋住了所有東西。上面還有一層灰塵。不可能有誰進來過還把裡面的東西移走。他們不可能假造出這種場面。」[24]

那麼，相信伊拉克有移動式生化工廠的基礎呢？這說法的證據來自伊拉克化學工程師賈納比（Rafid Ahmed Alwan al-Janabi）的證詞，他於1999年抵達德國尋求庇護。美國情報機構沒辦法從衛星照片中找到生物武器工廠的證據，但為什麼沒辦法呢？來自賈納比的情報完美解決了問題：他們找不到工廠是因為它們到處跑——太聰明了。然而，德國情報機構很快就查明賈納比不是可靠的目擊者。他的證詞和其他人的不一致。然而他對移動工廠的描述，卻完全符合聯合國調查員最終報告中推斷的情況。事實上，那符合得實在太過完美，以至於德國情報機構懷疑賈納比只是複製了可在網路上公開取得的報告細節。[25]

賈納比幹麼要說謊？那有可能有助於讓他待在德國，搞不好還外加一筆收入、一台賓士和一棟房子。然而，比較有可能的情況是，他痛恨海珊政權並想把它弄垮。我們怎麼知道是這樣呢？因為賈納比在2011年《衛報》的一場訪問中坦然承認如此。[26]

至於海珊追求核武的證據基礎，甚至更站不住腳。確實2002年初有一份來自義大利情報單位的情報來到美國，指出伊拉克說服尼日每年賣五百噸的黃餅（一種鈾原料）給伊拉克。根據後來解密的一份內部備忘錄，美國情報分析家很快就查明這份報告不太可能是真的，一方面因為政治經濟問題，另一方面也是因為運送黃餅的困難度。[27] 儘管如此，出於盡責查證，前美國駐尼日大使威爾遜（Joseph Charles Wilson）還是被派去尼日調查，前去調查的還有四星上將福爾佛特（Carlton W. Fulford Jr）。不論是威爾遜大使還是福爾佛特將軍，都對於他們發現的結果印象深刻，而兩人都強烈懷疑該報告的真實性。

至於鋁製離心管，伊拉克毫無疑問有購買，因為實品就在送往伊拉克的途中遭查獲。此外，中情局表示，局內分析家也同意該國有打算濃縮鈾。然而，這些管子能否用來濃縮鈾，局內的分析家卻是意見分歧，而能源部的專家也是如此。他們之中有許多人認為，那些管子並沒有能用於那種用途的物理性質。[28] 儘管如此，有些人仍然覺得管子或許可用於該目的，還有些人認為伊拉克買的其他物品可能也曾用於離心機（例如某些磁鐵）。這個結論有可能是正確的；然而在這種情況下，當證據被滿懷信心地納入國家情報判斷時，證據的強度和對於證據品質的共識全都被誇大了。有些不同意看法被納入報告中，但只寫成注腳而已。[29]

最後，「涵蓋美國各城市地圖的全球定位衛星設備」的這項主張，

以及「這些設備會用來引導無人飛行載具對美國噴灑毒物或生物武器」的這種假設，並沒有像乍聽之下那麼牽強。海珊有一個人盡皆知的無人飛行載具計畫，而根據紀錄，他的計畫是要用無人飛行載具來對未察覺的人們噴灑生物毒素。根據德雷珀採訪小布希麾下一位資深顧問的內容，這一點真的特別令小布希總統擔憂並激發了他的想法。

而那正是他下決心不要再度在任內發生的那一類惡夢場面。[30]

中情局確實審問了那名試圖買全球定位衛星設備的伊拉克人。他聲稱，產品生產者已明確跟他說過，那些設備沒有地圖定位軟體就運作不了。這是他把軟體納入訂單的唯一理由，但情報分析家會懷疑那樣的主張似乎滿合理的。

回顧入侵伊拉克的準備階段

得利於已知結果再加上後見之明，要回頭去分析一個不確定的事件實在太過容易。這種分析被 2011 年接受布里策（Wolf Blitzer）訪問的錢尼稱作「馬後炮」（Monday Morning Quarterbacking）；在訪談中，錢尼替自己從戰爭開打前就說的海珊「毫無疑問地」擁有大規模毀滅武器作辯護。他承認從沒找到武器，並說「當時並沒有人懷疑」。[31] 他主張當時他們根據手頭上的資訊做了合理的決定。當時並沒有人懷疑，只是反映了他對自身往事的記憶有多大的信心，以及當時的政府是多麼有信心，而不是在反映實際證據上有多充分。

諷刺的是，在事實揭發之後重新評估資訊，本身就是一種確認偏誤。當年的當事者在解讀的是更之前留下的資料，那時他不可能知道自己這件事的結果。但到了我們現在，結果既然都揭曉了，我們就無

法不知道。這個通常稱作「後見偏誤」（hindsight bias）。確認偏誤的一個問題就在於，它始終會連帶出現在我們抱持的隨便哪種信念上，就算信念為真的時候也是如此。這影響我們如何評判其他人權衡證據的方式，但他們當時並不知道我們現在知道的事情。換言之，從我們現在的角度來看先前的論點，它的強度就比不上論點剛提出時在當時涉入者眼中的強度。情況會這樣，不只是因為我們沒有他們當時的確認偏誤，也是因為我們現在有我們自己的後見偏誤，由我們現在對伊拉克沒有大規模毀滅武器的信念所驅動。

政治是一門骯髒的生意，其中相互衝突的五花八門利益、動機和因素都在運作。除了確認偏誤之外，刻意、主動、惡毒的專挑好資料也幾乎一定正在發生。當威爾遜大使從尼日回來，報告尼日並沒有賣黃餅給伊拉克，並發表社論談及此事時，報復似乎來得很快。小布希政府的一名資深官員跟一名記者提到，威爾遜的妻子普萊姆（Valerie Plame）是中情局的祕密特務——該記者後來公開了這個事實，終結了普萊姆的情報生涯，而且還有可能危及她的性命。有報導指出，小布希政府有多名成員洩漏情報，以此報復威爾遜做出的報告。[32] 普萊姆特別點名小車里比是洩漏消息的源頭。[33] 報導普萊姆中情局特務身分的記者證實，自己的確是從某高階政府官員處得知，但他聲稱那是有人隨口說說——儘管如此，這番隨口說說還是被一名無黨派官員證實了。[34]

到底是誰洩漏了情報，從來都沒被正式查明。然而，里比因為在調查洩密時妨礙司法公正及作偽證而被判有罪。他從沒服過他被判的三十個月刑期，先是被小布希減刑，後來又被川普特赦。儘管我們並不真正知道確切發生了什麼事，但一名對里比不利的關鍵證人撤回了

她的證詞，而里比的律師執照獲得恢復。[35] 然而，不論是里比做的還是別人做的，洩密看來不太可能是意外。

此外，令人遺憾地，小布希政府對那些發出異議的人發動了報復。在伊拉克戰爭前，新關將軍（General Eric Shinseki）是陸軍參謀長，也是參謀長聯席會議（joint chiefs of staff）的一員。在公開作證時，他估計如果入侵伊拉克的話，會需要比小布希政府所提議的還要多上太多的部隊。這樣評估之後，新關將軍很快就同時受到倫斯斐和沃佛維茲攻擊，而且還在職務上遭到排擠，以懲罰他的異議。[36]2002 至 2005年的美國國家安全會議（National Security Council）國防策略主任夏奇（Kori Schake）指出，「那是在流程當中最需要關鍵判斷的時間點上，用來讓批評消音的手法。」[37] 令人遺憾的是，到頭來新關將軍說的完全正確。

我們很難想像情報特務在報告了政府不想聽的事情後，不會擔心自己遭到算帳。德雷珀對直接涉入戰前評估伊拉克大規模毀滅武器的中情局官員進行了多次採訪，證實了這個事實。[38] 雖然我們沒辦法具體知道小布希政府在打什麼主意，但我們至少理解他們的行為。這樣的行為絕不僅限於小布希政府。在小布希之前（尼克森政府）以及小布希之後的川普政府，都能看到幾乎一樣的模式。不論在政治圈內外，這種報復威脅在某些層面上可能無所不在。這算不算良性政治還不一定，但這種作法對於人的感知和推理一定有害。

為了避免有人認為我專挑共和黨的毛病，我也要提一下越南衝突幾乎是在民主黨當政時造成並將局面延長的。針對以越戰為中心的確認偏誤，以及對美國人民說的全然謊言進行謹慎分析之後，會顯示出跟伊拉克戰爭之前一樣（就算沒有更嚴重，至少也一樣）明顯嚴重的錯誤。

更近期，一份關於歐巴馬政府期間傷亡人數的報告，揭露了一個

調整分數導致嚴重誤導公眾資訊的例子。2012 年，歐巴馬政府在報告中聲稱「由敵方發動的攻擊」這類攻擊大幅減少。這種計數單位上的減少，被顯現為美國在阿富汗的軍事行動有大幅進展的明顯證據。

2012 年，阿富汗士兵擔負著越來越多的戰鬥，而美國士兵擔負的部分則是變少。隨著作戰中的阿富汗兵變多而美國兵變少，即便敵方發動的總攻擊次數不變，針對到阿富汗兵的攻擊自然會增加，針對到美國部隊的也自然會減少。雖然美國部隊和阿富汗盟軍並肩作戰，但只有對美國部隊發動的攻擊才被算進「由敵方發動的攻擊」。[39] 所以，儘管實際攻擊次數不變，通報的攻擊次數卻下滑了。如果你擔心的只有美國部隊的安危，那麼這個計數單位合理至極。然而，若把這當戰爭進展指標，這個計數單位就是嚴重誤導。歐巴馬政府後來承認了這個問題，並主張那是文書上的錯誤。不管有意無意，這又是一個透過錯誤描述分數而扭曲意義的例子。[40]

總結

我們在本章詳細探索了確認偏誤和專挑好資料，如何影響政府開戰決定的一個例子。之所以分析伊拉克戰爭，是因為政府提出來讓戰爭有正當理由的基礎是資料和證據。因為有記者和歷史學家費盡苦心，我們如今才能有大量資訊去檢驗政府的思路，以及這種思路是如何形塑出來的。

在關於國家開戰與否的抉擇方面，確認偏誤和專挑好資料的作用，是一個歷久不衰的難題。歷史學家兼作者塔克曼（Barbara W. Tuchman）在《愚政進行曲：從木馬屠城到越南戰爭》（*The March of Folly:*

From Troy to Vietnam）中，以令人驚畏的詳細程度，記述了確認偏誤（以及人類判斷的其他缺失）如何促使我們一而再再而三對彼此發動戰爭。[41] 這個問題要回溯到我們有書寫紀錄的時候。就如第三章提到的，古代將軍兼歷史學家修昔底德在詳述雅典與斯巴達那場伯羅奔尼撒戰爭開打前的情況時寫到：「人有種習慣，就是把渴望的事物寄託於粗率的希望，並用獨斷的理由來把不想要的推到一邊。」[42]

第七章

靜態中的模式[1]

諾斯特拉達姆斯（Nostradamus）是預測許多世界大事的大預言家。早在希特勒和拿破崙各自出生的數百年前，諾斯特拉達姆斯就用他準確到驚人的預測能力，預測了這兩人的崛起。在拿破崙的例子中，他寫道，「破（PAU）、拿（NAY）、羅崙（LORON）會是火多於血，讚美著游泳、逃向匯流處的偉大者。他拒絕進入庇護（Piuses），墮落的人們和丟宏斯（Durance）會囚禁他。」[1]拿破崙的名字不是從「破、拿、羅崙」裡面跑出來了嗎？火多於血，意指拿破崙使用的現代火器，是他當時使用的諸多全新兵器之一。

拒絕進入庇護，預測了拿破崙挺身對抗教宗的無畏意志。就好像這還不夠神奇似的，關於希特勒崛起的預測，諾斯特拉達姆斯寫道：「西歐深處將有個小孩在窮苦人間誕生，他將靠口舌吸引大軍；他的名聲將遠播至東方領域。」[2]諾斯特拉達姆斯接著預測：「因飢餓而凶猛的野獸將游過河：大部分地區會反抗希斯特（Hister），偉人將使

1　譯注：靜態（static）指的是統計資料在單一特定時點上的不變動狀態。

它被拖進鐵籠，此時日耳曼的孩子將什麼都看不見。」[3] 這段話不可思議的預言能力不難看出。希特勒出生於歐洲貧苦人家；他的三寸不爛之舌和出名的演講吸引了整個國家和大軍。他的確擴張到東方。鐵籠顯然是大軍用的坦克，而這段話還特別指定了日耳曼。諾斯特拉達姆斯甚至把名字給了筆下的這個人，稱他「希斯特」，跟希特勒（Hitler）只差了一個字母。

很難理解一個人若不是真正擁有特異功能，怎麼有辦法如此準確地預測未來。這必然不可能只是瞎貓碰到死耗子。的確，世界看來有著我們就是不能領悟的神祕力量在運作；事物之間有著超出我們理解的連結，但那連結包含了明確的證據，證明世界上確實有一種隱藏的共感連接性，也就是中世紀學者所謂的「自然魔法」。

對那些小心注意的人來說，任何地方都能找到這種連接性的存在證據。舉例來說，就想想 129 這個數字所隱含的重大意義：

- 希特勒比拿破崙晚 129 年出生。
- 希特勒比拿破崙晚 129 年奪權。
- 希特勒比拿破崙晚 129 年入侵俄羅斯。
- 希特勒比拿破崙晚 129 年被打敗。
- 興登堡號（Hindenburg）是尾翼上有納粹卐字符號的齊柏林飛船（zeppelin），後來失火焚毀，預示了日後會由第三帝國燒向歐洲的戰火（興登堡號的呼叫號碼是 LZ-129）。
- 莎士比亞（William Shakespeare）的第 129 首十四行詩，談的是欲望、權力和毀滅，最後一行是「領人入地獄」。

深入檢驗 129 這數字時，我們會先留意到這個數字是個三位數。留意一下頭兩位數相加（1＋2）等於 3。最後一位數（9）除以 3 等於 3。因此，我們發現 129 這個數字滿滿都是數字 3。把數字 3 用在征服歐洲的唯二之人（即希特勒和拿破崙）上，我們得到了 2×3＝6 這個算式。也別忘了，我們是在討論三個一組的數，所以這數字重覆三次就是 666，即《新約聖經》預言的獸名數目。的確，如果一切都有惡魔插手，那麼它會存在於這兩人所發動的戰爭裡發生的大規模受苦和邪惡中，更別提猶太人大屠殺了。為了從另一個層面進一步證實這點，如果用 6 當作進位制，那麼 129 就等於 333。把 333 用於兩名獨裁者的話，又會生出 666。引人注目的是，666 的每一位數若都少 1 的話就是 555，而那是希特勒在納粹黨的成員編號。[4]

預知力量存在於世上的證據，不僅限於諾斯特拉達姆斯。的確，上帝的話語包含著預示未來事件的隱藏連結和模式。就這部分，我們來想想一神論中那位亞伯拉罕諸教上帝，也就是猶太教、基督教和伊斯蘭的基礎。這幾個宗教認為舊約聖經《妥拉》（或稱《摩西五經》）的古代文字是送到我們手上的聖書；它以古希伯來文寫在《妥拉》卷紙上的原初形式，大多沒經過更改。這些卷紙提供了關於這位上帝和古以色列人的敘事，並且是上帝律法的基礎。《妥拉》也包含了一套密碼，藏在一張密碼網內的文字中；而那預測了廣至宇宙狹至人類社會的具體事件。

妥拉的「密碼」是由一名叫利普斯（Eliyahu Rips）的數學家率先發現的，但密碼還要靠一名叫作卓思寧（Michael Drosnin）的記者所寫的關鍵著作《聖經密碼》（*The Bible Code*）才更廣為人知。[5] 發現這套密碼的方式，在概念上很簡單。首先，把《妥拉》的所有空格除掉，如此從

頭到尾成了一行文字——就像單一個長到不能再長的詞（如同人們聲稱的，上帝親口將《妥拉》傳授給摩西）。接著，選一個數字，並在那行文字中挑出以該數字往前數出的字母。就用卓思寧所舉的例子來想想這個句子——「利普斯解釋說每加四就是一個密碼」（Rips explained that each code is a case of adding every fourth）。接著，每四個字母讀一個出來。從中浮現的字母會是這樣：

「*R*ips exp*l*ain*e*d th*a*t eac*h* co*d*e is a *c*ase *o*f ad*d*ing *e*very fourth」
換個寫法寫出來，就是「去讀出密碼」（READ THE CODE）。

實際上，被跳過的字母量往往很大，而被人圈選所造出的詞句，長度僅跟跳過的一串字母差不多長。因此，人就創造了一個有如構象（conformation）[2] 的「填字遊戲」。讀的人可選用一連串的間隔數來一一搜索文字，並找出某個能讓人名或事件在文中某處出現的間隔數。接著，利用同樣的間隔數，在重要的人名或事件附近尋找其他詞彙。藉由這個方法，就會發現「希特勒」、「邪人」、「納粹與敵人」以及「屠殺」等詞全都群集在《妥拉》中。同樣地，艾希曼（Eichmann）[3]、「烤爐」、「絕滅」和「齊克隆 B」（Zyklon B，納粹在集中營內用來處決囚犯的毒氣）都在同一套編碼中出現。「在德國」、「納粹」和「柏林」在同一套編碼中出現。「在奧許維茲（Auschwitz）」藏在《妥拉》原文下令「凡有血氣之盡頭」附近的密碼中。字詞能以水平、垂直、對角

2　譯注：分子中的原子自由移動、頻繁變化所形成的不同立體結構。
3　譯注：艾希曼（Adolf Eichmann），猶太人大屠殺的主要負責人和組織者。

的形式出現，而它們所在的字串又可以從中框出其他字母。

　　諾斯特拉達姆斯和《聖經密碼》的例子，揭露了隱藏的模式和預言，可用來預測未來將發生的事。我們利用如今被強大電腦所強化的人類能力找出有意義的模式，徹底接納了前述方法，然後改善並瞭解這些方法，並以明智審慎的態度更多使用這些方法，以此來預測並掌控世界。我們得忽視那些懷疑這種明確關聯性的懷疑者——常識告訴我們這不可能只是巧合，而且不可能僅是偶然發生。當未來將發生何事的證據就在我們眼前時，我們怎麼可能坐視未來災難並任其發生？

　　或者不是這樣。或許我們不該全面採納那些「留意個別巧合，然後結合這些巧合來發現世上更深層模式」的作法。或許過度沉溺於這種思考模式，會導致瘋狂心智開始胡言亂語，精神錯亂地著迷於關聯和陰謀，一心一意想在罕見的機緣巧合中找到深刻遠大的意義，並以這樣純粹是對隨機雜訊的錯誤解讀為根據，下定決心採取行動。但考量到有那麼強大的證據證明了諾斯特拉達姆斯和《聖經密碼》的預測能力，情況怎麼還有可能會是這樣？這還只是預言的冰山一角罷了。

錯把有可能當成看來不可能：誤判分子

　　事件看起來越不可能，真的發生時就越吸引我們的注意力，也越讓我們覺得自己有必要解釋為何發生。這很合道理。如果世界沒根據我們理解的規則行事，或許是我們誤解了規則。我們的專注力應該要被吸引至不太可能發生的事情上，因為我們試圖瞭解矛盾便產生了新知識。

　　有時候看來不可能的事情，其實非常有可能發生。這方面有個

著名例子會在玩彩券時出現（即彩券謬誤）。[6] 人們都已很清楚瞭解，任何一個個人都非常難中彩券頭獎。舉例來說，任一張威力球彩券（Powerball，本章要分析的那種彩券）中頭獎的機率是 1/292,000,000。[7] 也因此，得主會如此受到矚目。他們在哪裡買的彩券？他們買彩券前有沒有給人算過命，或者他們有沒有展現特異功能的經歷？他們在買彩券前是否進行過任何特殊儀式？試著解釋這樣一種不可能的事件怎麼會發生，是人的天性。如果我們能辨識出一個理由，那麼瞭解它，或許也將幫我們贏得彩券頭獎。

彩券謬誤並不只限於好事發生，也有人替壞事尋求解釋。有些人曾被閃電打中一次以上，這看起來實在很難接受是隨機發生。一定有些原因。難免有人會推測那人或許有某些怪異的突變吸電體質，或者他們身上攜帶特定金屬，或者體內有鈦製人工器官。或者他們被一股神祕力量所詛咒，或者上帝拋棄了他們。

可以把彩券謬誤當成一種「錯把某機率當成別的機率」來瞭解，又或者延續我們第一部的主題，可以當成「錯把某分數當成另一個」來瞭解。我們可以把贏得頭獎的可能性表現成分數（1/292,000,000），分子是中獎的那組號碼，而分母是所有可能的號碼組合。謬誤之所以會出現，是因為我們往往只留意有那張頭獎彩券的那一個人。然而，他不是唯一一個玩彩券的人，而且那張彩券也不是唯一的一張彩券。任一次的開獎有多少張彩券被買走？實際數字並不一定，因為累積獎金變高時會賣出更多彩券；然而一般來說，一次開獎時大約會賣出三億張彩券。當然，因為可能的數字組合只有二・九二億組，所以一定有些彩券的號碼相同。此外，如果每個可能的組合都有人買的話，那麼每次開獎就一定會有某個誰贏走頭獎。現實中，大約 50% 的抽獎

會有頭獎得主產生；因此我們可以推論，平均來說人們每次買了一·四六億個不同的號碼組合。

當然，新聞不會提供所有**沒得獎者**的名單。你能想像每周有著同樣的頭條：「299,999,999 人再度槓龜！」（名單列於 www.thisweeksloosers. com）[8]。不，新聞只會告訴我們有一名得主，有時還告訴你得主是誰。當我們自問「那個人中獎的可能性是多大？」時，我們其實問了錯的問題，並提到了錯的分數。那人中獎的可能性是 1/292,000,000。單憑偶然的話，那人應該要連買彩券買二百八十萬七千六百九十二年才會中一次頭獎（假設每週開獎兩次的話）。我們應該要問的是「**任一個人**中獎的可能性有多大？」

在機率的計算中，這件事或另一件事發生的機會，是兩個個別機率的加總。所以，如果沒有同號彩券的話，且只有一個人在玩彩券，那麼出現頭獎得主的機率就是 1/292,000,000。如果有兩個人玩，產生一個得主的機率就是 2/292,000,000。如果有一千人在玩，那機率就是 1000/292,000,000。[9] 一旦我們想到人們總共買了一·四六億組不同的號碼，那麼分數的頂部（分子）就變得極大，而總有某個人會中頭獎的可能性就相當高。當我們為了某人中頭獎的事實而驚嘆時，我們其實是錯把不對的分數（1/292,000,000）當成真實的分數（真實情況其實是 146,000,000/292,000,000）——也就是說，我們誤判了分數。看似不可能發生的事件，其實相當有可能發生。人類會犯這種錯的傾向，和第二章描述過的可得性捷思法有關。對我們的心智來說，只有中頭獎的人「可得」，沒中的眾多人們全都碰不到。

與其相似的是，人一生中被閃電打到兩次的可能性是九百萬分之一。因為地球上有七十九億人，所以（至少）會有八百三十三人一生被

閃電打到兩次。[10] 就跟彩券的例子一樣，我們只會去關注那些被閃電打到的人，而沒有去考慮有多少人從沒被打到。就像彩券一樣，分開來看不管是誰都不太可能贏得威力球頭獎，然而光看買彩券的人數，就曉得不太可能開了好幾期還沒人中頭獎。同樣地，分開來看不管是誰都不太可能被閃電打到兩次，但查看世界上有多少人，就曉得完全沒人被打到兩次的可能性比沒人中頭獎的可能性還低。

所以，當我們對於「某人中頭獎」或「被閃電打到兩次」這種奇聞感到困惑時，我們其實是在試著解釋為什麼一個很可能發生的事情發生了，而那根本不需要解釋。世界的規則正如我們所瞭解的那樣運作，但我們卻錯把很有可能當成幾乎不可能。

在靜態中尋找模式：
誤判分子如何使我們在隨機雜訊中找到明顯模式和關聯

來想想 NBC 新聞在它們的《今日消息》（*Today News*）頁面上發布、標題為「柑橘基督？耶穌奇多？十三件宗教目擊：上帝無所不在——在柳橙上、貓毛上和奇多上」（Citrus Christ? Cheesus? 13 Religious Sightings: God Is Everywhere—Including an Orange, a Cat's Fur and a Bag of Cheetos.）的文章。[11] 文內展示了人們在日常物件上目擊耶穌基督、聖母馬利亞或耶穌受難像的照片。從以前到現在都不時發生這種目擊事件，發生時總讓人興味盎然並興奮不已。有些虔誠信徒甚至前去朝聖那些奇蹟般出現的聖像。

在我們常人經驗中，我們會遇見太多事物，幾乎可說是無止盡的事物，其中大部分卻不會去留意。然而，某些事物會特別突出，而人

擁有一種不可思議的能力，會去辨識出特定模式（pattern）[4]。這種傾向被薛默（Michael Shermer）在其著作《我們如何相信》（*How We Believe*）中稱作「模式性」（patternicity）。[12]

　　我們往往會去辨識的首選事物就是臉孔。這沒什麼神祕之處。想像一下，如果我們看著一個也在回望我們的人或動物卻認不出來的話該怎麼辦。那會嚴重妨礙我們的生存。[13] 我們在日常物體中找到臉孔的能力，甚至把某種情緒賦予那些臉孔的能力，可說是既令人佩服又滑稽。我們是尋找臉孔的機器，而且可以在很多很多地方辨識出臉孔（見圖7.1）。當你的腦辨識出某個不真的在那裡的東西時，那稱作「空想性錯視」（pareidolia）。而人類很會這招。

圖 7.1　Six images that cause pareidolia. 造成空想性錯視的六張圖像。

資料來源：Image (e) by Harry Grout. All other photos are in the public domain. Courtesy of Wikimedia Commons.

4　譯注：此詞同時可指為「圖案」或「模式」。

　　所以，問題在於宗教圖像是否真的存在於柳橙上、貓毛上和奇多上。或者，就只是人類的空想性錯視在玩弄我們？這使我們要問，實體有多大的可能性在偶然之下讓人辨識為宗教圖像？我們的第一個念頭可能會覺得那種機會非常小；畢竟，我們整天都在看東西，而大部分人從來都沒在哪裡看過一個宗教圖像。就跟我們不會留意買彩券槓龜的人數那樣，我們也不會留意到我們看著卻沒看出宗教人像的東西竟然有那麼多。

　　一整年裡有多少不同的影像落在我們的眼睛之上？這很難計算，但絕不是小數字。現在把這個數字乘以美國人數三・五億。光是美國人一年看的影像總量想必非常驚人——還不提全世界其他七十五億人。那些影像中會有小小一部分包含了被心智辨識為類似聖母馬利亞或基督的可能性會有多高？

　　就算一個類似聖母馬利亞的圖像出現在某個平凡物體上的可能性是一兆次中一次（1/1,000,000,000,000），而三・五億美國人每年會看七萬三千個視域（這是個小數字，相當於每天只看二百個），那麼，每年還是會在偶然下就發生二十六次因環境中物件隨機排列而造成的目擊事件。如果那些目擊事件每年只有少數獲得發表，就會和偶爾才有目擊報導的情況相一致。

　　這又是一個「錯把某個分數當成另個分數」的例子。讓我們印象如此深刻的分數，是這一天、這個柳橙上、從這地方切開來之後，我們看見一個被我們辨識為聖母馬利亞圖像的機率。但正確的分數是：在我們一生所看的無止盡影像中的任一張上，我們會見到任一種視覺刺激排列，看起來就像任一張我們認得出的宗教圖像之機率。將這個數字，乘以使用社群媒體並把這種影像貼給其他人看的幾億幾千幾百

萬人。如此一來，真正不可能發生的唯一一件事，就是人們並**沒看到**宗教圖像——那才需要解釋呢。

所以，我們能否清楚明白地排除唯一一位上帝、全宇宙的創造者選擇透過烤起司三明治或柳橙來顯現在人類面前的可能性？不，我們不能排除這種可能性。或許，就如前述新聞文章所主張的，上帝就是選擇要出現在日常物品上，以此來展現在人們面前。對於謙卑的上帝來說，這極可能是祂偏好的途徑。畢竟有人說「上主作為何等奧祕」。但可以保證的是，就算沒有神力出手，光憑偶然就足以留意到這樣的圖像。但當人辨識出宗教圖像之後，它就創造了一種奇蹟的模樣，抗拒神力以外的任何解釋。但其實並不需要解釋，因為它幾乎可以確定是不假外力出現的。

在辨識實體之外，人類也精於尋找自然之中的關聯。留意到吃某種莓果和不舒服之間的關聯然後避開該莓果，提供了一個極大優勢，使其遠勝過無法察覺這種關聯的其他物種。認識到在土中播種會導致作物成長，就提供了一個極大優勢，使其遠勝過無法認識這層關聯的其他物種。不難看出這樣的特質會帶來一種繁殖上的優勢，並因此被演化所選上。所以我們才會在此。然而，為了使察覺到模式和關聯的能力最大化，人必須付出代價，那就是察覺到並不真正存在的模式和關聯。我們留意起關聯性可說非常有效率，且因為我們一生觀察到太多不同的東西，所以我們也會留意到隨機出現的關聯性。

作家維根（Tyler Vigen）在他幽默而賞心的作品《虛假相關》（*Spurious Correlations*）[14] 中，以專業手法證明人只要檢驗夠多的東西，就會發現強大而荒唐到不可思議的關聯性。舉例來說，維根講到任一年「美國小姐年齡」和「由蒸汽、熱氣和高熱物體造成之謀殺」的密切關聯；

還有「緬因州的離婚率」和美國「人均人造奶油消耗量」之間的顯著關聯（0.992558）。這個清單有長長一串，我推薦你去看看。它說明了在分析夠多資料之後會發生什麼事。在這種情況下，我們留意著命中次數並忽視沒有命中的次數，而這不過又是另一種錯誤感知分數的方式。維根沒把「**沒有**相關的兩件事物」的每個例子寫出來，那樣的話那本書會厚上太多。然而若去考量這件事，那麼，只要檢驗夠多的東西，其必然結果就會是虛假相關。[15]

本章開頭提及的發現《聖經密碼》的算法，揭露出來的結果就和維根那幽默的演練結果一樣。會組成廢文的字母組合量實在太過龐大，以至於某些有意義的詞彙必定會在偶然下出現。[16] 此外，《妥拉》寫成至今並不是只經過了寥寥數年而已，其間已有太多事件為人所知，那大幅增加了字詞組合對應上世上某些事件的可能性。統計學家麥凱（Brendan McKay）與其同事把《聖經密碼》的演算法用於《白鯨記》（*Moby-Dick*），結果極成功地證實了這點；該小說文字清楚預言了林肯（Abraham Lincoln）、甘地（Indira Gandhi）、甘迺迪（John F. Kennedy）、金恩博士（Dr. Martin Luther King, Jr.），以及拉賓（Yitzhak Rabin）等人遭到暗殺。[17]

對於《白鯨記》的演練結果，有些人的回應不是承認《聖經密碼》犯的錯，反而做出另一種結論，認為《聖經》不過是眾多包含重大訊息文本的其中一份。或許，使用這種方法、齊心協力搜索所有出版文獻，然後根據這些預測來改變我們的人生策略，才會是最好的方法——又或許不是這樣。人們會對上述的《白鯨記》演練作出那種回應，顯示了我們會多麼根深蒂固地傾向於相信這些模式。

錯把非常大的分數誤認為是非常小的分數，也同樣讓諾斯特拉達

姆斯看起來有預言能力，也讓129這個數字看起來有神祕的重大意義。這就只是一個「有創意到足以發現巧合和關聯，卻沒意識到還有大量無關聯且不會去留意的東西」的問題。這和維根的虛假相關並無二致。自諾斯特拉達姆斯做出預言後有很多事件發生，且每天還在發生更多事件。他的預言實在太含糊、太抽象，而且又太大量，以至於可以被扭曲來符合太多太多情況。在人類想像力以及語言彈性的協助下，分子又更加擴大。可以透過諾斯特拉達姆斯的文字來預言**但並沒有發生**的所有事物清單，基本上寫也寫不完。換言之，就算諾斯特拉達姆斯完全沒有預知能力，他的許多預言看來也非常可能（幾乎是不可免地）都將成真。

總結

當某一事件發生時，它越是不可能發生，我們就越會去尋找解釋。如果我們可以找到一個成因，那麼事情就不再是不可能發生，而我們對於事件的瞭解或許就會產生用途。如果一位全知的上帝創造了預言並讓我們找到，那麼《聖經密碼》所揭露的那些對世界大事的正確預測，就並非不可能存在。在那樣的情況下，《聖經密碼》就真的可以幫我們一探未來。如果諾斯特拉達姆斯真能看透未來，那麼他的預言就並非不可能實現，而他的四行詩也會是偉大的指南。試想，若某人身上有一種會吸電的屬性，那就十分有可能被閃電打到兩次。在那種情況下，我們會明智地避開那種屬性。若某人的好運儀式真的有用，他就較有可能贏得頭獎，那我們或許會想自己也試試這種儀式。然而，「尋找一個成因來解釋本來不可能發生之事為何發生」的這種策略，

其實就預先假定了事情其實不可能發生。

本章探索的問題不是我們會留意到事物，而是我們認定自己留意到的事物有多大的可能發生。一個百萬次才會出現一次的結果，若你只試一次就相當不可能會發生；然而，若你試了一百萬次，同個結果就極有可能發生。我們常常錯把後者當成前者，因為我們會專注於某個事件確實發生的例子，並忽視所有沒發生的情況。我們替「為何本來就很有可能發生的事情真的發生」發明了解釋，而那讓我們相信不存在的現象，也讓我們辨識出並非真實的成因。在這些情況下，為什麼一件極度不可能的事情發生了，原因就只是這些事其實不是不可能發生。就這麼簡單。有時**是可以**替本來不可能發生的事情找到隱藏成因，而把那些成因找出來，對於人類是有益處的。

但人類就是不擅長區別這兩種情況的差異。

第八章

替代醫療與新時代信仰

有許多人和信仰體系聲稱有能力運用特殊力量。力量可能來自自然知識（如占星學）、使用特定神祕物件（如塔羅牌、符文或水晶）或某種天賦（如透視能力）¹。要找到會讀你的氣場或脈輪、預測你的未來、與死去的人對話，或聲稱擁有其他非凡能力的人，其實是很容易的。

　　整體來說，人類還滿聰明且腳踏實地的。有些類型的人格會比其他人格更容易接受幻想的主張。然而，有鑑於許多主張如此驚人，大部分的人並不會在沒有一些相當令人印象深刻的證據存在之前，就輕易接受那些主張。這就是術者往往會展現能力來開啟互動的原因。舉例來說，擁有特異功能的人一開始通常會先證明他們知道某個素未謀面者的某些事情——也就是那些他們不可能靠尋常手段得知的事情。[1]他們居然有辦法透過講出那個被「讀心」者的生平細節，實在是神祕

1　譯注：此處之透視（clairvoyance），亦指看見其他時間當中的事物，因此也包括了預知能力。

到難以置信。事實上,那實在太過驚人,令人驚訝到讓特異功能看似無可置疑地獲得證實。目睹這些力量的人就算有點懷疑,也沒得到「真的有透視能力」以外還說得通的解釋——事實上,根本沒有別的解釋。特異功能者只可能使用這種方法得到這樣的知識。

許多心存懷疑的人會不假思索地摒棄特異功能者的主張。然而,對那些曾被成功讀取心思的人來說,這種懷疑恐怕既沒事實根據又冥頑不靈。如果一個人跟你或你認識的人都素昧平生,卻能透過「讀」你的心而擁有照理來說不可能隨便猜到的知識,這就為他們的透視提供了證明——尤其如果他們能一再重複執行的話,證據就更充足了。

證據看起來直接了當。我們的討論範圍並不包括被讀心者「體驗到特異功能」的這部分事實。我們要討論的是,這個體驗是否能證明背後潛藏了特異功能(或者要問這到底算不算是個證據)。「透視能力真的存在」的結論,假定了特異功能者照理來說不可能光憑偶然就猜到結果。剛開始想的時候,會覺得這樣隨便猜測實在不太可能猜中,甚至可以說到了不可能的程度。但如果人們誤會了猜對的機率呢?

真實生活中的有效通靈者

在一場讀心術公演中,一名特異功能者面對三百人的群眾。我們先不談特異功能者暗中取得對象情報的這種情況。[2] 我們也先來保證觀眾中沒有一個是「暗椿」——也就是假裝與會讀心的特異功能者同夥。我們就規定,特異功能者和所有觀眾都素昧平生,而且真的不確切知道他們的什麼事情。特異功能者望向觀眾,極度專心地用手托著頭,然後說:

我看到一個奇怪的畫面。我不太確定，但我要繼續把這看下去……我看到一個小丑，沒錯。一個穿小丑裝的人。他站在墓園裡，正往墳上放花。有人對這有什麼感覺嗎？……然後我看到史丹利這個名字。

不可思議地，有一名女性站起身來，滿臉驚恐，高聲大喊說：

你怎麼可能知道！我老家就有個老人以前會穿小丑服，然後去鎮上的墓園給墳墓獻花。我叫辛蒂，但不知什麼理由，那人老叫我史丹利！你是怎麼知道的？

這個故事很不可思議，而且正是那種會讓許多親眼目睹者深信特異功能確實存在的經驗，甚至也可以讓聽過的人深信不疑。的確，這個故事真的就發生在 2012 年亞特蘭大某個會議廳內一位知名通靈者舉行的一場展演上。

但把這當作特異功能的範例會有一個大問題。這個案例中的透視者是愛德華（Mark Edward），而他**不是**特異功能者；他是一名專業魔術師，依靠愚弄人們維生。此外，他的這次演出是某場演講的一環，而該演講就是專程要解釋，為什麼特異功能者極準確的讀心術並非特異功能存在的決定性證據——而且，恐怕完全沒提供任何證據。[3]

如果愛德華其實沒有特殊能力，那他怎麼有辦法完成墓園小丑那樣神奇的讀心術呢？他不可能單憑偶然就達成——還是說難道可以？愛德華的解釋揭露了他正是單憑偶然，而這個事件的看似不可能，其實是誤判可能性的錯誤。別忘了，他並沒有特別指著某個女人，然後

說「我在你的過去看見墓園裡有個小丑」。他反而是對全體觀眾發言，這樣一來，只要廳內有任一個人過去曾有看過墓園裡小丑的經歷，這人就會舉起手來。的確，墓園裡的小丑是個非常模糊的例子。愛德華指出，特異功能者比較常會說下面這種話：「我看著某人的丈夫。今晚現場有沒有誰的丈夫是因肺癌而離開的？在那之後，任何夠格的特異功能者都可指望一雙雙淚眼向上望過來。」

當觀眾中某人跳出來證實了特異功能者的預測正確，那看起來很神奇，是因為那看似如此不可能；而那之所以看似如此不可能，是因為人們專注於「特異功能者知道那人的那件事」的可能性。人們誤解了和情況相關的分數。真正的分數是合計機率，是加總所有個別機率的結果——換言之，就是所有在廳裡的人。這導致了機率分數的分子大幅擴大，並把不太可能的事件轉變成很可能發生的事件。

如果某人在一生中經歷某一特定事件的可能性是 1/300，而現場有三百位觀眾，那麼當特異功能者問說「有任何人遇過這事嗎？」的時候，如果有人回答說有，其實並不意外。機率不是這一個人有沒有一位死於癌症的父親，而是有沒有**任何人**的父親死於癌症。機率的分數不是 1/300，而是 300/300，而那就是百分之百。

特異功能者對全體群眾傳達預測，然後符合預測的那個人（或者那些人）就會自己向特異功能者報到。觀眾專注於預言生效的那個人（或者那些人）並忽略所有其他人（也就是其他所有群眾）。這跟前一章探索的彩券、給閃電打到、《聖經密碼》、諾斯特拉達姆斯，完全如出一轍。然而，這邊的情況並不是只有當事人自己在進行，而是新時代（New Age）術者和所有對象之間的一種合夥關係。

我們要如何解釋墓園裡的小丑，甚至史丹利這個名字？這跟肺癌

不一樣；這件事很不尋常又意義不明，卻又相當具體。這個例子不又讓我們回到極低機率了嗎？這的確比肺癌或父親死去這類普遍事件更不可能猜中。話雖如此，三百人的人生經驗還是一個巨大的資料集。此外，人們會扭曲經驗並加以抽象化，來讓它們符合特異功能者說法，使得特異功能者「命中」的可能性大幅飆升。就如愛德華接著解釋的，面對算命者，人們往往不會像面對魔術師那樣都希望他失手好揭穿技法的祕密；他們往往希望算命者成功。[4] 他們希望那是真的。他解釋道：

> 就像讀心術那樣，他們**想要**執行者成功，而在大部分情況下，他們會盡其所能地給予幫忙。人們**需要**相信有這件事。他們或許不一定要相信兔子是從帽子裡跑出來的，但遇到死亡和來世等事件，觀眾或信眾始終會去創造最離奇荒謬的那種相關性。

這代表人們會和特異功能者合作，自由詮釋某個被認為是正確預測的東西。他們可能會說出「我叔叔很愛《絕命終結者》（*Tombstone*）這部片，所以他和墓園有關，而且他還是個愛開玩笑的人，我們一直都叫他家族丑角，所以沒錯！他是一個墓園裡的小丑」之類的話。這又是個調整分數的例子。我們藉由擴大可以算是「命中」的範圍，來大幅增加猜對的可能性。

問題已不再是「特異功能者有多大可能性猜到我的事」，現在問題已轉變為「特異功能者有多大可能性，說出某個能讓我透過比喻和抽象化來扭曲生命經驗去符合的東西」？這是無真正蘇格蘭人謬論的相反；在那種謬誤中，無法證實規則的東西會被排除。而在這邊，情

況則是分數的分子（被算作是命中的事物）擴大到包含太多太多跟這無關的東西。

然而關於墓園小丑的部分，那名女性完全不需要扭曲什麼。她的成長過程中，身邊真的有一個穿得像小丑、會去墓園，還叫她史丹利的傢伙。就連愛德華都承認這次的命中讓他很驚訝，但他也說他老是會對群眾拋出一些古怪的預測（雖然他通常不會得到回應）。根據他所解釋的「少冒風險對特異功能者有利無害」，如果你用機率高的句子（例如，我感覺到某人失去了父親），一般來說會命中滿多人。除此之外，說出基本上不會錯的發言，保證會有更多命中。舉例來說，特異功能者在解讀某人的性格時可能會說，「你通常是個非常講理的人，但有時候，當你遇到壓力時，你的脾氣就會變壞。」我們當中有誰的性格是不符合這說法的？[5] 先不管別人怎麼看待，有多少人不會自認是個講理人？而我們之中又有幾個人承受壓力時脾氣不會變差？

在這個多處命中的背景下，偶爾沒中可以增加可信度，因為完美的命中率看起來會更可疑，而且可能使人認為是把戲。又是如愛德華在談墓園小丑時所解釋的：

> 拋兩三個像這樣的小荒謬始終是門好生意。當特異功能者錯了，反而看起來更可信。觀眾（錯誤地）推理說，如果他們聽到的東西是個把戲，那麼執行者應該會像魔術師那樣完全無誤。但既然他錯了、沒人回應，那之中應該就有些真東西。不然他幹麼要把錯的東西講出口？[6]

重要的是，愛德華正確預測到墓園小丑的真正機率，並不只是

「三百個人的過往經驗中碰巧有在一座墓園裡出現一個小丑」的機率。愛德華是在告訴我們，他對群眾拋出的那個胡亂猜測，就只命中那麼一次。被詢問者的真實人數，包括了過往愛德華拋出亂猜卻完全沒命中的所有次數（好比說，幾乎是大部分的情況）。在這種情況下，真正的分子是某位專業現場通靈人在他一整個生涯當中遇到的所有人的所有人生經驗。那才是真正要思考的分數，而它所描述的機率其實是相當高的。

　　我們也要考量到，一般來說人們對事情有多大可能發生的直覺一直都很差。就來想想，如果一名特異功能者走進一間有三十人的房間，他環顧四周，然後說：「我感覺到靈魂的同步，某兩個人之間有著根本的連繫——沒錯，我看得到。這房間裡有兩個人有著同樣的生日，而那連接了他們的能量。」接著特異功能者讓房間裡每個人講出自己的生日，而毫無疑問地會有兩人的生日是同一天。[7]

　　這是我最喜歡的一個「很不會估計機率」的例子。就來想想生日。如果我們把（導致閏年的）2 月 29 日算進來，那麼我們會有三百六十六個可能的生日。所以，若要百分之百確保房間裡至少有兩人有著一樣的出生日期，房裡至少要有三百六十七人。那麼，如果要讓兩人出生於同個日期的機會來到 50%，房間裡至少要有多少人呢？

　　答案並不是三百六十七的一半（或一百八十四）。[8] 正確答案是只要二十三個人。先說清楚，我們這裡說的可不是現場有二十三人，然後你講了某個特定的生日，就會有 50% 的機會有兩個人在那日期出生。要達到那樣的機率，必須要有二百五十三人。我們說的其實是，在二十三人之中有兩人出生在同個日期的機率是 50%，且任一天都有可能。[9] 在許多案例中，人們看到而自認為不可思議的巧合，其實並

沒有那麼不可能發生。

那麼，當你和特異功能者一對一而非身處在群眾當中的時候，情況又是怎樣呢？在那樣的環境下，我們怎麼可能會誤解機率？現在沒有三百人的完整人生體驗了；就只有你。特異功能者可能會說像這樣的話：「我感覺到有個來自你過往的人，名字的第一個字母是 J ？或者 M ？或者 S ？或者是 D ？」不可思議的是，你父親的名字是大衛（David）。你忘記了沒中的 J、M 跟 S 而專注於 D。儘管如此，他還是（從二十六個字母中）只猜了四個就中——那相當厲害。這個嘛，當你把名字和出現頻率一起看的話，會發現 40% 的名字都是從這四個字母開始的。[10] 現在來想想你的過往認識了多少人。就算我們把人數限定在至關重要人士（也就是家人和愛人）上，可能還是不會少於十一個（四名祖父母、兩名父母、兄弟姊妹、摯友，以及男女朋友）。他們之中任一人的名字（單指「名」）不是從那類字母起頭的可能性是 6/10 (0.6)，等於 60%。他們之中完全沒有一人的名字是從那類字母起頭的可能性是（0.6）[11]，相當於 0.0036。換言之，特異功能者若用這招，每二百七十六次才會有一次沒中——而且那還是假設顧客的過往，或者換句話說，他們的整個人生當中，心裡就只有十一個人存在。如果一個人的過往中有四十個人（這個人數很合理），那麼特異功能者玩一次威力球就中頭獎的可能性，還比得到的回答**沒**中的可能性高。[11]

老年人有超過 50% 的死因是心臟疾病或某種癌症。失去雙親其中一位的人，將近百分之百會對關於那位雙親死亡的某個事件至少留有一點遺憾。我們就假設一名特異功能者在跟一個七十歲的客人對話；此人父母雙亡的機率相當高。所以，如果有個特異功能者說：「我正在聆聽某位死去至親的靈魂說話（客人點頭稱是），是母親或父親（客人

也點頭稱是），他死於心臟疾病又或者是癌症（客人通常會點頭稱是）。我感覺到關於他們的離世，你心中有某種深刻的後悔（客人點頭稱是）。」特異功能者的威力如今已經確立，還讓客人配合他行事。接著他們卯足全力，一邊生產專門增加「命中」可能性的問題，一邊生產能讓進展順利的確認偏誤。

除了特異功能者提出可能得到正面結果的問題外，對象也在不知情的狀況下和特異功能者同謀，增加猜測正確的可能性。當愛德華說「人會盡其所能地幫忙」這句話時，指的就是這種情況。這是一個全然無意識的程序，人們並不知道自己正在這麼做，即便做起來實在很得心應手。

就算特異功能者猜錯了，客人也會費盡工夫來把它弄成對的。

「我感覺到一位死於心臟疾病的母親或父親，」特異功能者說。

「喔，你感覺到的是我的叔叔比爾，」客人解釋道。「他是我叔叔，但他在我心目中始終就**像**父親，而他是死於肺炎。不過老實說，他太太一過世他就失去了求生意志，所以他是因為心碎而死，基本上那也算心病。你感覺到的一定是我叔叔比爾。」客人的父親並非死於心臟疾病，但不知怎麼地，一名死於肺炎的叔叔就成了死於心臟疾病的父親。藉著使用抽象化和想像，經驗幾乎可以修改成任何預測。人類是有創造力的存在。就一個分數而言，這又是一個把大量事物重新分類、好讓它們夠格納入分子的例子。這是在把機率增加到基本上就是百分之百。

另外也有些諷刺的是，大部分的特異功能者都是以問句來提出預測，而非陳述句。這是因為他們在尋求命中的預測，然後在那上頭追加問題，而且他們會放掉沒中的預測。這個程序也創造出一個節奏，

客人會依循那節奏來和特異功能者合作，共同找出命中的預測。瞭解這些事情之後，我們回頭來看愛德華一段洞見力十足的陳述。

> 如果特異功能者是真的，那他們連一個問題都不必問。他們就是會知道。句點。就這樣。然而，我們去現場聽最新一批靈媒的演出，而不是看剪接過的電視版，就會發現他們真的就是在那樣做。就是不停問問題，一個接一個，沒完沒了。[12]

特異功能的證據通常來自讀出一個人的過往。相較之下，特異功能者很少對一個人的未來做出具體預測。他們如果預測了，通常都會錯。把事件抽象扭曲後，或許看起來會像是他們弄對了什麼，就像死於心臟疾病的父親變成了死於肺炎的叔叔一樣。

藉由「移動球門柱」，也可以人為地製造正確預測；也就是改變「什麼算是正確預測」的規則，使得「命中」成為必然。某人或許會預測，未來三年內會發生一場地震——後來確實發生了一場地震（但是是在五年後）——即便如此，這還是算命中。又或者一個氣旋侵襲了峇里島，而特異功能者聲稱，這其實才是他們真正感覺到的事，但宇宙的諧音稍稍有些扭曲，所以氣旋在他們看來就成了地震。移動球門柱基本上讓預測成為了「我預測了某件事會發生在某個時間點上」，而那當然會如此。

科學、懷疑論，以及新時代信仰

新時代（New Age）這個標籤涵蓋了數不清的事物，以致無法以一

種包含它所有信仰架構的方式來精確定義。[13]不過，以一般用法來說，新時代或許是指一些領域，好比說心靈主義（spiritualism，包括精神導引）、占星學、透視、特異功能、塔羅牌、符文力量、水晶力量，還有其他太多種主題類似的實作方式與信仰。雖然新時代運動特別是指1970年代以來在信仰上的發展，但其中許多信仰都源自眾多文化的古代系統，同時涉及了自然效果和超自然效果。有些信仰打從我們有記載以來就伴隨著我們，而且可能和人類出現在地球上一樣久遠。

　　科學和新時代方法常被說成水火不容，而新時代方法常被科學家和懷疑者貼上「偽科學」的標籤。雖然在「什麼定義了科學並使其與其他知識方法區分」這方面，人們有許多不同的主張，但科學還是最常以「強調資料」這一點來和他者區分。然而，資料不過就是經驗的一種形式。新時代方法也跟科學一樣以觀察和證據為基礎。[14]的確，大部分的新時代方法都十分重視經驗。然而，科學方法和新時代方法在「重視的經驗類別」甚至在「允許的經驗類別」上有所差別。[15]

　　新時代體制的術者往往會接受（也僅接受）個人經驗為證據的圭臬。相較之下，科學家因其訓練而會去懷疑他們自己（以及他人）的經驗，並質問自己的知覺跟自己所說的東西是不是「真的」。科學家也會去質問，他們的儀器是否正確測量了自然，或者，儀器有沒有扭曲測量結果，或是製造了測量結果。科學因其訓練而會去質問並懷疑自己對經驗的詮釋會不會有誤。這不是極端懷疑主義。科學家可不會不管證據證明了多少還是懷疑一切；他們明智審慎地懷疑，並使用有能力進一步支持或駁斥信念的實驗手段，來主動檢驗他們的懷疑。

　　在新時代作法中，人們一般來說不太會去質疑經驗，而在大部分情況下，新時代作法很討厭人這樣做，接下來會進一步詳述這部分。

這並非意指新時代術者毫無疑問地接受所有事物；實際情況顯然不是如此。事實上，他們會駁回的信念系統有可能比他們接受的還多，其中包括了其他的新時代信仰。我在這邊指的是，質疑身為獨立實體的個人所感受的經驗。新時代體制不像科學，前者普遍缺乏對於經驗本身真假的猜測懷疑。一般來說，新時代作法沒有麥金泰爾（Lee McIntyre）所謂的「科學態度」。[16]

先講清楚，科學家和懷疑論者並不質疑新時代作法所獲得的那種強烈體驗。人們的確會體驗到氣場、脈輪、水晶和宇宙諧音的效應，也會經驗特異功能者的預測能力。問題在於，這些體驗究竟是實際存在的（叫作脈輪的）「真」東西所造成，還是說，這種體驗只是我們內心的一個程序，會讓我們在沒有「真正的」脈輪存在的情況下感知到脈輪？脈輪的體驗無疑是真的，但造成這體驗的是實際存在的脈輪，還是就只是一種體驗？

我們每個人都作過夢。就我們作過夢、也就是說我們體驗過夢的這一點來看，夢是「真」的。然而，大部分人都會認清，夢並不會出現在我們作夢以外的場合。換言之，我們會區分「我們身外發生之事所導致的經驗」以及「源自我們內心的體驗」。即便對那些相信以「夢的力量」能預測「真實世界」會發生什麼事的人來說，他們仍會承認，夢有別於我們醒來時會有的那種對於外在現實的直接體驗。

我們不需要夢也能從內心產生體驗。一名好的催眠師若是和有意願的委託人合作，那麼只要透過簡單的暗示，就可以讓委託人體驗到五花八門的神奇生理感受。所以，心智很能獨立地主動產生與外在因素無關聯的體驗。我們也無時不刻在沒有任何外在暗示的情況下對自己這麼做。如果你在森林中露營，然後開始認為可能有螞蟻在你的睡

袋裡，就算沒有螞蟻，你也只能祈禱自己接著不要把每一點小癢癢都解讀成有蟲子爬過你的身體。

當然，人類可以（也都會）用外部驗證來檢驗自己的經驗。如果你感覺到一隻螞蟻爬上你的腿，你會去查看。若是你沒有找到螞蟻，在查了好幾個「假警報」後，你可能會作出結論說，你只是在想像，接下來就不去理會那搔癢感了。我們對於外在世界的觀察有著度量衡的作用，用來測量我們對於體驗的解讀是否具有效性；這是日常人類版的科學研究。然而，這讓我們回到了本書的主題：在什麼樣的情況下，人類會錯誤感知外在世界，「錯把」針對體驗的不正確詮釋當成信念的「證據」。

舉例來說，我們該如何看水晶的效果？人們可能因為自己體驗了醫療益處並目睹水晶在他人身上的效果，便相信水晶的治療能力。當他們把水晶放在皮膚上時，他們甚至可以「感覺」到水晶的力量。然而，問題在於，究竟是水晶真的對我們做了什麼，還是其實是我們在對自己做著什麼。從水晶傳來的能量「感覺」會不會只是一種自我催眠，就跟明明腿上沒有螞蟻、卻有螞蟻爬上腿的「感覺」差不多？在水晶這個例子裡，「檢查螞蟻是不是真的在那裡」的作法，就是去看看人們接受水晶療法後是不是真正變好了。雖然大部分的人能分辨是否真有一隻螞蟻爬在身上，但因為本書第一部和本章詳述的那幾種問題，使得人們很難光靠被動的觀察，就能分辨水晶到底有沒有效。科學方法就是特別設計來測試這一類問題，並補償人類容易錯誤感知的傾向。

科學的作法，則使用了特定條件下的對照試驗。如果你真心相信某種水晶能帶來健康，那麼為了測試這個理論，就必須找到一大群患

者，並給予一半的人水晶療法，另一半人則不給予水晶療法。患者必須隨機被分派到兩組，這樣才能讓兩組之間除了有無獲得療法以外不存在其他差異。必須使用「假水晶」來讓沒獲得水晶療法的患者相信自己正獲得同樣的治療，這樣就不會有患者知道自己是在接受真療法還是安慰劑療法。理想中，那些提供治療的人也不會知道哪些人拿到的是真水晶、哪些人拿到的是假水晶。如果水晶療法真的有效，那麼那些以真水晶治療的人，應該會比那些用假水晶治療的人有更好的結果，而且差異應該要在統計上有顯著性（見第十章）。

有些關於新時代方法的主張，確實挺得過這種審查。如果用這種方法嚴格測試，且如果結果可由他人複製，那麼科學家就會接受其效果為真。他們可能不同意發生背後的解釋理論，但他們會承認那確實發生了，且熱切地想進一步研究。[17] 然而，絕大部分接受過如此測試的新時代主張，都沒能發現兩組有什麼差別。在這種情況下，科學家就會反駁新時代方法的主張。科學家不會否認新時代術者體驗了他們所聲稱的效應；科學家只會否認那體驗和任何「真」的東西有關（就只是安慰劑效應，而那是由心智內部產生的）。

新時代術者一般來說不講沒根據的主張。他們通常有證據支持，好比說透視讀心術的展示、一整串進行某種療法或從事某一行為或冥想後狀況改善的病人名單、找到愛或財富的某個人，或者只有在徹底接納新時代作法後才找到幸福的某個人。這是證據，真正的證據，而且有一大把；新時代神奇效果的見證可說是綽綽有餘。然而，對科學家來說，這種證據簡直弱到不行，正是因為它實在太容易受到我們前面討論的那些效應（也就是機會效應結合了誤解機率，然後被所確認偏誤強化）所害。新時代術者往往接受個人體驗的見證為證據，但科學家還會要

求進行專門的設計，來控制本書前面提及的那幾類錯誤的額外研究。

測試和審查的效果

　　讓我們從新時代觀點看看這些事。前來新時代水晶診所的病人，在經過治療後覺得比較好了。然而，進行過一個對照試驗之後，那些拿到假水晶的人跟那些拿到了真水晶的人獲得了一樣的裨益。某個透視者可以用離奇的準確度閱讀委託人的心。然而，在「透視者不能去注意任何社交線索、且不會得到反饋來讓他挖掘命中結果並忽視沒中結果」的受制條件下，他們的透視的能力就消失了。當新時代術者使用自己習慣的方式做事時，能體驗到自己的精巧手藝順利有效，但這些效果在科學審視之下全都消失──魔法不再出現。

　　科學家會下這樣的結論：這整件事是對經驗的一種誤解。效果始終只存在於術者的想像中。雖然如此，新時代術者會做出「這些效果都是真的，但卻被檢驗程序中的某個東西給抑制住了」的結論，實在是再合乎邏輯也不過了。或許是科學家的審查──他們疑心當中的那股「負能量」，或者就只是測試的條件使得方法無法生效。確實，這是一個體制的擁護者面對不支持他們主張的科學研究時往往會有的回應。麻煩就是從這邊開始的。對科學家來說，這樣的回應就只是惹人厭的閃躲，不願理性行事並承認該方法很荒謬。但對新時代術者來說，他們被迫進入魔法可能無法生效的環境，所以他們只打算避開那環境，去魔法**會**生效的地方。

　　科學家往往覺得這種花招並不理性而加以摒棄；然而，從嚴格符合邏輯的觀點來看，情況不一定得是這樣。就來想想，假如我是一個

「磁學家」。我抱持的信條是「磁石是真理的媒介」，而任何沒有磁石在場的研究都容易發生錯誤且基本上沒有價值。現在來想想，我在跟一名科學家講話，他聲稱羅盤可以指出地球北極的方向——這是一個驚人的主張。然而，我覺得這主張很可疑；一根在圓盤上保持平衡的小針，怎麼可能藉由偵測某種遍布地球的看不見力量而找到北方？為了以最嚴謹的方式檢驗這個主張，我要該科學家在某塊由我帶著、用來賦予實驗真理的強力磁石在場的情況下，證實羅盤的效果。不幸的是，在我的嚴謹條件下羅盤並沒有指向北方；它只會指向我的真理磁石。

我告訴科學家說，羅盤的主張是一種觀測錯誤，而那在我的真實條件下站不住腳。科學家面無表情地看著我，然後說「但你的磁石讓羅盤無法生效，沒有強力磁石它才會指向北極」。我心裡有數且偷偷嘲笑科學家的無知天真，並試圖解釋為什麼身為所有真正知識之必要成分的強力磁石如果不在場，就沒辦法得知任何真理。

說羅盤只有磁石不在時才能生效，就像在說它只會在嚴謹的檢驗不在時才會生效一樣。科學家堅持他對羅盤的主張，並說我的看法很愚蠢，說我的方法毀掉了效果。在我看來，科學家的方法和主張就是一個搞不清楚事物怎麼運作、也不知如何妥當分析世界的無知者所做出的可悲不理性蠢事，因此不予理會。的確，我們都覺得對方是白癡。

懷疑論者和科學家會對新時代術者說，「我們用尋找正確答案所需的特定方法測試了你的方法——在使用這些方法後，你的主張無法通過。」對新時代術者來說，科學家就是執意要拿一塊強力磁石放在羅盤旁邊。當然，與磁石比喻的一個重要差別是，有不計其數的強力

證據證明，妥當的科學方法確實能排除常見的人類錯誤，好比說我們前面討論過的那些。然而，對新時代術者來說，這樣的證據恐怕沒有任何份量——科學方法不過就是一塊磁石罷了。這是對於不同類證據的品質看法不一致；科學家重視對照研究，而新時代術者偏好非對照的個人經驗。

　　如果有人接受（如新時代術者可能會主張的）懷疑論和科學評估毀掉了新時代方法的效果，就會讓科學分析受阻。一般來說，科學家並不接受這種看法。他們相信，如果新時代的效果一經審視就會消失，那麼就代表這種主張本身是錯的。然而，邏輯上來說，一旦喚起了「科學方法論毀掉了效果」這種想法，就移除了科學資料在「新時代主張是真是假」方面的相關性。這就只是把它們變成科學無法研究的東西。科學家和懷疑論者所使用的一個策略，是去證明他們可以不用新時代信仰的招數或程序，只運用尋常手段，就產出一樣的效果。換言之，就是不用「魔法」也能做到。所以許多「打假者」是職業魔術師——也就是（僅為了娛樂目的）接受特別訓練、利用人們的認知與感覺錯誤來欺弄人們的個人——也就並非巧合了。這些打假者可以藉由耍花招，而在任何神祕力量都不存在的情況下，提供完全一樣的**體驗**（好比說透視、彎湯匙或心靈遙感）。這就證明「因為我**體驗**了某種新時代力量的運作，所以我知道它存在」的主張是錯誤的。一模一樣的體驗，事實上是可以用簡單的花招產生的。

　　面對這種論點，新時代術者常常回應說，只因為職業魔術師可以模仿出類似的結果，就做出結論認為新時代術者並不真的使用新時代力量來達成主張，是一種邏輯謬誤。從邏輯觀點來看，新時代術者的這個論點完全正確，應該要尊重這個論點本身。的確，可以運用電影

攝影伎倆，來拍一部讓我們看起來像是穿溜冰鞋演出勾手四周跳²的電影。我們也可以去看一部拍姆羅茲（Brandon Mroz）真正演出這神奇動作的電影——他在 2011 年的一場國際比賽中，成為史上第一個完成勾手四周跳的滑冰選手。[18] 姆羅茲和我都產出了一部自己在勾手四周跳的電影，但我們是用非常不一樣的方法達成的（他是用他自己的體能，而我是用電腦圖像技術）。我有能力運用其他手段來複製他的電影，完全不能用來證明他並非真的跳出了勾手四周跳。於是，打假者能夠生產出與新時代術者一樣的效果，就是既符合（懷疑論者主張的）「新時代方法是一種對經驗的錯誤詮釋」，也符合（新時代術者主張的）「新時代方法是真的，但其他手段也可以達到」。

　　科學和新時代信仰在文化上的另一個區別，在於科學一般來說不會太過看重個人證據。如果一名科學家無法描述精準情況來讓人複製同樣結果，那麼這結果就會沒辦法被研究，還很有可能根本不是個正確的觀測結果。然而，在許多新時代方法中，觀查結果是術者擁有的個人體驗。關於不同的人感覺到的各是什麼，不需要有共識；他們都感覺到他們該要感覺到的。因為每個人都不一樣，所以每個人的體驗應該要不一樣，這樣才是良好妥當的。

　　科學家除了挑戰彼此的觀察結果（例如重現彼此的實驗）之外，也會直接挑戰彼此的詮釋。就算有些科學家並沒有像他們能夠做到的那樣進行自我批判，他們還是會直接批評或挑戰其他科學家。這種批評和挑戰會出現在發表的文章、科學家之間的對話、實驗室會議和專題討論會以及研討會上。這樣的批評有可能生氣蓬勃、吵吵鬧鬧，也有可

2　譯注：quadruple Lutz jump，是花式滑冰中難度相當高的跳躍。

能很有攻擊性。這是科學和新時代思想的一個明顯差別，而那是以深植各自文化的規範為基礎。

　　質問他人針對經驗提出的詮釋，是科學的規範。對一個身為局外人的旁觀者來說，這常常會看起來像是人身攻擊，但其實不是。[19] 它是在攻擊對經驗的詮釋，而那是科學文化中人們所指望且強制進行的一個部分。科學家不是故意要對人苛薄或耀武揚威才做出攻擊；那是徹底藉助交互論系統（會在第十一章描述）所進行的理性辯論之一部分。然而，在新時代思考中，相反的作法才是正確的。照這樣來看，我們眼前就是兩種相反的方法，其中一個領域所要求的合宜正確，在另一個領域成了違反規矩的禁止事項。作者麥克拉倫（Karla McLaren）以機智流利的文字提出了這個觀點，此人是靈性思想和懷疑論思想之間的少數幾座橋梁──一位同時徹底活在這兩種世界的奇人。早先出版多部作品且有長期實作經驗，也在新時代文化中廣受尊崇的麥克拉倫，形容自己是個「帶著卡牌、圍著氣場、背著脈輪的新時代領導者」。在她傑出的短文「搭起兩種文化的橋梁」（Bridging the Chasm Between Two Cultures）中，她如此寫起新時代文化：

> 人身攻擊被視為情緒不平衡（讓情緒操控了你）的例子，而深刻的懷疑則被視為一種心理不平衡（讓你的智能操控了你）。在文化上，這兩種行為都是無法被接受的事，因為情緒和智能都被認為是精神（psyche）的棘手領域，能做的事很少，但卻讓人遠離了（據信是）真正且有意義的靈性（spirit）領域。[20]

　　本書的論點是：因為人在試圖瞭解分數形式（好比說機率、比率和

頻率）的世界特性時出了問題，所以人們往往誤解了世界。「誤解」（misinterpret，錯誤解讀）這個詞，預先假定了目標是要正確解讀出世界一個自外於觀察者的真正模樣。然而，新時代術者的目標，是要擁有一個對他們自己而言有意義的特殊體驗，然後再運用一些實驗方法，證明與新時代術者企圖達成之目標相反的體驗是有誤的，或者甚至以這些實驗方法毀掉那些體驗。然而，懷疑論者卻主動嘗試奪走術者非常想要且可能真心需要的某種東西——也就是某種高過他們自身的靈性體驗，以及和宇宙互相連接的感覺。對新時代術者來說，水晶的效果從科學家的觀點來看是不是「真實」的，其實並不重要。因為真正重要的就只有術者**感覺到的**，也就是他們所體驗到的真實。新時代的態度可能是「不要理我，讓我去享受自己的體驗，不要再試著把它搞壞！」

對懷疑論者來說，很容易抱持的看法是，所有販賣或推銷新時代體制的人都是賣藥郎中，迫害著他們體制內的消費者。就如下一節會討論的，情況不一定非得如此，而那樣的情況也不是本書主要想要談的。本書要談的是人們的真正信念，以及不識數和錯誤理解機率如何助長了這種信念。然而，對脆弱者施加的反社會迫害，確實需要評論。

就算是針對那些明知新時代體制荒謬卻還到處宣揚的人來談，還是可有人會質問說，真的有誰受害嗎？如果客戶就是想要或需要這種體驗，而新時代體制把他們尋尋覓覓的真實體驗給了他們，這又有什麼問題？你難道也要去攻擊那些同樣在提供不「真實」經驗的電影院業者或是虛擬實境設備遊戲的販售者嗎？這個嘛，有少數幾個巨大差異值得提及。

令人遺憾的是，當新時代術者販售體驗的時候，他們往往也販售

「體驗其實是真的」的信念。「消費者在找的可能就是這個」的說詞，並不會緩和這種信念可能造成的傷害。這樣的信念可以激發各式各樣改變一生的行為和抉擇，而且可能會有龐大的代價。在某些案例中，新時代的消費者嚴重受害，送上他們一輩子的積蓄甚至人身自由。那些將新時代體制下絕症治療相關教條照單全收的人，把自己的金錢和性命，全都給了某個很清楚那些主張都是胡說八道、並且清楚自己在刻意愚弄受害者的販售者。這種行為跟提供電影虛擬遊戲不一樣且令人作噁，而且在道德上如同罪犯般應受譴責。為什麼人們那麼容易被郎中欺耍，其背後的心理學不在本書範圍內；然而，本書所描述的、存在於人類感知的錯誤，可能是這個綜合難題的一個重要部分。

文化衝撞：看法的衝撞

科學家和新時代術者可能都把自己的角色看作是既在幫助人們本身，也在保護人們不受他人所害。有著同樣意圖和目標的兩方，做起事來怎會如此天差地別？答案歸根結底在於一種看法的衝撞，起源自文化的階級以及信念和證據的規範。我們就以「一般接受的醫學治療」對上「新時代療法」來作例子好了。

懷疑新時代主張的科學和懷疑論者，是真心誠意地試圖防止（在他們看來）被郎中欺騙而錯過真正有效主流醫療的人們受到傷害。[21] 相反地，新時代術者可能會覺得，科學家和懷疑論者打算迫害那些在大藥廠與機構團體強力聯手陷害下受騙花大錢接受主流療法的人們，使他們錯過真正有效的新時代療法。你有多常看到網路廣告在宣傳「醫生不讓你知道的療法」？就如科學家和懷疑論者控訴新時代信仰使用

假療法取代真正有效療法那樣，新時代信徒可能也會對主流科學家做出同樣的控訴。

當檢測新時代信仰的科學家和懷疑論者挑戰已提出的主張時，他們往往認為術者應受譴責，並視消費者為受害人。他們往往假設，如果消費者被術者所愚弄，那麼術者應該是有意犯下詐欺的。確實發生這種情況的知名案例，只會強化這種看法。[22] 然而，情況並不一定就是如此。在許多案例中，比較有可能是術者真心相信他們實作的效果。

新時代信仰的職業術者也跟消費者一樣，很容易錯誤地感知分數。在這種情況中，術者會專注於跟顧客之間命中的部分並忽略沒中的部分——這就擴大了機率分數的分子且增加他們感覺到「可能是預測正確或有利結果」的情況。別忘了這是合夥關係，有著雙向溝通。新時代術者可以十分理智，並以展現為經驗的證據為基礎來發表言論。他們有明白的證據證明他們做的事真的有效；他們有正在幫助的人的報告和證言。我們回來看看麥克拉倫的洞見，她說：

> 我從我的口中開始，（透過直接體驗）知道我在新時代和形上學中所學的事物是真的，而否定者不過爾爾……我的實際經驗「證明」了精神力、氣場、脈輪、聯絡死者、占星學等一類事物的有效——那時我的知識庫裡沒有多少能幫助我瞭解真正在發生什麼的東西。

她繼續說道：

> 我先前都沒瞭解到，長久以來我都在自己的著作中使用一種

冷讀法！沒人教過我冷讀法，我也從沒試圖詐欺任何人——
我就只是透過文化滲透學會這種技術……在實地實作過程
中，我從沒有詐欺任何人——我的朋友或同事們也沒有。我
進行現場實作，是因為我對人們有著深切的關切，而且我誠
心期望能透過自己的文化提供助益。[23]

區別「以經驗為中心的主張」和「以客觀效應為中心的主張」，
是必不可缺的。許多新時代主張遠遠超出了主觀經驗。舉例來說，若
有人主張新時代療法治好了癌症，這就不只是一個經驗或觀點的問
題。癌症會有治好或治不好的結果、病患會有死於或不死於該疾病，
而死亡可不只是一種心境而已。我們討論的那幾種錯誤，就是在這種
脈絡下最危險。這些錯誤真的會賠上人命。

新時代主張基於執行方式以及身處的文化，特別容易陷入我們前
面討論的那幾類錯誤。這些做法把個人體驗置於用來減輕錯誤的對照
科學法之上，必定會讓人深受人類普遍易受愚弄的傾向所害。的確，
新時代作法以及文化，都保證感知中的錯誤會永續下去，因為它們接
受測試以及遭受駁回的機制十分有限。

但這不代表說，所有新時代信仰都一定不是真的。從邏輯觀點來
說，不能這麼主張。然而，如果做出結論說，因為我們前面討論的那
幾種錯誤，所以可以保證會有許多看似有效、但其實什麼益處都沒有
的新時代信仰，那就是正確的。到頭來，我們該做什麼又該怎麼想呢？

對那些號稱有真正效果、卻還沒以控制機會效應（以及相關錯誤）
的實驗方法來研究過的新時代體制和信念而言，我們頂多只能說我們
不知道它們有沒有效。頑強的懷疑論者只因為某些主張看來不尋常或

新奇，就不假思索地反駁，這種態度其實和新時代術者堅持主張必為真、不可能是觀測錯誤一樣，都是不負責任的。許多新時代主張和既定的科學理論衝突。這些科學理論都在多重層次上與大量高品質科學證據有所連結。因此，一個新時代主張越是極端，支持它的主張就得更加極端，科學家也就更有立場去質疑它。然而這並不是自我中心驅動的科學權威主義。新時代主張要面對的是既有的科學觀測資料，以及從既有資料發展出來的諸多理論。然而，在許多未經檢驗的例子中，以經驗方式來檢驗主張仍不失為一種好作法；畢竟，這是持續無知以外的唯一選項。

檢驗主張要花費大量資源，這也正是美國國會 1998 年要在美國國家衛生院（National Institutes of Health，NIH）成立一個新機構叫「國家互補與替代醫學院」（Institute of Complementary and Alternative Medicine，NCAAM，後來改名為「國家互補與整合健康中心」〔National Center for Complimentary and Integrative Health〕）的原因。這個中心的使命是「透過嚴格的科學研究，來確定互補與替代醫療介入的效用與安全性，以及它們在促進健康與醫療保健方面的做用」。因此，被納入「替代醫療介入」的新時代術者所主張的做法，就不會簡單而不假思索地被當成騙術而遭到摒棄。它們反而要接受專門設計來控制前述那幾類錯誤的檢驗（花的是納稅人的錢），來看看在移除了偏見和干擾因子之後，潛藏的醫療效益還在不在。

如果完成了嚴格檢驗後發現並沒有效果，那我們能不能作出結論，說那全都是胡說？從科學的觀點來看，假設測試有妥當進行並有足夠的統計檢定力，且獲得正確詮釋的話，那麼答案就是「可以」。如果擁護者援引「不管什麼檢驗都因其負能量而徹底毀掉了效應」這

種概念，那麼科學在演繹邏輯觀點上就沒什麼好說的了。然而，在這種情況下，提問以下這個問題應該滿公平的：哪種情況比較有可能——是「一個已知普遍存在於人類思考中、且千萬年來導致各式各樣蠢事的錯誤再度發生了（所以一使用特別設計來移除錯誤的方法，效果就消失了）」，還是「用那類方法質問某個效果是否真正存在的那個行為，不知怎麼地消除了效果」？然而，當某人迫切需要幫助又「體驗了」某個有效的東西時，這問題就很難回答了。說到底，這就是問題所在。

總結

　　新時代方法和科學的基本目標，都是取得預測和控制的能力。透視者、氣象預報員、塔羅牌解讀者、追蹤新冠肺炎的流行病學家、判讀茶葉的占卜師、經濟學家、讀手相的人、氣候科學家、數字命理學家，以及年度健檢時測你膽固醇的醫師，在做的事情都是一樣的。他們都在使用既有的理論和理解，試圖預測未來的事件，並產生能干涉的策略。（當然）還有其他因素在運作，好比說求知欲或追求靈性的欲望，但這兩種方法的實用面，都涉及預測和控制的能力。

　　我們怎麼知道我們預測未來、影響情況的方法真的有效？令人遺憾的是，人類有一種很強烈的傾向，會覺得沒效的事物其實有效。就如本章所討論的，我們會多管齊下地對分數展開攻擊，以此來做到這一點。我們留意命中（正確的預測或想要的結果）並忽視沒中，如此扭曲分數。更重要的是，我們錯誤感知了相關分數的特性；我們無法體認到樣本有多龐大；我們的注意力受到看似不可能但其實相當可能的事

情所吸引，因為我們無法認清分子大小。

我們也會挪動球門柱，以此改變分數來合乎我們想要的結果，而非實際的結果。我們每次犯這種錯時，都只會更加強化我們錯誤的信念。因為體制有效的情況我們看了太多次，所以會覺得，我們知道體制是正確無誤的。但錯誤的觀察結果就算有一千萬次也稱不上證據。

但有些東西確實有效。我們如何分辨一個體制是否有效運作，正是新時代信仰和科學的基本差異。新時代術者因為見過自己那套體制行得通，所以知道體制是有效的。他們親身體驗了結果，而且可以向許多其他人證實自己的體驗。他們完全沒打算處理人類錯誤觀察的傾向——體驗**就是**真實人生。與之相比，科學會處理人類錯誤感知世界的傾向；隨著認知心理學越來越瞭解人類往往會犯的錯，科學家也持續改善他們處理這類錯誤的方法。

對那些自己體驗過結果的人來說，被某科學家告知說他們的體驗不是真的，是件很糟的事。這就像是對某人用直男說教的方式說，他們的生活實際上是什麼樣子，或者更像是科學說教。此外，新時代術者或許不想被糾正；他們手法帶來的神祕體驗與魔力，可能跟有沒有效一樣重要，搞不好比那還重要。新時代信仰對個人體驗缺乏審查的一個理由，可能是因為人們追求的其實就是體驗——而在新時代方法中，現實被定義為人們所體驗到的事物。諷刺的是，新時代術者甚至可能會覺得，那些試著保護他不要受害的科學家和懷疑論者害到了他。術者發現一個對他們而言十分有意義的體驗，若沒了那個，他們的生活體驗會變糟。然而，科學家卻試圖把那從他們身上奪走。科學家和懷疑論者或許該對此多一些尊重。

不管我們恰巧感知到什麼，我們心智之外的世界都還是我行我素

下去。從科學觀點來看，問題是這樣的：你比較喜歡自己的錯誤感知所帶來的舒適感，還是你寧願找到不僅只提供有效體驗、還會真正有效的方法？比那更重要的是，你想不想知道自己因為想努力幫忙而做的事，會不會其實有害？最後，你會不會想知道，你是否上了某個郎中的當？儘管這聽起來姿態很高，卻是真正值得關注的問題。

　　偏好個人錯誤感知帶來的舒適勝過真實世界，不一定是個不理性選擇，這要看他追求的到底是什麼。然而，這必定會使人誤解現實，並使人完全無法增進自己實際影響現實事件的能力，頂多就增進自己影響內在體驗的能力。

誤判的總和

第九章

自然世界中的設計現象

很難想像有哪個問題比「上帝（或諸神）是否存在、祂們是什麼或祂們是誰，以及那要怎麼影響我們的信念、行為以及生存方式」更堪稱大哉問的了。自古以來，這個問題讓學者和一般人費盡苦心，還造成了各種爭端、仇視和全面開戰。爭辯的雙方陣營中都會有一種人，他們有絕對的確信，認為自己知道這問題的答案。然而，我們可以放心地說，不管用什麼方式，目前都還沒有人「證明」了這問題的答案（至少從「證明」這詞的邏輯意義來說還沒有），而這當然沒有讓那些抱持相反看法的人滿意。

對神的信念（belief）大部分來自於信仰（faith）。這本書不是談信仰，所以我們會把基於信仰的討論留給其他論壇。然而，長久以來都有一種論點，認為我們可以基於機率來證明神的存在，而機率就是本書焦點。這個論點的依據，是觀察到世界有著如此神奇的內在和諧，是如此地「調配得宜」，單靠自然流程而生成的機率是如此地低，低到基本上不可能。不相信不可能的事，無疑是很理智的。所以，就需要其他的解釋，也就是宇宙必定是被有意設計出來的。而且，如果宇

宙是被設計出來的，那就一定有一名設計者——論點或許就這樣開展
下去。

調配得宜的相關論點

要來思考調配得宜的論點，我們首先要回顧一個（至少）幾百年前
的譬喻，而類似的論點遠在古代就有了。裴利（William Paley）在 1802
年的著作《自然神學，或從自然現象中收集的關於神性存在和其屬
性的證據》（*Natural Theology, or Evidences of the Existence and Attributes of the Deity
Collected from the Appearances of Nature*）中，評論了整個自然界看來明白的刻
意設計現象。[1]

就來想想，有天你走過森林，享受著周遭的自然風貌。樹木、土
壤、岩石都以一種典型的無條理方式分布。但就在此時，你留意到地
上有一只老式懷錶。它有一層玻璃錶面，讓你能看見所有精細交織的
齒輪和嵌齒，彼此和諧一致地一秒一秒走著。它和你周遭的自然事物
一樣美妙，但它看起來顯然並不「自然」；懷錶顯然不會就那麼在自
然中出現；它們是工匠製作出來的。[2] 想必有一位製錶匠。[3]

世界是一個彼此精細交織到不可思議的系統，緊密結合的構成組
件以一種彷彿精準懷錶的機制共同運作。宇宙的數學常數精準到嚇人
的程度，是就連最小的偏差都會讓我們的宇宙不穩定，或者至少無法
維持我們所知的生命型態。世界無疑有著「是設計出來」的現象。
就像懷錶那樣，世界就那麼恰巧出於意外而調配得宜的可能性幾近乎
零。所以一定有名設計者。這被稱作「微調論點」（fine-tuning argument）[1]。

微調論點可分成兩個相關但不同的問題。第一個問題是：生命有

多麼調配得宜？動植物面對自身、彼此及所在環境，都有著精緻的調配。裴利特別集中在這點之上，談到微調到近乎精細交織的動物體內運作，而這怎麼可能單憑偶然發生的呢？第二個問題是：宇宙物理特性的調配得宜，讓宇宙既穩定又能支持生命。我們會一次處理一個論點，並記住下面這個考量：世界上無疑是有著看似設計出來的現象。而我們要問的是：這種現象是不是人類錯誤感知的結果？

生命的調配得宜

植物若沒有蜜蜂協助授粉就會全數死亡，而蜜蜂若沒有植物花朵所產生的花粉也會死亡。這不過是生命無數種調配得宜的其中一例。地球上的生命是一張調配得宜的巨大相互依存網。然而，這只是冰山一角。生命不只是調配得宜而且能配合別種生命，它本身在解剖層面、微觀層面和分子層面也都調配得宜。現代科學越是瞭解生命的分子機制和細胞機制，調配得宜的情況就更加突出，也為裴利的論點增添了更多證據。在活躍的複雜網路中，特定的分子會和其他分子相互作用，如此改變並調節其他分子。身為專業的分子生物學家，我每天都看著這樣的情形發生，那會讓我著迷不已，而且始終如此。此外（也一樣神奇地），微調論點也可延伸至整個地球是何等地調配得宜而適合生命生存。

水是凍結時會膨脹的極少數液體之一，因此湖泊凍結時會從湖面而不是底部開始結冰；若非這樣，所有魚類都會在冬天的寒冷氣候中

1　譯注：fine-tuned 配合內文多譯為「調配得宜」。

死去。如果大氣層沒有正好過濾掉該去除的光線，太陽光就會致人於死；但如果大氣層同時沒讓其他幾種特定光線穿透過來，植物就沒辦法行光合作用。海水正好就有著適合海中魚類的正確鹽度；如果鹽的濃度大量增加或減少，魚就會死亡。這個例子可以一路舉下去：地球的每個細節似乎都符合某種形式的生命需求。

那些思考著生命為何調配得宜的人，通常只考慮到兩個可能的源頭；要不生命由一名設計者所創造，要不生命就是隨機生成。如果生命隨機出現的可能性低到堪稱不可能的話，那麼剩下來唯一的有理成因，就是有一名設計者存在。假使只能有兩個成因的話，這樣的邏輯是正確的。如果選項就只有成因 A 和成因 B，而你能排除掉成因 B 的話，那就證明 A 正確。然而，除非 A 和 B 是僅有的可能成因，否則這個邏輯並不通。如果我們還能再舉出另一個成因（例如 C），那麼，排除掉 B 也不能證明一定是 A，就只是除去 B 而已。1858 年，達爾文（Charles Darwin）和華萊士（Alfred Russell Wallace）就提出了一個 C 選項——也就是天擇演化。[4]

微調論點是關於機率的陳述。就跟任一種機率陳述一樣，它可以呈現為分數——這邊的分數頂部（分子）是極其複雜交織而調配得宜的生命本質，而世界無止盡的其他無數可能走向就是分數的底部（分母）。那是「物質自發地恰巧形成一隻錶」對上「物質能夠分布的所有其他方式」之可能性。然而，用微調論點來反對演化，是出自於對演化打從根本的錯誤理解。

天擇演化並不靠一名設計者而存在，但也並非隨機發生的。的確，天擇施以作用的素材是經由隨機變異出現的，但這不代表說演化是徹頭徹尾的隨機或意外過程。演化因一種特定機制而發生；如果徹底瞭

解那種機制，就能避開微調論點提出的難題，而我們會在下一節解釋。

自我調整的分數：為何演化把生命調配得宜的特性，從機率上的不可能變成了必定

　　就來想想一對剛結婚、正一起尋找第一間公寓的伴侶；這是一個令人興奮的時刻。他們很幸運找到一間寬敞的單層兩臥，有著美如畫的壯觀湖景。這公寓有著巨大廚房，配備許多新穎設施，包括內嵌的烤爐、大面積的中島、上有架子可以懸掛鍋碗瓢盆、昂貴的洗碗機、冰箱和冷凍櫃，還有微波爐。這間公寓附有兩間浴室，多出的一個房間可用來當作辦公室或活動室，還有一面凸窗，附著內嵌書架的壁龕。這兩位新婚者以前都沒自己在外住過公寓，他們直到大學畢業之前都跟自己父母住，所以都沒什麼私產。幸運的是，他們都剛找到新工作，收入很好，有錢能布置新公寓。這對伴侶給主臥室買了張新的特大床，還有床頭櫃跟矮衣櫃。他們量了客廳，訂製了符合長度的組合沙發，所以他們可以享受窗外風景，同時還能看見他們買來符合另一面牆長度的電視櫃。他們選了一張恰恰好能放在辦公室的桌子，並搭配一些木頭檔案櫃。至於豪華的廚房，他們開始對烹飪產生興趣，因此累積了許多鍋碗瓢盆懸掛在廚具架上。他們買了一套優良的藏酒放在冷藏箱裡，享受彼此共飲的時分。他們都喜歡讀書，所以訂了很多書來裝滿書架。他們在那住了一年後懷了小孩，所以他們買了家具來把第二間臥室改成嬰兒房；很幸運地，九個月後他們有了一個健康的孩子。

　　來想想，如果我們身為外部觀察者碰巧遇上這對伴侶，對於他們的現在和過往都一無所知，就只是以公寓為背景接觸了他們。我們難

道不會看著看著，就對這間公寓設計得如此符合他們的特定需求而大吃一驚嗎？臥房的數量正好是他們家庭的人數，甚至還有正好符合他們家具和小孩的嬰兒房。書櫃的空間一分一毫都正好符合他們的藏書所需——藏書不多不少，大小也全都正好。裝酒的冷藏箱大小正好符合他們擁有的葡萄酒，連瓶數都是裝進去正好。就連加長型廚具鉤的數量，也和他們擁有的鍋子數量一樣。客廳的大小正好符合沙發所需的空間，分毫不差。有鑑於公寓大小和構造可能有千百種，這間公寓意外調配到與居住者如此契合的可能性有多高？看起來微乎其微。因此，最合理的結論就是，有名設計者特地為這個家庭打造了這間公寓。

如果我們在這個故事上放一個條件，說這個家庭和他們所有的東西都是突然隨機就照目前這樣冒了出來，那麼公寓完美符合那些物品的可能性的確是微乎其微。在那種情況下，可以合理做出結論說，除非該家庭和公寓都是刻意設計出來的，否則絕不可能像這樣彼此調配得宜；那之外的原因都不太可能。然而，如果該家庭可以（像我們故事講的那樣）隨時間過去修改自身以符合公寓格局和擺設，且我們是在修改後才看到這個家庭和公寓的，那麼，它當然會呈現出一種十分不可能發生的調配得宜樣貌。事實上，該家庭自行調整去適應該公寓後，本來就該有這樣的必然結果。這是演化觀點的基本看法。

因此我們可以看出，如果生命突然之間按現在的樣貌冒出來，且世界即刻就獨立於生命之外出現，那麼，兩者像現在這麼相合的可能性，就實在微乎其微，使得設計者是到目前為止的最佳解釋——那之外的都實在不可能到看似不可能的地步。但如果生命是慢慢演變去適應所處的環境，那麼，調配得宜就成了生命本身的必然性質，因為生命會自動調整來配合所處環境。在這種情況下，我們不需要援引一名

設計者來解釋生命的調配得宜特性。如果生命有在進行演化以符合所在環境，那麼生命調配得宜的可能性就變成了正好百分之百，因為不論世界如何，生命都會去適應。

其他生命也是環境的一分子，因此演化會調配生命本身達到適宜的狀態，也會調配生命去適應別種生命。同樣道理也適用於生物內在的分子和諧狀態。地球環境更不用說，當然也是在不斷變化；而當它變化時，芸芸眾生中有適應力的也會跟著改變：生命始終透過不斷演化來趕上不斷變化的環境。正常的改變速度通常很緩慢（除了巨大的流星、火山爆發或人類的毀滅力量以外），所以生命可以穩穩跟上。當環境急速變化時，就會出現大型滅絕事件，而各種新生命會出現，但這樣的過程也會像尋常演化一樣調配得宜，只是比較混亂。

年輕伴侶小心翼翼且目標明確地刻意調整自身來適應新公寓，跟演化透過一種基於繁殖成功（reproductive success）[2]而發生的隨機變異來調整適應，其實沒什麼差別。重要的是，任何一個「其中的環境居住者（不論運用什麼機制）會去適應該環境」的系統，都將顯現出調配得宜的情況，並不需要有設計者。

當兩個東西存在且其中一個一直去適應另一個時，調配得宜就不再是不可能發生的事，而是必然之事。如果大氣層濾掉了不一樣波長的紫外線，那麼植物就會演化出可用能取得的光來行光合作用的機制，而生命也會演化出保護機制來抵抗更有殺傷力的光線。如果海洋的鹽度不一樣，那麼生命就會演化出不同的鹽分需求。如果水不是從上面開始往下結冰，生命就會演化出一種在結凍時活著的方法（地球上

2　譯注：指由產生後代數量以及存活數。

有些生命已這麼做了），不然就是演化出能離開水中的方法（地球上其他類型的生命就這麼做了）。

那些為了生命調配得宜而驚嘆不已的人，可能也會坐下來驚嘆池邊的混凝土是如此符合池水的形狀；還有，就算池子形狀迂迴曲折又有小小裂縫，水還是如此神奇完美地符合池子。這種事發生的可能性非常高，而且還不只是一個池子這樣，是每個池子都這樣！不，有鑑於池子如此精準地符合水的形狀，而水又如此符合池子的形狀，很明顯地，有一個鬼斧神工又有驚人準確度的高等智慧，設計了每一個水體和每一個池子來讓彼此完美相符，連一個分子一個原子都分毫不差。那之外的成因實在都太不可能，以致到了令人覺得荒謬的程度。[5]

詳細探索演化如何藉由天擇而生效，以及為什麼在人的思考中演化會有違直覺，都不在本書的討論範圍中；然而，有好幾本傑作探索了這些問題。[6] 我們的關注焦點，會放在「生命讓自身調配得宜且能適應地球的這種特性」方面的機率爭論。演化基本上是一個自我調整的分數，保證生命自身及面對環境時都能調配得宜。不論是設計者創造生命還是天擇演化，都是在解釋一個精細調配的世界。因此，生命調配得宜的特性就不算是設計者的存在證據；更何況，這事實上可能根本就沒有證據。

演化會自我修正的分數是不是循環推理？

人們對於演化的一個批評是：它的預測實在太過模糊而非確定，以致該理論基本上無法反駁，因而將它貶到和偽科學一樣的地位。演化預測，隨著環境變化，適應該環境的新品種生命就會出現。然而，

演化無法預測會出現什麼、有多快出現，或者新品種生命會有什麼確切特徵。

此外，因為隨機性造成了讓演化得以作用的遺傳變異，同樣的起始條件每次發生時，就算其他條件都相等，也可能導致不一樣的結果。換言之，演化能說的就只是某件事情會發生，但無法斷定什麼會發生，因此任何發生的事情似乎都能證實這個理論。沒什麼能反駁它，讓它成為一個循環且自我應證的套套邏輯。然而，這樣的詮釋是對演化的錯誤理解；演化在哪種生命會出現的細節上不做具體的精準預測，但這並不代表它不做任何預測。

演化目前是生物新特質出現的驅動力，上述說法有著壓倒性的證據。在盤尼西林被當成抗生素使用之前，各式各樣的細菌基本上百分之百都會被盤尼西林殺死。要等到廣泛持續使用之後，有著抗盤尼西林特性的細菌才出現。基本上，別種抗生素開始採用後，也都觀察到同樣的現象，而且不只是細菌，連比較大的生物（好比說寄生蟲和昆蟲）也觀察出這種情況。演化沒辦法預測出確切的抵抗機制，但它確實預測了抗藥性的出現。如果對任一種長期使用的抗生素都沒出現抗藥性的話，那演化論才真的麻煩大了。

達爾文的著作《物種源始》（*On the Origin of Species*）花了很大的篇幅談這理論的問題——那些不解決就會導致演化遭反駁的問題。隨著時間過去，這些問題（根據實證證據和越來越多的瞭解而）獲得了解決。本來有太多東西可以反駁演化論，好比說地球的年齡、出自如今已廢棄的融合遺傳論之遺傳特質「清洗」效應，以及是否有觀察到生命對變遷環境的遺傳調適正在進行。其他領域的自主科學探索（如地質學、熱力學、原子論及分子遺傳學）所給出的答案，也產生了支持演化的答案，且

最終無法反駁演化論。那些探索的答案到頭來大可跟現在不同，而使演化論不得不遭到駁斥，或至少不得不打從根本改變，但目前為止的結果並不是這樣。

擁護和反對天擇演化的人，在許多問題上看法不一且相互爭辯。文獻中滿滿都是關於這些問題的大量討論，而那已超出了本書範圍——但有個例外是以機率為基礎的調配得宜相關爭論。所謂「生命實在調配得太得宜，以致有名設計者是最佳解釋，甚至是唯一解」本身並不是實際情況。確實（而且有點諷刺的是），演化比一名設計者還更能預測生命的調配得宜特性。為什麼會這樣？的確，一名設計者有可能創造出一個有著調配得宜生命的宇宙，但情況並不需要如此；他當初也可能選擇讓生命調配失當，甚或完全不創造生命。相較之下，天擇演化歷經時間推移，只會產生出調配得宜的生命，因為它是一個自我調整的分數。調配得宜的生命是設計者可能創造的其中一種結果，但卻是演化可以推演且必然符合邏輯的結果。然而，這並沒有談到生命不存在的世界；顯然，天擇演化沒辦法解釋宇宙細緻而調配得宜的物理常數。

調配得宜的物理宇宙

我們可以列出宇宙的多種物理特性和常數。如果任一個特性或常數偏離了目前的實際值，就算只差了一點點，宇宙也會不穩定，而不可能支持我們已知的生命型態。為了討論需求，我們就姑且同意上面這段陳述正確且準確。然而我們也同時來假定，就算是上面這段陳述，也低估了我們宇宙的本質是多麼調配得宜。科學家尚未發現的其他性

質和常數可能還有無數種，這累積起來成了一個十分不可能存在且幾乎無法想像能存在的宇宙。所以，我們又重新回到調配得宜的辯論上——我們當前的宇宙單憑偶然出現、沒有設計者也能既穩定又能支持生命的可能性實在是微乎其微，以至於基本上不可能。

　　才華洋溢的知名物理學家兼數學家潘洛斯（Roger Penrose）曾估計，我們的宇宙若要存在，宇宙原始的相空間（phase-space）體積的精準度，得要是十的十次方的一百二十三次方。[7] 用他的話來說就是：

這告訴我們造物主的目標必定十分精準：也就是 $10^{10^{123}}$ 分之一的準確度。這是一個超乎尋常的數字。我們甚至不可能用一般十進位標記法把這數字完整**寫下來**：那會是一個 1 後面有連續 10^{123} 個 0！就算我們在整個宇宙裡的每一個質子和中子——然後我們還可以加碼所有其他粒子——上面都寫一個0，還是遠遠不足以讓我們把所有數字寫下來。[8]

　　換言之，可能性實在太低，以致整個宇宙中的粒子拿來寫這個數字都還嚴重不足。那才叫做真正的機會**渺茫**！因此，去推測宇宙只不過是隨機發生，就是最最接近不可能的推測。用知名天體物理學家霍伊爾（Fred Hoyle）的話來說，就是：

「想必是某個超級計算智能設計了碳原子的特質，不然的話，要透過自然盲目力量找到這樣一種原子的機會將微乎其微。」有一種對事實的常識式詮釋主張，一個超級智能瞎搞了物理學，也瞎搞了化學和生物學，且自然中沒有值得談論

的盲目力量。從這個事實計算出來的數字在我看來太過無可匹敵，以至於讓這個結論幾乎無可爭辯。[9]

　　許多高明的學者（從神學家到物理學家）把微調論點當成必定有一名設計者的明確證據。然而，就算再怎麼高明的學者也是人類。由於微調論點是以機率為基礎，因此人類如何感知機率的問題在此就至關重要。

　　就像是天擇演化能在沒有設計者的條件下，把生命的調配得宜特性從不可能變成必然一樣；也有一種論點，在設計者不存在的條件下，將我們觀察到調配得宜的物理宇宙從不可能變成了必然。這個論點被稱作「人擇原理」（anthropic principle）。

人擇原理

　　二戰期間，同盟國工程師想要替那些飛過敵軍領空執行凶險任務的轟炸機強化裝甲。由於裝甲是有重量的，因此工程師必須選擇強化飛機最容易受創的部位。這件事做起來應該直截了當——檢驗飛完任務的飛機、找出飛機受損最嚴重的部位，然後替那些地方加裝裝甲。但當時分析這問題的哥倫比亞大學（Columbia University）的統計研究小組（Statistical Research Group），有個不同的解答。由數學家沃德（Abraham Wald）領頭的分析主張相反作法——應該要強化飛機遭受最少損害的部位。

　　只有缺乏真實世界經驗的那票象牙塔學究才會想出這種笨點子。這違反常識。工程師檢查橋梁時，若發現某些部位的金屬有應力斷裂，

便確認那是最需要修補強化的部位。強化完全沒受損害的部位，反而不去管應力斷裂，能有什麼道理？等到橋梁在交通尖峰時刻垮掉再去跟偵查庭辯吧。哪個心智正常的人會選擇只強化飛機損傷最輕的部位，然後忽視損傷最嚴重的部位？

沃德專注於飛機幾乎沒受損的部位，進而發現了飛機最容易受損的部位——那顯然就是最有可能導致墜機的部位。在橋梁的例子中，接受檢驗的是所有的橋。但會接受檢驗的飛機，就只有那些平安完成任務、得以回到基地的飛機。那些被敵方炮火摧毀的飛機沒提供任何資料，因為它們沒能返航。沃德推測，飛機若有哪個部位受損最嚴重卻還不會讓飛機墜毀，那麼在成功返航的飛機上，那些部位就會有最多中彈痕跡。真正脆弱的部位，也就是一旦被擊中就輕易會毀掉飛機的部位，在返航的飛機（即那些任務後倖存的飛機）上應該受損輕微。[10]沃德空前的分析方式和重要的反直覺洞察力，是瞭解何謂「倖存者偏誤」的必要關鍵。

但，這和調配得宜的宇宙有什麼關聯？道理就跟只有任務後倖存的飛機才可以檢測一樣，只有穩定而能維持生命存在的宇宙，才能由活著的生命來檢測。物理上不穩定的宇宙早就不存在了。舉凡生而穩定的宇宙都會「存在」，但若沒能在裡頭維持生命，就不會有誰知道它們存在。在那些有生命在裡面辯論自身宇宙起源的諸多宇宙中，能夠支撐生命的穩定宇宙的存在機率是百分之百。如果你訪問一百個玩過俄羅斯輪盤*的人，百分之百的人會自認非常好運。換言之，宇宙不同凡響的調配得宜特性不需更多解釋，因為它不再是幾乎不可能。如今它就是必然結果。這被稱作人擇原理。[11]

有人批評人擇原理是一種過度簡化的謬誤，改變了提問的問題。

[12] 就如梅爾（Stephen C. Meyer）所解釋的，哲學家萊斯里（John Leslie）曾針對擁護人擇原理的人說：

> （他們）專注在錯誤的重點現象上。他們認為，需要解釋（或辯解）的是，為什麼**我們會觀察到**一個和我們的存在相符的宇宙。這樣的觀察結果確實不意外。然而，需要解釋的應該是，一開始是什麼造成宇宙調配得宜，而不是我們後來為何會觀測到這樣的宇宙。[13]

　　換言之，對於我們活在一個可以維持生命的宇宙，我們或許真的不用太意外。我們能活在其中的宇宙就只有這一種。我們反而應該為自己（以及我們這個宇宙）居然能存在感到驚奇。「我們正在觀察我們的宇宙」的事實，並不會改變「我們的宇宙以現有調配得宜狀態存在的可能性低到驚人，以至於幾乎不可能」一事。不去相信不可能的事情是理智的。出於這個理由，梅爾（以及許多其他人）發現，有一名設計者便是唯一的合理解釋。

不可能發生的意外之必然性

　　重要的是，這問題（如梅爾所言）是一個起因的問題：「一開始是什麼造成宇宙調配得宜？」[14] 這是一個很好的問題，但「造成」這個用詞預設了宇宙是在**創造**之下調配得宜的（要不就是一名設計者、要不就是一種自然主義機制，要不就是某個我們還沒想到的東西所造成的）。這似乎是個合理的假設：如果我們的宇宙不是在「什麼」的造成之下調配得宜，

那它為什麼會調配得宜？我們每一個人就像宇宙一樣，都可以被視為一個極端不可能的事件。的確，可能存在的宇宙比可能存在的人類還要多上太多。儘管如此，平均每次射精裡都有約一・五億個精子（男性一生平均製造約五千億個精子）。[15] 女性生下來卵巢就有平均一到兩百萬個卵子，但其中只有大約四百個會在排卵期間釋出。（你父親一輩子製造的五千億個精子中）那個產生你的特定精子，遇上你母親（兩百萬選一的）那個卵子的機率有多大？

我們不能只算到你父親的一個精子在某一刻遇上你母親一個卵子的可能性，而排除掉所有其他的精卵。上溯至你祖父母、外公外婆、曾祖父母輩那八人、高祖父母輩那十六人，以及一代又一代直到（不論在何時的）最初，情況也全都是這樣。此外，這個例子還只提到受孕的可能性。那你的隨便哪個血親活到能繁衍後代的年紀且真能遇到與他一起繁衍後代的人的可能性又有多高？這還先沒談成功說服另一半從事這行動的可能性呢。

我們任何一個人生下來，早就是一個難以想像的不可能發生的事件，但那並不代表我們不可能存在。畢竟我們就在呀。如果你正讀著這段文字，那你想必是一個存在的人。[16] 在所有你本來可能成為的人當中，你是現在這個你的可能性幾乎是零。你之所以存在的首要近因，是你的父母孕育了你而你出生了──但這並非你之所以是現在這個特定版本的成因。我們並沒有要求解釋，你為什麼繼承的就是你現在的這份遺傳因子，或者你為什麼有你現在有的這些特質。你只可能是單一個人，也因此你只能擁有一套遺傳因子與特質。這沒有什麼神祕的。

如果我們假定宇宙只有一個（後面我們會進一步討論），那麼不管什麼樣的宇宙出現，都會是機會奇低到接近不可能的地步。這是第七章

描述的彩券謬誤的一種變體。在威力球彩券開獎之前，二・九二億組可能的號碼組合中，任一組都可能開出來；每一組都同樣地不可能。然而終究會開獎，而其中一組號碼（也只會有一組）終將成為中獎的號碼組。儘管任一組數字開出頭獎的機會都同等渺茫，但一組都開不出來的情況比那還要不可能。不論開出哪一組數字，都保證那一定是極不可能的事件，因此，當它出現時也不需要別的解釋。

如果宇宙真是偶然出現的呢？那我們這個宇宙有著現在這種調配得宜特性的可能性的確是微乎其微。然而，「不論存在的是哪一個宇宙，該宇宙都沒有調配得宜特性」的可能性是零。如果每個版本的宇宙都同等不太可能出現，那麼任何會存在（甚至能夠存在）的宇宙，也都將難以想像地不太可能存在。對那些一開始就禁止任何宇宙出現的常數來說，機率也是一樣。有鑑於此，我們這宇宙的調配得宜特性，就跟你不需解釋為什麼你有你現在這種人類特質一樣，也跟本週威力球中獎組合為什麼是某些號碼一樣——不需要任何解釋。

山壁上的雕刻和山腳下的瓦礫：
我們的日常經驗為什麼和我們的普世推測無關？

在在背後驅動微調論點的問題是，一個像我們這個宇宙這樣不可能出現的宇宙，怎麼可能不靠某個設計者的介入而產生？我們前面已經探索了一個概念：儘管我們這宇宙極其不可能出現，但任一種宇宙也同等地不可能出現。所以沒有什麼特別需要解釋的。我們這宇宙的不可能出現並不特別；這一點是必然的，而且任一個宇宙都有這種必然。

然而有些人認為，我們這宇宙的存在需要得到解釋。儘管每個宇宙可能都同等地不可能存在，但不是每個宇宙都有我們這宇宙所擁有的特性。當然，每個宇宙都會有一些該版本宇宙獨有的特性。所以，為什麼需要解釋我們這個宇宙的特性？

數學家兼哲學家鄧布斯基（William Dembski）利用現已成為經典的「花園擺石頭」例子，解釋了這個問題。

> 在某個情況下，石頭拼出了「英國鐵路歡迎您來到威爾斯」，在其他情況下，石頭看起來像是隨機散落。在兩種情況下，石頭精準排列都是十分不可能的事。確實，任何石頭排列都不過是幾近無限種可能排列中的一種。儘管如此，清楚拼出英語句子的那幾種石頭排列，構成了所有可能石頭排列中的極小部分。這一類排列之所以如此不可能，並非理所當然地與偶然相關。[17]

鄧布斯基接著明白承認，「所有東西都會遵守這種或那種模式──就連石頭的隨機排列也是如此。因此關鍵的問題是，某一種石頭的排列是不是遵守那種對的模式而排除掉了偶然？」但，怎麼會有「對」的那套模式和「錯」的那套模式？鄧布斯基解釋說，人能夠辨認出顯示背後有智慧的模式，並列出能這麼做的具體標準。[18]

梅爾藉由一個專談拉什莫爾山（Mount Rushmore）的比喻，解釋了鄧布斯基的立場。在美國南達科他州拉什莫爾山的一座山腰上，刻有四位美國總統的頭像。這座紀念碑是在美國非法奪走拉科塔（Lakota）族的土地之後，由四百位工人費盡十四年苦心雕刻而成。[19]梅爾指出：

你看著那座知名的山，很快就會認出上面刻劃的美國總統臉孔是智能活動的產物。為什麼？……山上的臉孔合乎極端不可能的結構，因為它們包含許多自然程序一般來說無法產生的細節特色。的確，風和侵蝕作用也有可能產生出可被辨認的華盛頓、傑弗遜、林肯和羅斯福的臉孔。……山腳下石頭的精準排列，也展現了一種極端不可能的排列方式，尤其考量到石塊落定的其他所有方式，那種排列就更不可能出現了。[20]

梅爾很正確提出的論點是，儘管山上的臉孔和山腳下的碎石都一樣是不可能出現的物質排列方式，但我們仍會把前者歸因於一個有智慧、有目的的源頭，而後者不會。為什麼我們會這麼做？梅爾解釋道：

答案就是有種特殊類型的模式在場……我們看到一個形狀或圖像**符合**我們從獨立經驗中得知的形狀或圖像，像是看見人臉甚至錢或歷史書上特定的總統臉孔……舉凡智慧行為者觀測到極不可能出現且符合獨立可辨識、或有意義圖樣的物體或事件時，就會辨認出智慧活動。山崖下的碎石堆並沒有形成這種模式，但山上的臉孔有。[21]

梅爾的主張相當正確，也該給那些主張應有的尊重。確實，他所描述的圖像辨識能力，在任何演化環境中都非常具適應力。如果有人在森林中閒逛，看到一個火坑和帳篷，就可以推斷有個人類待過那裡，可能還在附近，甚至可能就睡在帳篷裡。能夠判定一個智能何時曾經

在、或者仍然在，提供了極大的優勢，遠勝過沒能力預測他者在場的情況。

梅爾論點的一個基本成分在他的話語中非常明顯：「我們看到一個形狀或圖像**符合**我們從獨立經驗而得知的形狀或圖像。」該論點的問題點也在這裡。至少到目前為止，我們的經驗都是地球上智能行為者特性（或當他們不在時）的獨特產物。我們有很多關於「當沒人對山和碎石做什麼時，兩者往往會看起來怎樣」的經驗。同樣地，我們也有很多關於「智能行為者（在這個例子中是人類）做的石雕會長什麼樣」的經驗。

然而，我們必須自問，在「由設計者創造的大量不同宇宙，與不靠一名設計者而憑自然力量生成的大量宇宙相比較」方面，我們實際上擁有多少經驗？答案當然是什麼經驗都沒有──連一個宇宙都比不來，因為我們不知道我們自己的這個宇宙是怎麼起源的。我們的經驗和別種情況要有相關，完全要靠別種情況和我們體驗過的情況有類似特性才行。我們沒有任何根據能去猜想地球上石雕的打造規則和宇宙創造的規則相似，不論怎樣的根據都完全沒有。

如果我們沒有基於經驗的度量衡來指引我們如何評估狀況，那麼理論和理解就會有所幫助。然而在這裡的例子中，我們完全不瞭解宇宙誕生背後的（普遍）規則，而且我們顯然很難確定我們自己這宇宙的生成流程。我們甚至不知道我們這宇宙是不是**真的是**生成出來的。的確，我們的宇宙就在這裡，而對我們來說，我們該問它從何處來也是理所當然。但如果我們的宇宙就像眾多神學家和哲學家都相信的那樣，就只是永恆存在的話，會怎麼樣呢？

當然，這些都不是反對有一名設計者創造宇宙的證據；形式上那

還是有可能。光憑「在邏輯上不可能證明沒有一名設計者干涉」這件事，不會減低這樣一種解釋的可能性。然而本節開展的分析，確實去除了「基於機率的微調論點，所以得要援引一名設計者來解釋宇宙」的要求。所以，有一名設計者仍然是最有可能的解釋嗎？

儘管在宇宙誕生方面我們沒有任何經驗，但在「人類往往會錯誤感知不瞭解的事物」方面，我們確實經驗豐富。人類有一種很強的傾向，想要在無心之處看見有意的舉動。人類有一種「心智理論」，能藉由想像有各種智能存在於其實並未出現的自然環境中。[22] 我們能在不存在陰謀的地方感覺到陰謀，並夢想著隨機事件背後有著各式各樣的有意行為。我們也知道人類很容易就會錯誤地感知機率。我們不喜歡覺得事情是出於意外而發生，並認為發生之事背後一定有理由。這是人類美學與直覺的問題，而那往往可能是錯的。所以，如果我們專注於基於機率的爭論，那麼是哪種情況比較可能呢？是一個看不到的設計者創造了我們活在其中的宇宙，還是說，我們就像從古至今重覆過的那樣，就只是錯誤感知了機率，然後歸因於並不存在的智能成因？

多重宇宙假說

應該很清楚就能看出，調配得宜的爭辯是一個「解釋像我們這種極不可能出現的宇宙怎麼會出現」的奮鬥過程。如果宇宙是經由設計而來的，那麼這個問題就沒有神祕之處了。同樣地，如果我們錯誤感知了機率，那也沒什麼好解釋的。這個問題的第三個解答是：透過擴大分子來調整分數，好增加機率——藉由假想多重宇宙的存在，來達

到這一點。

多重宇宙假說正如其名，主張人類分析的是錯誤的分數——就很像第七章描述的彩券謬誤。這麼一來，我們這個機率小到不可思議的分數頂部（只有一個宇宙）就被擴大了。把這推到極端，如果所有可能的宇宙都存在，且任一宇宙都無法察覺其他宇宙的話，那麼每一種生命就都會認為自己的宇宙獨一無二，且不可思議地極不可能出現，儘管事實上每個宇宙都是確定會出現的。如果每種有可能穩定存在的宇宙真的都存在，那麼分子就等於分母，機會就是百分之百。然而，我們只能看見分數的一個版本（一個宇宙當作分子）。因此，情況看起來就像是我們活在一個十分不可能存在的宇宙裡。

很抱歉，我想要跟所有支持多重宇宙假說的人說，多重宇宙的存在是一個非常極端的主張。有什麼正當理由支持這樣一個見解？去假設多重宇宙的動機十分明顯；因為它提出另一種解釋來說明宇宙為何如此調配得宜。去假設一個沒觀測到的實體，以此來調和一種自相矛盾的情況，並不是什麼新鮮事。就連在最硬派的科學裡，這種事情也是天天在發生。科學家很擅長替觀測到的效應想像沒觀測到的成因，以此來推展新理論。此外，這些成因往往不是直接就能觀測到的，而它們的存在只能從它們造成的可觀測效應去推測。然而，至少在科學這邊，因為一個先前沒意識到的東西可解釋觀察結果的某些成分，就去主張它存在，這樣往往是不夠的；若要假設一個新實體存在，就必須產出一些可以檢驗的新預測才對。如果沒有觀測到那個預測結果，但其他條件都相等，就應該駁回假說——或者至少調整假說，來調和否定證據所造成的矛盾。

所以，有沒有一個我們能進行的實驗，能夠找出證據來駁斥或支

持多重宇宙的存在？許多物理學家相信這問題當前的答案是「沒有」。話雖如此，我們現在相信為真的許多理論，在第一次提出來時也沒辦法檢驗，原因包括當時還沒能理解該理論的完整含意，以及當時還不存在檢驗該理論的技術。科學的歷史會隨著理論成熟，並與其他理論融會貫通，再加上技術進展，有時就會產生可測試的預測。儘管如此，科學史的垃圾箱裡還是裝滿了從沒做出任何可測試預測、並因此被捨棄的理論。關於多重宇宙理論，時間會證明一切。然而這並不代表說，完全缺乏支持多重宇宙概念的證據。

有一種間接測試理論的方法，就是看看它是否和其他奠基於紮實觀察結果的理論融會貫通。舉例來說，大霹靂理論的某些理論結果預測了其他宇宙的存在，而從大霹靂理論產生的某些預測，最終有經檢驗而通過審查。大霹靂理論所預測的宇宙微波背景輻射（cosmic microwave background radiation），後來是由彭齊亞斯（Arno Penzias）和威爾遜（Robert Wilson）發現。確認偏誤在這個案例中很可能沒在運作，因為彭齊亞斯和威爾遜當時並不是在思考宇宙起源。他們當時是在貝爾實驗室（Bell Labs）忙著發明新的通訊系統，並拚了命想把背景訊號清除掉。他們後來發現沒辦法，因為背景訊號其實傳遍了整個宇宙。

多重宇宙是某幾個版本的大霹靂理論的其中一部分，而大霹靂理論經得起某些實證的審查。因此，多重宇宙是有牽連到某些實證上的支持。這是多重宇宙的證據嗎？是的，這算是一些證據，但不多，而且無疑是間接證據。或許更值得關注的事實，是大霹靂理論預測了這樣的多重宇宙實在太過遙遠，遠到我們始終沒觀測到，而它們甚至還正在以不可思議的高速離我們遠去。

因此，看起來不太可能直接檢驗多重宇宙假說。戴維斯（Paul

Davies）便是出於這個理由而表示「多重宇宙理論在科學和幻想邊界上盤旋」。[23] 許多科學家也是出於這個理由，不把多重宇宙假說看作是科學假說。因為它不能檢驗，所以它不是科學；然而，這完全不能證實它不是真的。相對地，它保證了永遠無法產生直接證據來反駁假說，但也無法產生支持它的直接證據，至少靠科學方法沒辦法。以同樣的尊重態度來看設計者假說，設計者假說也面臨一樣的困境。它解釋了我們觀測到的世界，但終究無法檢驗。因此，多重宇宙假說儘管有趣，卻還是一個針對調配得宜宇宙的不充分解釋。

你無法解釋每件事
所以宇宙一定有名設計者

我們不知道是否有規則掌管著宇宙的形成。我們只知道，我們的宇宙是唯一可能的宇宙。同樣地，我們也不知道唯二的兩個選項是不是「由設計者所創造」和「無外力而自發產生」。要留意到，當宇宙的調配得宜特性被當作設計者存在的論點時，其中的邏輯是若無其他的合理解釋，就必定有一名設計者——那是唯一僅剩的選項。這是一種十分有用且普遍的推理，被稱作「推至最佳解」（inference to the best explanation），或稱「溯因推理」。[24] 這種推理有個大缺點（即有限假說謬誤）：除非能限制可能解釋的數量，否則推至最佳解永遠不能保證一個解釋是對的——而限制宇宙可能理論的數量，是無憑無據的行動。

在無止盡的連串謀殺懸案中，傑出的偵探排除掉所有可能的嫌犯，只剩下一個必定有罪的嫌犯，如此抓到凶手。但現在來想像一樁

懸案，嫌犯人數有無限多。科學史到處都是「有限假說謬誤」，總是一而再再而三地發生。物理學家花了三百年爭辯，光究竟是波還是粒子——他們假定選項就只有這兩個。那些支持某一假說的人，往往會駁斥另一選項來證明自己這假說「為真」，這是因為他們支持的解釋會成為剩下的唯一選項。然而，除非選項就只有兩個，否則這套邏輯就行不通。我們目前對於光的最佳理解是，光既不是波也不是粒子，而是某種在我們尋常經驗中沒有對應譬喻的別種東西。兩個主要假說都不正確——答案是別種解釋。

無法證明設計者的存在，並不表示那不是正確解釋。「證據不存在」並非證明事情不存在的證據。同時，就算我們駁回了設計者以外的所有解釋，在邏輯上這也不會就支持設計者的存在，除非我們限制了可能解釋的數量——而我們沒有正當理由做這樣的限制。人類還沒想到的其他解釋有多少個？人類無力理解或設想的解釋有多少個？人類認知的極限並沒有限制宇宙的本質，只會限制我們能設想到哪邊。最後，就如本章已探索的，調配得宜宇宙的難題可能根本就不是難題——就只是人類對機率的錯誤感知。

最後，我覺得有件重要的事值得思考，那就是如果把本章呈現的所有論點整個打包帶走，然後承認宇宙實在是太不可能出現，以至於它不可能自行出現，那會代表什麼？照這樣的思路，必然會有一名設計者存在。接著就必須要問，那位設計者是從哪裡來的？設計者會不會也有一個把祂設計出來的設計者？如果是，那個設計者又是由誰設計出來的？回答這論點的常見說法是：設計者是永恆的，沒有開始、沒有結束，因此是始終存在。人們把「宇宙就這麼存在了，這種奇妙的事情是如此地不可能」置換成「設計者就這麼存在了，這種奇妙的

事情是如此地不可能」。就如保羅斯所解釋的，「如果某個實體非常複雜，且那樣的複雜性被認定是極端不可能從本身而起，那麼把實體難以出現的複雜性歸因於一個更複雜且更不可能出現的源頭，又解釋了什麼？」[25] 所以，就算我們能透過以機率為基礎的微調論點，去反駁宇宙單憑自身出現的說法，我們也不能就此認為「有名設計者存在」的解釋是正當的而把它當作更好的別種選擇──因為它同樣也困於「非常不可能發生」的難題。

總結

相信可能是真的的事物，且不理會非常不可能發生的事物，這是很合理的。的確，如果某個事物發生的可能性夠低，出於實用目的，可以視為完全不可能發生。在所有可能存在的宇宙中，我們這個宇宙會出現的機會，可說是難以想像地低。但我們不就在了嗎？在生命所有可能存在的方式中，生命會如此精細交織而調配得宜，並能對自身以及外在世界都如此適應的可能性，也是難以想像地低。如果有名設計者創造了宇宙以及其中的生命，那麼這些可能性就會變得比較高，甚至成為必然。然而，如果我們錯誤感知了機率，而且如果分數把自己調整到百分之百的話，這些可能性也會被變高，甚至成為必然。

在生命的調配得宜特性方面，天擇演化把分數調整到了百分之百──生命自我調配的本事一如水順應池子形狀的能力。如果水池的形狀改變，水也會順勢變成新形狀。至於宇宙的特性方面，我們可以假設多重宇宙，來把分數變成百分之百，但我們是否有多重宇宙的直接證據目前還不清楚（以後恐怕也未必有）。更有說服力的是，如果一種

生命形式有足夠的智慧去深思它所居住的宇宙，那麼它正活在一個可支持生命之穩定宇宙的機會就是百分之百。人擇原理是倖存者偏誤的一個例子，就如二戰返回基地的飛機那樣；而人擇原理把調配得宜的機率變成了百分之百。

最後，在關於宇宙調配得宜的物理性質方面，有什麼是需要解釋的，我們其實也不清楚。無論任一宇宙存在的可能性有多低，若是只有一個宇宙，那麼不管它是怎樣，那模樣都同樣地不可能出現。但這只是人對機率的錯誤感知。我們要談論的並不是宇宙有著「經過設計的模樣」，而是人對於「設計出來的宇宙該長什麼樣」毫無經驗，這就使得人類所見到的模樣不具有多大價值。

本章不是在爭論設計者存在與否，或是世界或生命是不是創造出來的。本章反而是在說明，微調論點基本上是一個關於機率的論點。於是，人類如何理解以及錯誤理解機率，便與這場爭辯十分相關。

第十章

硬科學

科學家利用特定的方法和途徑，來減少觀測自然世界時的錯誤，其中包括錯誤感知機率、比率和頻率而造成的錯誤。就如我們在第八章所探討的，這套方法和崇尚個人體驗的信仰體制相當不同。

當有人對教會會眾見證自己接觸上帝的個人體驗時，他們的體驗一般來說並不會接受統計分析來驗證是否只是偶然發生的事。那體驗如果太極端，或者太有別於該團體的靈性準則，一定會遭到懷疑甚至駁回。然而，這種經驗並不接受那些會補償人類觀測錯誤的方法之檢驗。我們通常不會看到一名天主教教士隨機把會眾分成兩組，其中一組給予有祝聖的聖體，而另一組給予安慰劑（也就是看起來跟聖體一樣但沒有祝聖的餅），以此測試聖餐儀式上感受到的恩惠是不是「真的」。

相較之下，科學方法的成熟，在減少機會效應及機率所造成的問題上已有很大進展。然而遺憾的是，這個問題還是隱約存在，並持續在預料不到的新領域冒出。

統計學作為一種工具來減輕機會效應問題

1900 年代初期，一群傑出的數學家開始開發統計工具，來評估兩個組別的差異有多大可能是反映了「真正的」差異，而非機會效應。隨著人們越來越瞭解機率理論，瞭解偶發事件實際上如何發生，也越瞭解「隨機」看起來如何有別於人們以為的那樣，上述條件一備齊，工具就開發出來了。[1]

舉例來說，想想看如果目前正在評估某種藥物治療某個疾病的效果，而有一批罹患該病的患者加入了一項研究，並被隨機分派到使用新藥或不使用的組別。如果藥有效，那麼有用藥的那組出現重病的情況，就應該比沒用藥的那組來得少。這樣的研究有各種可能的偏誤，而當代設計醫學試驗的方法，在（就算無法消除，至少也有）減輕這種偏誤方面已經發展成熟。

首先，患者會被「隨機化」分組，好讓兩組只有領的藥不同，此外其他各個變項都相同。再者，研究人員會進行分析來看隨機化的效果有多好，好比說評估這兩組在年齡、性別、族群背景和患病嚴重程度上有多類似。也會根據研究的疾病來檢查其他因素，好比說飲食、酒精攝取量、抽菸習慣、其他疾病、其他藥物服用，還有家族健康史。就算做了隨機化，我們還是偶爾（即便不是沒可能，但頂多就是偶爾）才能達到徹底相等；各組之間始終都會有些差異，就算只存在於不受控制的變項中，但注定就是會有。然而，我們的目標是要盡可能接近「兩組之間的唯一差異就只有用藥與否」。

沒有給藥的那組會得到「安慰劑」，理想狀態下那和受測試的藥無法區分。[2] 這是要確保用藥後的任何裨益，都不是出於病人光是知

道自己正在接受治療就感覺病情變好（這稱作「安慰劑效應」）。安慰劑效應是非常真實的東西：光靠它就可以有巨大的臨床價值——很遺憾地，許多人都把這種好處當作「不是真的」而不予理會。儘管如此，比對治療組和安慰劑組，就可以分離出不屬於安慰劑的效果並且加以評估。

理想的情況下，不論是提供醫療服務的人還是患者，都不知道哪一組在使用測試藥物、哪一組正在使用安慰劑（稱作雙盲研究）。這麼做，是為了避免參雜用藥外的無心差異（好比說，知情的醫療服務者在面對這組或那組時，舉止可能有異），也是要避免研究者或患者在面對或身處不同組別時，會以不同方式來詮釋疾病的徵兆、症狀和進展，而造成了確認偏誤。

當然，醫療的本質以及被研究之疾病的本質，都會讓研究更容易或更不容易受到這種偏誤的影響，也會讓研究更適合或更不適合用來減輕偏誤。

舉例來說，與可以透過客觀測試儀器來測量的結果（比如測量血液中的膽固醇數值）相比，設計用來減少罹患某種慢性病期間某種主觀症狀（比如疲憊或悲傷的感覺）的藥，就比較容易受偏誤所害。[3] 當然，如果是用活下來或死亡來比較急性創傷治療法的差異，詮釋結果時就不會面對那麼強的主觀性了。

在某些情況下，從技術或倫理觀點來看，安慰劑或加盲（譯注：對實驗進行者或受試者保密分組情況，以免因為知情而影響結果）都不可行。若要比較開心手術和藥物治療的差異，勢必沒辦法給醫生或患者加盲——因為醫師或患者都會知道誰做了開心手術而誰沒有做。[4] 然而，最佳實驗作法必定會視情況而盡可能達成隨機化、可對照且雙盲的研

究。

為了方便當前討論，我們就來假設正在執行完美的研究，而各組也進行了完美的隨機分組，只有治療方式是各組之間唯一的變項，而且絕對沒有任何偏誤。那樣的話，錯誤解讀研究結果的風險還可能在哪裡？還有問題的地方就會是真實世界的嘈雜——也就是可能會出現機會效應。然而，統計學這種強大的工具，能將機會效應的可能性加以量化。

在我們這個研究當中，我們就來假定結果為一年之後的存活或（因該疾病而）死亡。研究人員將一百個病患隨機打散，使其中五十人領到藥，而另外五十人領到的是安慰劑。拿到安慰劑的人中有二十人死了，至於拿到藥的人只有十人死亡。所以，儘管該藥不夠完美，但仍有效力——它在一年內造成死亡人數減少，沒錯吧？其實這問題的答案很明確，就是「或許吧」。但，為什麼呢？

這群患者，也具有能在任何人群中發現的普通變異性。也就是說，就算不做任何治療，每個人病情的嚴重程度也會不一樣。一年過去，有些人會死去，有些人會繼續活著。如果那種不管怎樣病情就是不會變得更嚴重的人，單純因為偶然，最終在有服藥組中較頻繁出現，那會造成什麼結果？結果會讓藥看起來彷彿有效，但其實沒有。問題並不在於拿到藥的那組是否真的有比較好的結果（我們前面已講好了會這樣），而是這個好結果真的是因為藥的關係嗎？錯把偶然的差異當成真正的效果，通常稱作「型一錯誤」（type I error）。

進階統計學的方法可以監控型一錯誤。在設計實驗時，將注意力放在「α 水準」上，也就是特定實驗設計中型一錯誤的頻率上。我們想設定 α 水準多高和多低都可以，並將這設定視為「什麼可接納為

『真的』結果而非偶然差異」的取捨點。換言之，就是研究者願意接受多高的「型一錯誤」產生率？

　　開門見山說出想設定的 α 水準，並遵守該水準，就能防範事實出現後的「移動球門柱謬誤」。先設下 α 水準，在研究完成後，就可以計算任一種觀測到的差異出於偶然的機率（稱作 p 值）。[5] 根據樣本大小、資料分布、資料點相互關連或獨立、研究設計，以及其他因素的差異，p 值可用眾多方法來計算。必須使用正確的方法，假定我們已經用了，那麼若 p 值小於 α，差異就稱作「統計顯著」；反之，研究結果就稱作「統計不顯著」。

　　統計學家往往會把藥物沒有效果的情況稱作「虛無假說」。如果藥物真的有效，那麼它的效果就不是「虛無」，也就可以「駁回虛無假說」。駁回虛無假說（不幸得用這種雙重否定語）只意味著有找出一些效果——換言之，因為**不是**無效，所以就有點效用。所以，如果採用 0.05 作為 α 值，那麼如果 p 值小於 0.05，我們就說結果「統計顯著」，並駁回虛無假說（代表藥有效）。如果 p 值大於 0.05，那麼結果就不是統計顯著，而我們就無法駁回虛無假說（也就是藥物並無效果）。像這樣使用簡單用語來讓一般大眾容易瞭解科學，應該還算不錯吧？簡單來說，如果 p 值小於 0.05，效果就視為真（$p \le 0.05$ 便是型一錯誤的機會低於 5%，或者低於二十次中一次）。

　　這個方法儘管強大卻有些武斷（好比說，我們別的數字不選，就選了 0.05）。雖然 0.05 是大部分領域的典型標準，但它其實仍是個「說了算」的數字，只不過是（大部分的）人們恰巧都同意。[6] 允許每二十次出一次錯，並不是什麼有根據的理由；然而，總得把某一點定為核准的取捨點，才能避免人們亂搬球門柱。統計學只能量化我們的不確定性，

不會消除它。

統計學也可以明白地告訴我們，需要做到多大規模的研究，才能把不確定性減少到某個程度。這稱作「檢定力分析」。基本上，若能知道一個效應要多大才會有意義（好比說，一種藥需促成多大程度的改善才值得服用），以及產生型一錯誤的可能性要到多高都還能接受，我們就可以決定一項研究需要多少實驗對象。當然，調查研究會消耗大量資源。我們可以要求非常低的 α 水準值，並把資源拿去開發型一錯誤較少但也因此種類少上許多的新療法。我們也可以反過來用有限資源來開發更多種療法，但接受較高的錯誤率。我們是在同一個天平上權衡「我們願意接受多高比率的錯誤」和「我們可以進行多少實驗和我們可以測試多少東西」——但在天平上最重要的，或許是「讓受試人類接受調查研究的風險」和「准許並非真正有效的藥物通過審核的風險」之間的道德權衡。[7]

一路篡到偏誤去

科學家使用起統計工具往往很有效率，但他們使用得卻不甚完美。人類在頻率和機率方面犯錯的傾向是如此強烈，以至於它甚至可以使訓練有素的科學家在無意間濫用統計學，而恰恰好就造成了統計學當初設計來減輕的那種錯誤。就如我們接著會探討的，支持科學及執行科學的方式鼓勵科學家這麼做。這並不是主張科學家是故意誤用統計學（儘管這的確偶爾會發生）。這邊想說的是科學家也是人，也受制於人類認知的瑕疵，好比說儘管努力排除但仍入侵科學研究的各種確認偏誤。

　　科學研究結果的主要流通方式是期刊發表。然而，期刊發表哪些內容是有選擇性的，對於作者有著嚴格的標準要求。提交的研究成果通常要接受「同儕審查」，也就是由其他科學家（可能是該領域專家）在這個過程中評估研究結果適不適合發表。接受發表的標準，包括研究結果推進該領域和貢獻知識的程度有多少，但或許更重要的是，期刊會徹底評估研究結果的科學嚴謹度。在同儕審查的判定中，觀測結果的 p 值是他們十分看重的一個科學嚴謹度尺標。0.05 的 p 值是目前所有研究的標準，從分子或細胞的基礎研究到整個動物生物學，再到新療法的人類臨床測試，全都是如此。

　　別人會依據科學家發表的論文數以及發表論文的期刊聲望，來嚴格審視科學家的專業程度。這能以多種方式影響科學家的生涯，包括研究撥款資助、薪資與晉升、在專業團體內的卓越度，以及在公眾論壇的發言機會。這代表了科學家飽受激勵而有強烈動機要讓研究結果為統計顯著（比如讓結果 p 值很低──不這樣的話，論文就沒辦法輕易發表）。

　　很遺憾但也可以預期地，嚴謹的工具在解決問題時也會製造問題──p 值變成了科學家渴望「求得」的東西，而不是用來評估機會效應的客觀工具。用史密斯（Gary Smith）的話來說，就是一個統計顯著的 p 值，成了「研究者盲目崇拜的怪異宗教」。[8] 期刊和科學家對 p 值的熱切強調，藉由多種不同機制，在好幾個層面製造出問題。

　　令人遺憾的現實是，p 值往往成了目標，而非當作測量實際目標（亦即就算無法減輕不確定性，至少能量化不確定性的那種高品質科學）的一個計量單位。這是所謂「坎貝爾定律」（Campbell's law）的一種體現方式，以描述這效應的心理學家坎貝爾（Donald T. Campbell）來命名。當首要目標從度量衡當初設計來測量的效果變成了度量衡本身，就會出現坎貝

爾定律。穆勒（Jerry Z. Muller）在他令人捧腹又充滿洞見的著作《度量衡暴政》（*Tyranny of Metrics*）中，深刻詳盡分析了坎貝爾定律的效應如何破壞科學進展。[9]

對目前討論而言極為重要的是，期刊往往發表低 p 值而非高 p 值研究結果的這種傾向，是對於頻率的錯誤描述；換言之，它是在改變分數，因為科學圈沒能留意到執行了多少研究（分母）。讓我們來想想一個情況，世界各地有二十位科學家為了檢驗同一個假說，個別進行了相似的研究（好比說，感染某病毒〔姑且稱病毒 X〕和關節炎有關）。如果這假說正確（且其他條件都相同），那麼我們應該可以觀察到，有關節炎的那組出現了比沒關節炎那組更高比率的病毒 X 感染。在此，我們先假設該假說不正確，也就是病毒 X 和關節炎之間不存在這樣的關聯。那麼，若是單憑偶然，二十個研究者中可能會有一人發現，病毒 X 的量在患有關節炎的人身上比沒有關節炎的人高，其 p 值等於或小於 0.05。

如果每個研究者都提交了研究結果發表，低 p 值的那份研究獲發表的機會將比其他研究高上許多。這稱作「發表偏誤」，這是科學的嚴重問題，造成的損害恐怕比人們普遍意識到的還嚴重。重要的應該是，根據資料的品質、方法的嚴謹程度或詮釋的有效性，來判斷一份報告而不是根據發表偏誤。同儕審查是面對科學知識主張、不可或缺的品質守門人，若沒能在發表前以高標準來要求科學家，那就是瀆職。然而，就算先講好所有被評估的論文都是百分之百的嚴謹，且都是執行到完美的科學研究，發表偏誤還是依然存在。假設是這種情況，那我們就會在研究結果的統計顯著上出現偏誤。

所以，這有什麼傷害？科學期刊幹麼要刊登「無顯著」的研究結

果，專注在顯著上難道不是更好？我們得注意「顯著」（significant）這個詞[1]的意義。我們不是在談期刊發表哪件事才要緊；沒有人會因為期刊偏好發表「新抗癌藥有效」勝過「斯堪地那維亞麝鼠是否可以嘗出巴西橡膠樹樹皮萃取物的味道」而去指責期刊。我們這邊談的是「使用同樣方法、有同樣嚴謹度、問著同樣問題」的個別研究——但偏偏其中一個研究就是有低於 0.05 的 p 值，而其他的沒有。顯著這個詞的意思就只是「統計顯著」。

優先發表「統計顯著」的研究而把不顯著的往後排，讓期刊選擇性地發表「肯定」並證實假說的研究結果。與此同時，那些發表「否定」研究結果，即駁回一個假說的研究結果，則會嚴重遭到忽視。駁回假說就跟支持假說一樣有用，甚至可以說比支持還有用太多，因為它的演繹邏輯效用較大。然而，駁回假說的研究結果（好比說發現沒效果）往往遭到忽視。此外，一旦發表了某篇發現一個統計顯著差別的論文，就算接下來的追蹤研究顯示沒差別，該追蹤研究就算不至於完全無法在同一等級的期刊上發表，一般來說恐怕也很難發表。同樣重要的是，自己的研究 p 值高過 0.05（統計不顯著）且知道有這層發表障礙的研究者，可能根本不會花時間去寫論文提交（這稱作「檔案抽屜效應」）。

因此，發表偏誤使人無從得知該研究做了多少次。如果只做一次研究並得到一個低於 0.05 的 p 值，那就是合理顯著。然而，若做了二十次研究，且在二十次研究中只得到一次低於 0.05 的 p 值，那麼這就是當觀測到的效應並非真實時，預測中單憑偶然會出現的結果。

1　譯注：這個詞也指「重要」。

令人遺憾的是，因為發表偏誤以及檔案抽屜效應，某個領域可能做了二十次研究，但只提報 p 值低於 0.05 的那個例子，使得該領域看不見其他十九次試驗。比較常見的情況是，其中一些否定研究會發表，儘管是發表在聲望較低的期刊上。這樣低報的情形，還是會誇大肯定研究的顯著性；換言之，忽視了分數的分母。不幸的是，發表偏誤和檔案抽屜效應所造成的問題，正是當初設計 p 值企圖減輕的那問題。

科學的強大力量之一，就是它終究能自我修正；就算錯誤真的發生，也不會生生不息。然而，這靠的是持續研究；如果沒人去研究錯誤，就不能修正錯誤。科學家一旦知道存在發表偏誤會去偏袒新的肯定結果，就比較不會花力氣去重測一份顯示具相關性的報告——因為如果他們的研究發現同樣結果，那就只是「跟風」科學；反之，若他們發現了相反結果，發表偏誤又會對他們不利。不論是哪種情況，他們的研究生涯和研究資源，都有可能因為下了這番工夫反而變得更差。因此，發表偏誤不只讓該領域看不到研究執行次數而已，它有時也會阻止人們進行追蹤研究。結果是不只是忽視分母，而是根本**不讓**分母存在。

令人遺憾的是，這問題的深刻影響遠超過發表偏誤的直接效應。有人主張，p 值小於 0.05 的這個取捨點，導致了方法論的改變；而這個改變導致了科學受到大規模扭曲。當科學家評估一組來自多種角度的資料、尋找 p 值小於 0.05 的關聯性時，就會發生這種扭曲。這有哪邊不對呢？開挖資料來尋找顯著關係性不是必要的嗎？對，p 值的目的正是讓科學能做那件事。然而，實際發生的事卻是科學家到頭來在分析資料，並在事後（或在研究已開始進行後）改變研究設計，目標在於尋找低 p 值的狀況。這就像是牆上有一個大螢幕，即時顯示了 p 值的

演變情況，而科學家一邊盯著螢幕一邊玩弄研究設計。舉凡能讓 p 值下去的東西，他們就會關心；舉凡會讓 p 值上去的東西，他們就忽視。

這麼做會造成的問題，可以形容為研究者擁有太多「自由度」，好比說要收集多少資料、排除哪些資料、哪些狀況應該結合起來，以及事物該如何互相比對等等。換言之，研究者追求一個狀況，在此狀況下算出的 p 值能掉到夢寐以求的 0.05 門檻以下。這種過程的電腦模擬，證實了只要有四個不同的自由度（在這個例子中是，可在兩個不同的應變數中選一個、若起初的結果不顯著就增加更多觀測、切換受試者性別的這條件，以及把上述三個條件排除一個或把三個合併起來），偽陽性率（即型一錯誤）就會飆升至 61%。[10] 這個例子固然有點牽強且無疑是人工製造的，但很有效地說明了要點。

這怎麼會是一種對分數的錯誤感知？這就類似於彩券謬誤，以及我們先前討論過的新時代信仰和占卜（第七章和第八章），又是一個把合計分數的分子加大的案例。p 值的測定，與評估數量有限（或在某些情況下是單一個）的假說有關。我們調整許多不同的因素、尋找一個低於 0.05 的 p 值，藉此大幅增加被研究的情況數量，並有效檢驗許多不同的假說。它不像是進行單一個實驗並找出某個只在每二十次偶然發生一次（p=0.05）的東西；而是進行二十個實驗，並找出某個單憑偶然而在二十次中發生一次的東西，然後就只通報有發生的那一個實驗。很明顯地，61% 的錯誤率和普遍接受的 5% 的錯誤率有著天壤之別。這讓統計顯著的整個概念有了非常不一樣的解釋，而且不是一個我們會稱許的解釋。

這些研究傾向被稱作「資料挖掘」（data dredging）、「p 值篡改」（p-hacking）以及「通貨膨脹偏誤」（inflation bias），而且除了先前舉出

的形式外，還有更多種形式，像是：選擇性報導、分析時把離群值排除、研究到中途時查看資料來決定要不要繼續，或者就一直收集資料到發現統計顯著結果便停下來，而不是按照事先預定的資料量做下去。[11]

出於安全和倫理上的原因，研究者可能得在研究途中去觀察資料。從不同角度去觀察資料和用不同方式去分析資料，都是不可或缺的；這麼做，也許會發現什麼新東西。在某些情況下，科學家有充分理由移除某些資料離群值；發展成熟的實驗和統計方法容許這樣的手法，且會考慮到進行的程序。但若隨著研究進行，需觀看資料來維護患者安全，為避免這樣一來可能會引入偏誤，會由一個獨立於執行研究者之外的特殊「資料安全監控委員會」來觀看資料。如果資料要從多個角度來分析，那麼，就需要使用為了多重觀測來調整 p 值計算的特定統計測試。當研究者使用不適合他們科學活動的統計學方法來計算 p 值時，就會出現問題。

儘管科學並不完美，但如果不會自我修正，就什麼都不是了。有幾種特定方法能評定 p 值篡改的程度。但願這類方法的使用，未來能成為科學實作的規範，並協助處理這類問題。[12] 然而就目前而言，有人主張 p 值篡改和其相關活動實在太過普遍，以致嚴重降低了「顯著」科學研究結果的可靠度。自 2011 年起，一個本來不太可能產出科學報告的來源，開始產出結果。生技公司為了尋找新藥的開發目標，飢渴地閱讀基礎科學的論文。一旦察覺到有興趣的東西，公司內的科學家就會重覆進行已發表的研究，來看看能否在自己的實驗室觀察到一樣的結果。

貝格利博士（C. Glenn Begley）在一間叫做安進（Amgen）的公司（新

藥開發界的競爭要角）帶頭進行抗癌新藥開發。貝格利博士發表了安進十年來的經驗，辨識出五十三種用於藥物開發的生物系統。當他們在自己的實驗室重複已發表實驗時，其中只有六個實驗結果跟已發表的結果一樣。如今其他公司也報告了類似的經驗。這導致人們認知到了所謂的「再現危機」——即已發表的科學主張有著無法讓人接受的高錯誤率，浪費了大量時間資源，並且阻礙了科學進展。哈里斯（Richard Harris）在充滿啟發性的著作《死後僵直：草率科學如何創造沒價值的藥物、粉碎希望，還浪費幾十億元》（*Rigor Mortis: How Sloppy Science Creates Worthless Cures, Crushes Hope, and Wastes Billions*）中提供了連串案例，談論發表偏誤、檔案抽屜效應、p 值篡改以及相關活動如何導致生物科學充斥著錯誤（這還沒提到他點出的更多更多錯誤根源）。[13] 身為實作科學家，我（十分遺憾地）承認這些批評很正當、依據充分且需要處理。幸運的是，一些傑出學者和組織專門在嘗試解決這些問題。但除非實作科學家放下情感防衛並誠實地面對問題，否則那些人也解決不了問題。此外，整個學術研究事業文化以及連帶的鼓勵架構都必須改變，當然這會是個重擔，但這任務的難度並沒有減低它打從根本的重要性。[14]

　　不正確論文出現的頻率高到令人注目，但這個發現也需要進一步分析。諷刺的是，用來檢測「扭曲資料的科學論文」的那套程序，也可能發生同一類的資料扭曲。在人們發表的幾百萬論文中，貝格利與研究團隊特別檢驗了上述那五十三個生物學系統，原因是那些研究提出了新穎或令人興奮的研究結果。可以合理預測，影響力高的論文會發生較多的資料挖掘，因為發表那樣的研究結果有著強烈的專業誘因。所以，若因此就宣稱大部分發表的研究都不正確，可能有欠思量；的確，甚至有點荒唐。評估這個研究的人，可能就是出於最初造成問

213

題的同一套流程（也就是忽視那些同樣重要但沒那麼聳人聽聞的論文）而高估了這種問題的普遍程度。情況仍有可能是，發表在影響力最高期刊的那些極創新的「突破」科學，大部分是不正確的。這不是在指控高影響力的期刊；這些刊物的同儕審查是全世界最嚴謹的。然而，他們也只能審查他們收到的資訊。

別忘了，科學是在資源不幸有限的脈絡下的一種權衡行為。就算沒有 p 值篡改或檔案抽屜效應，且如果所有的統計方法時時都應用得當，也還是會有一個問題；就來想想一種極端情況——要把百分之百的研究資源拿去重複先前的研究，來找出不正確的研究結果。研究撥款補助單位只能支持那些設計來重新評估先前主張的提案，作法可以是成立新期刊，專門刊登複製過往科學研究的論文（好比說《重複再測試期刊》）。如果情況是這樣，只要重複研究能妥當執行的話，那麼耐久錯誤出現的比率幾乎一定會降低。知識主張的品質能夠有所進展，或許還會有些意外發現，但新知識基本上會停止生產。

我們也可以反過來把百分之百的資源投入全新的革新研究，完全不支持重新檢驗或重新思考先前的觀測結果。這會導致知識主張在草率中開展，充滿了錯誤而又沒能力隨時間修正錯誤，且會導致科學理論的發展奠基於太多有瑕疵而錯誤的前提，多到讓研究結果基本上沒什麼用。

許多人覺得目前的科學資源實在太偏重於新發現，在嚴謹度方面則不夠重視。科學家諾賽克（Brian Nosek）是開放科學中心（Center for Open Science）的創辦人，該中心專門重複進行已發表的研究，來看看結果是否仍然有效，但往往沒有。是他率先承認「無法從這項工作得知任一份論文是真是假。不論是原始研究、還是複製研究都可能有瑕疵，

或者也有可能沒留意到這兩個實驗的關鍵差異」。[15] 然而，他的論點是，幾乎沒有資源投注於評估可重複性。重複已發表的實驗是科學不可或缺的部分，但重複實驗通常是打算從起初研究結果開展新工作時才會做的事，不會當作研究的首要焦點。但就算只是出於研究的興味而投注少許資源來評估可重複性，也會帶來很大的好處。

誤判分子的新變體：大數據時代

先進的工具、計算能力以及數據資訊學（data informatics），改變了人們觀測自然及執行科學的方法。我們在第五章討論了大數據用於執法可能強化偏誤的問題。有個相似的問題，也會因為科學研究的大數據方法而存在。就讓我們設想一個情況，一名研究者試著瞭解為什麼有些人會得關節炎而別人不會。因此，科學家試圖尋找那種在關節炎患者血液中較普遍存在的代謝產物（微小的化學物質）。這種想法在科學研究中無所不在：與某個病狀相關的任何東西，都有可能和疾病的一個成因或效果有所關聯。[16]

在早些日子裡（當我還是個年輕科學家且還沒有大數據的時候），科學家可能會假設某種代謝產物牽涉其中，然後去檢驗一群關節炎患者和一群非關節炎患者身上的該代謝產物量，以此進行比對。他們會研究兩組的代謝產物量，並會計算出一個 p 值，用來評估觀測到的任何差異有多大可能只是偶然。他們通常會同時測試一整組不同的代謝產物，而那有可能會造成一個統計上的顧慮。如果評估二十種不同的代謝產物，那麼就算所有的代謝產物其實都與關節炎無關，但是單憑偶然，也還是會發現其中一種代謝物質，在有關節炎的人身上出現的頻

率高過沒關節炎的人（p 值小於 0.05）。這稱作「多重比較問題」，也有專門的統計方法來計算把多重比較考慮進去的 p 值。一如往常地，必須用正確的算式算出 p 值。

在大數據的當代背景下，同時接受評估的事物數量整個爆發。舉例來說，有種叫做「質譜儀」的新工具，可同時將每一個測試樣本中幾萬種不同的代謝產物加以量化。接著，先進的電腦演算法會分析大量資料，專程找出最大或最顯著的相關性。所以，套用到先前案例，我們可以測試幾萬個不同的代謝產物，來看它們和關節炎有沒有相關性，而那等於是一次同時檢驗幾萬個假說。

出於數學上的簡便性，我們就假定科學家正好測試了一萬種代謝產物。如果利用一個不適用於多重比對的簡單 p 值算法，那麼就算任何代謝產物跟關節炎都沒有「真正的」潛在關聯，單憑偶然也應該還是會有五百個代謝產物（也就是二十個裡面會有一個）出現統計顯著關係性，而 p 值小於 0.05。[17] 這基本上和前面幾節討論的是同一種錯誤，只留意到命中而忽視沒中，也就是跟透視者讓自己彷彿能讀心的技法沒什麼兩樣。分析太多化學成分，其實就像是現場表演的特異功能者整個職涯都在許多人面前猜墓園小丑那樣。單憑偶然，也會有某個人承認那個猜測是有意義的。

同時評估許多事物並不是問題重點。多作觀測是件好事，而且大幅擴大了科學觀測自然的能力。但如果是用當初設計來評估單一假說的統計方法去分析一萬個假說，問題就來了。我們可以只專注於那五百種有關聯性的代謝產物，並把每一樣以不同的論文發表，就彷彿那種代謝產物是實驗唯一測試過的東西，而顯示出低於 0.05 的 p 值。這會讓文獻充斥著假發現，同時替涉入其中的研究者建立龐大的科學

產能。以上是一個為了揭露問題點而專程設計的理論範例（我沒聽說真有發生過那麼不尋常的事）。然而，這種問題確實會以不那麼極端的模樣發生。在某些情況下，用來處理大數據的統計方法，落後於讓大數據得以產出的那種技術躍進。或許問題點更有可能是，在大數據出現之前就訓練出來的科學家，面對不再適用的統計方法時比較熟悉自在，並且在發表之前並沒有向專業統計學家諮詢。

我們有一些好方法來處理大數據問題。統計理論正持續演變，也正在持續修改顯著性的檢驗方式來處理大數據。此外，在以大數據發現為基礎的實驗結束後，應該要精準執行那些專注於（源自大數據的）單一假說的追蹤研究，來查明有沒有發生型一錯誤。雖然大數據平台很複雜，但基本問題卻很簡單。人類錯誤理解了比率和頻率。就算我們設法用當前的方法來馴服這個錯誤（而這確實是個很樂觀的目標），隨著觀測科技和觀測方法日益進展，我們始終還是要提高警覺，去留意同一種錯誤。

科學家和科學圈所犯的確認偏誤

科學史同時充滿智慧的偉大成就與不光彩的災難。錯誤感知頻率可在後面這塊起重要作用，而我們已探討了一些促成錯誤感知的制度面理由。然而，就算沒有制度面的誘因，個別科學家和整個科學家群體也很容易犯這種錯誤。就如第一部所探討的，人類本質上就有這種傾向，而科學家也是人。專業科學家不需要有人在後面催促，也能很有效率地犯下這種錯。的確，儘管科學會專注於自我修正的懷疑思考，但錯誤感知頻率以及緊接著強化錯誤的確認偏誤，還是持續在科學實

作中重複發生。

　　許多由一名（或幾名）先鋒科學家所做的不牢靠（但讓人非常興奮）觀察例子，接著很快就虎頭蛇尾地結束，因為沒有人可以重複其研究結果。在某些案例中，領域內的眾多科學家重複了研究結果，於是一整個學術事業領域瞬間爆發性成長，但因為整群人都在共同確認偏誤中相輔相成，所以幾年後這個領域就會崩盤。

　　在備受矚目的案例中，要等到人們搞清楚發生了什麼事，後續的激烈反應才有可能非常顯著。在極端的案例中，接著可能會有來自期刊、資助單位甚至政府的質問，試圖診斷為什麼大筆資源會浪費在失敗的工作上。這種情況會讓人們對整個實作科學產生更廣泛的疑問。科學家和他們研究工作背後的企業有多可信？這些問題和顧慮個個都適切妥當。所有的實作都要接受檢驗審查，科學當然也應該如此，一方面因為檢驗審查是科學價值觀的一部分，也因為寶貴的資源和許多人的性命都可說是命懸一線。然而，也得相當謹慎小心做到正確而仔細的審查，以確保在此運用的審查標準是出於瞭解科學探索本質的立場，而不是試圖透過誤導的批評，來惡意破壞我們試圖推動的作法。

　　科學革新通常都與使用先進控制儀器的極專門技術攜手前行，而且它必須要在特定條件下執行。如果一個科學家試圖重複別人的某個研究結果，但只有一個條件不對的話，該現象恐怕還是不會發生。在這種情況下，可能有一種強烈的實作不對稱性在運作。就來想想你的汽車引擎的所有運轉部位。就算只有一個部位失效，車也無法運作，但那並不代表你鄰居的車也跑不動。先進科學裝置和實驗系統的情況有可能幾乎一樣。因此，當科學家試圖在自己的實驗室重現某個系統、但該系統無法運作時，他不能在沒有認真一一調查眾多必要運轉部位

的情況下，就直接歸因於原本的描述不成立。正在發現新事物的科學家在進行更複雜（且不像車）的先進研究時，可能不會徹底意識到系統中所有必要不可或缺的成分。情況也有可能是，正在發現新事物的科學家陷入了我們討論的那幾種偏誤和陷阱中，且那項新發現打從一開始就連聲稱觀測到結果的科學家來做都行不通，使得它無法在別處重現。

在最美好的情況下，如果某人無法重現據稱的研究結果，他就會聯絡發現該結果的科學家。在那種情況下，接下來會有溫和而互相合作的討論，當初發現該結果的科學家，會很有禮貌地邀請無法重現結果的科學家造訪做出發現的實驗室，並讓他看過該現象以及執行研究的方法。讀者們應該可以想像到，這種情況恐怕不會像理想中那麼常發生。不論好壞，科學都有著強烈的競爭性，而研究者不會輕易開放實驗室向競爭者揭密。然而，確實會出現親切的分享行為，有時還真的有個「關鍵祕訣」是後面那位科學家偏偏沒納進去的。像這樣不藏私地透露作法可以是件美事，因為這有助於辨認出一個關鍵變項並為涉入其中的背後機制提供洞見。另一種情況是，有時把新科學家邀來之後，那個研究結果到頭來就是不出現，而當初的結果其實是錯誤加上後來的確認偏誤。有時，甚至是前者整個在詐欺（如偽造資料），但這似乎是個例外，不屬於規則；正所謂「能解釋為愚蠢的就不要解釋為惡意」。[18] 不過，這裡的情況也不必說是「愚蠢」，而是無所不在的人類錯誤根源，恐怕是極其不可能擺脫的。

葛拉澤（Walter Gratzer）在他迷人的著作《科學的發育不全：錯覺、自我欺騙及人的脆弱》（*The Undergrowth of Science: Delusion, Self-deception, and Human Frailty*）中，描述了好幾個歷史上的案例。在那些例子中，科學

家（或整個科學圈）還真的掉進了一個錯誤觀察的兔子洞，[2] 然後確認偏誤讓困惑生生不息。他選的例子包括偵測到一種新的放射能來源（N射線）、吃下學會某件事的動物遺體就能轉移其記憶、水可以形成高分子長鏈以及冷核融合。然而，事後諸葛笑別人是很容易的。以前科學家怎麼可能相信那麼異想天開的事？在科學的最前線，有些東西就算違背了常識和普遍經驗，到頭來卻是真的。倫琴（Wilhelm Roentgen）聲稱有看不見的 X 射線能穿透固體，馬克士威（James Maxwell）聲稱有看不見的電磁場，普朗克（Max Planck）主張能源只能是不可再切分的一個個小單位，而愛因斯坦聲稱光線在大重力天體周圍會彎曲。這些奇幻想法第一次提出來時都有點奇異，但目前都被視為自然世界的種種事實。

總結

　　科學在方法論及實作方面的規範，特別會考慮到錯把機會效應當作真正現象的問題，因此設立實驗設計，來讓干擾因素和偏誤降到最低；事後資料分析使用了統計方法，來將產生錯誤的可能性準確量化。這讓科學家能表示自己對任一個觀測結果和結論有多大信心。隨著人們日漸理解錯誤的根源為何，實驗方法和統計分析都變得更加嚴謹。然而，儘管下了這麼多工夫，還是存在著幾種特定的錯誤根源。

　　用於專業科學家的激勵架構讓他們飽受壓力，得去生產那些得出低 p 值現象或效應的研究。發表偏誤及其後導致的檔案抽屜效應，阻

2　譯注：典故出自《愛麗絲夢遊仙境》。

止那些表示沒有現象或沒有效應的否定研究對外發表。這也改變了某些研究得以執行的頻率。處在「不發表就完蛋」的環境中的巨大壓力，讓一些科學家會從事能產出最頂尖不確定性（p 值）的作法，而那基本上沒有意義。當這樣的情況持續發生時，獲發表科學研究的品質，以及我們對它應有的信心，都會不斷下滑。

人們不是有意要讓發表的科學研究之統計嚴謹度降低；他們都是受到人類傾向所害的人類科學家。就如科學已做了幾百年的做法是那樣，辨識出問題就會改變方法論和規範來處理問題。一個多世紀以前，人們發明了 p 值來減輕觀察的錯誤；而如今，需要設計新方法並加以施行，以協助減輕使用 p 值所造成的錯誤。科學是種一做再做且會自我修正的程序，不只觀察時如此，觀察結果的報告方式，以及觀察結果的追蹤研究方式，也都是如此。目前能用來探索自然的方法中，科學依然是最成功的，讓人們更能預測事物並加以控制，但科學並不完美。辨認出先前未重視的新錯誤根源，然後解決這些根源，是科學事業永無止盡的任務。這個任務還在持續進行中，其中就包括了科學如何看待機率以及處理機率。

誤判的總和

第三部

我們能否逆轉錯誤感知，
且我們有必要試嗎？

第十一章

錯誤感知機率如何帶來好處

將感官輸入過濾到只剩下世界所呈現事物的一小部分，在第二章已經有所描述。這聽起來很好解釋，因為處理世上所有資訊的計算工作實在太過龐大。但為什麼我們會有偏誤和不正確的推理？這樣的錯誤能有什麼好處？而如果沒有的話，我們為何要演化出它們？這些問題揭露了一個潛藏在本書背景中的矛盾。如果人類思考真的如此充滿瑕疵，那我們要怎麼解釋人類解決自然世界種種難題、並發展先進技術及能力的這些持續而耀眼的成功？本章會探討上述明顯矛盾的解答。但我們必須先思考，在天擇演化的脈絡下，有適應力意味著什麼？

淨效應決定了演化中的適應力

　　人類為何演化成會錯誤感知世界的那種打從根本就不理性的生物？認知心理學家會不會搞錯了？如果沒搞錯的話，那這是不是違反了天擇演化的原則？另一種可能是，或許演化論就是不正確。[1] 其實，

在特定情況下，觀察能力差勁且推理有缺陷的人類能夠大量繁衍並不牴觸演化論。矛盾的表象一方面起於人們誤解了天擇演化，也起於人們誤解了感知推理能力差勁的意義。

我們可以把演化論過度簡化成一個看來不證自明的數學陳述：簡單來說，不管是什麼東西，產出自己更多的，數量就是會比較多。[2] 演化並沒有根據什麼哲學概念上的理性來運作，就只是靠著活下來並成功複製自己的後代數量而有效。如果一個特質同時造成了笨到可怕的生物以及生殖更加成功，那麼這個群體就會隨時間變得更笨。演化和人類的幸福概念無關，除非要談的是幸福影響了那些會影響成功繁殖的行為。特質就只是特質，本身不帶有適應性；它有沒有適應力要看環境。

如果環境讓準確感知世界、能做出無偏誤有邏輯推理的生命產出更多可存活的後代，那麼這種認知就比較能演化。如果環境讓錯誤感知、笨手笨腳又愚蠢偏誤的生命產生更多後代，那麼這種認知就會比較受到青睞。人類的認知並沒有演化成會產生「如實正確的觀測」或「有邏輯的結論」；人類認知的演化基礎，反而是什麼給予了最大的演化優勢，並因此讓人產生最大數量的可生存人類。

別忘了，就成功繁殖而言，目前的人類認知並不是可能範圍內最佳版本的人類認知。人類認知反而是天擇可以起作用的基因多樣性裡、所能取得的最佳可繼承版本的人類認知。天擇並不一定會產生可能範圍內的最佳適應變化；它產生的是一開始就有效且始終不斷進展的那種適應變化。

但人類成功蔓延到全世界，不就十分倚重我們透過推理解決問題的能力嗎？我們要如何將我們解決問題、產生新的理解，以及開發先

進技術的能力，和「人類認知會徹徹底底搞錯情況」的主張相互調和？我們似乎是住在一個由規則掌管的世界裡，那麼最有適應力的應該就是能弄清楚規矩的認知特質吧？給了我們最大繁衍優勢的，應該是能讓人最正確理解真實世界的推理思考吧？有瑕疵的觀察和不合邏輯的推理很有可能適於產生後代，但我們很難去主張，有瑕疵的認知會讓我們發展出受自然真實規則所約束的先進技術。

　　人們針對這個明顯矛盾提出了幾個答案。我們顯然不是在認知心理學實驗室裡，依照「測試中表現最佳的送去加勒比海浪漫遊，可免費暢飲美酒也沒有生育控制；而認知測試表現差的就不讓他們繁殖」的這套選擇繁殖計畫演化而來的。我們是經演化而能處理特定幾類推理任務，從而解決我們在自然環境中的某些特殊問題。或許認知心理學家在檢測的錯誤，其實是心理學實驗室受控條件下體現的「錯誤」，而非我們在自然環境中的錯誤。儘管如此，許多學者持續把推理看作是一種適應力強大的通用能力，可用於所有問題，而以一種「獨立於內容之外」的方式演化出來。照這樣來看，我們在認知心理學實驗室和外在世界的表現應該都要很好才對；也因此，我們面對特定工作時表現差勁，就還是一個令人困惑的矛盾。[3]

　　另一個解釋是，人類真的相當有邏輯，進行推理也相當正確，但如果我們推理時存在著競爭誘因，就會得出不合邏輯的結果。這稱作「有動機推理」，也就是我們會為了一個有利於自己而別有用心的動機，去推翻本來合乎邏輯的部分推理，所以它還是與演化論有所關聯。[4]

　　還有第三個解釋。一個特質即便同時有優劣勢，只要加減下來仍有淨利益，就還是能通過天擇存續下去。演化優勢想必是淨正面的結

果，並不需要面面俱到。導致更多幼兒死亡的繁殖策略，並不一定就是適應不良而會被演化給捨棄。

就來想想一個物種。每一對繁殖的動物都產生了十個後代，有著百分之百的成功率（亦即所有後代都能生存到成年並繁衍）。現在來想想某種變異，它讓每一對繁衍的動物產生了二十個後代，但只有 75% 的成功率（也就是有 25% 的後代會在成年前死去）。第一種策略會讓每一對繁殖的動物產生十個能生長發育的後代。第二種策略則會讓每一對繁殖的動物產生十五個能生長發育的後代，儘管死掉的後代也比較多。雖然第二種的幼兒存活率較低，但天擇會選擇第二種策略而非第一種。會發生這種事，是因為它即便造成了較多的死亡，但也會產生絕對數量較大的成功生存後代。目前的人類推理思考只需演化到能產生淨利益就好，並不需要完美無瑕。

我們也該考慮到，一個特質會因為在某些情況下有優勢而在其他情況下有劣勢，從而提供了淨利益。就想想人類的腎臟和血容量調節；如果一個人的血壓下降，腎臟感覺到這變化，便會保留住液體（亦即產生較少的尿液），因此會送出導致血管收縮的訊號。腎臟之所以這麼做，是因為血壓下降的最普遍因素是脫水或失血，在這兩種情況下，腎臟如此反應都有幫助——它透過保住液體和縮緊血管直徑，來維持住血壓。

發生鬱血性心臟衰竭（congestive heart failure，CHF）時，心臟會逐漸失去輸送血的能力。這會導致血壓下降，但不是像脫水或失血那樣失去血容量，而是因為心臟無法抽送血液。而腎臟生來就有能力透過保留液體和促使血管收縮來回應血壓降低，以對應脫水和失血的狀況。然而，在鬱血性心臟衰竭的場合中，腎臟的這些行動增加了心衰抽送

血液的阻礙（稱作後負荷〔afterload〕），造成心臟進一步衰竭。血壓因此掉得更低，於是腎臟又再度增加後負荷，心臟因此更加衰竭，血壓又掉更低，如此惡化下去。

　　隨著病情惡化，多餘的液體會積聚於雙腿（造成水腫），肺部開始積滿液體（危及呼吸能力並容易造成肺炎），而心臟最終徹底衰竭。如果放著不治療，可能會導致死亡。治療方法是利用利尿劑（好比說適泄〔Lasix〕）來欺騙腎臟，使它忽視血壓降低。病人會尿出液體、降低血容量，後負荷也會因此減輕。儘管心臟還是有著偏低的抽血能力，但整個系統已不再失效。

　　在這個例子中，腎臟演化出的反應，在脫水和失血時很有適應力，但在鬱血性心衰時就很致命。如果我們單獨研究腎臟在鬱血性心衰上的作用，而不去考慮它在脫水或失血時的效果，我們可能會做出結論說，腎臟這器官運作得十分糟糕──如果是被設計出來的話，那就設計得很差勁；如果是演化出來的話，那就是嚴重適應的不良。搞不好還有人會用這當作證據來反駁演化論。如果演化論是真的，那腎臟就不該有這麼適應不良的特性。然而，從更完整的脈絡來看，腎臟運作的方式對於生存來說顯然是種淨利益：脫水和失血遠比鬱血性心臟衰竭來得更頻繁發生，特別是在繁殖期間。

　　這顯示了，我們觀察與推理能力在特定情況下的遺憾或失敗，或許並未展現出任何矛盾。認知心理學家在研究的，可能就只是精神層面類似鬱血性心衰的那種情況。我們在特定環境和情況下一再搞錯，但其實應該要以「在其他情況下我們搞對的所有事」為背景脈絡來詮釋。人類在某些情況下錯誤觀測或錯誤推理，不代表我們在所有情況下都會這樣，甚至不代表我們在多數情況下都會這樣──然而，那確

實顯示了我們並不完美。「不完美」總比「蠢蛋」這種標籤,更容易跟我們的技術成就達成一致。

雙重歷程理論

就如第二章所探討的,我們的腦缺乏即時觀測並處理世上所有資訊所需的計算力。所以,我們要如何演化來避開這個問題呢?恐怕不可能演化出有上述那種計算能力的腦,至少很不容易。然而,人可以演化出將系統簡化的認知程序,而且還是大幅簡化。我們從感覺到的事物中觀察一小部分,抽取與有用結果有關的關鍵指標並加以抽象化,然後用出於經驗法則的捷思法,便能快速處理經過簡化的資訊。面對充滿大量複雜事物與種種不確定的世界,上述方法有可能是一顆能力有限的腦的最佳應付方法。

雙重歷程理論是一種廣受支持的人類思考理論,描述該理論的最知名書籍,就是諾貝爾獎得主康納曼(Daniel Kahnema)的《快思慢想》(*Thinking Fast and Slow*),書中假定人類認知有兩種不同的思考類型;系統一是基於經驗法則的快速思考(好比說捷思法),讓人使用在真實世界生存所需的靈敏反應來快速解決問題。畢竟,如果你是個在莽原中遊蕩的遊牧人,當一頭獅子向你衝過來的時候,你最好立刻往旁邊閃,而不是坐下來詳細分析牠是否真的是一頭獅子,以及牠是否真的有意傷害你。

系統二則是反省性的分析思考,在系統一搞錯時能幫我們補救情況。有些心理學家主張,系統二會在系統一的結果明顯有錯而導致某些矛盾時啟動。其他人則主張,這兩類思考會同步運行,但系統一通

常會先越過終點線，因此讓我們在還搞不清它從何而來時，就已經突然在我們腦中浮現，因此在我們的體驗中它成了直覺。如果我們留意到系統一的結果有矛盾，我們接著就會回頭尋找系統二。沒有系統一，我們就活不過需要快速抉擇的情況；但若沒有系統二，我們就解決不了系統一弄錯的問題。

如果五台機器要花五分鐘製造五個小東西，那麼一百台機器製造一百個小東西需要多少時間？往下閱讀之前先想個答案吧。

如果你的答案是一百分鐘的話，恭喜你！你跟大部分的人類都差不多。如果你的答案是五分鐘的話，恭喜你！你答對了。如果你的直覺答案是一百分鐘，但接著你反覆思考後察覺到這說不通，接著把它整個想過而得出五分鐘的答案，那麼你剛剛就是體驗了系統一思考（直覺想法）和系統二思考（接下來的反思和推理分析）。

這個例子（以及另外兩種情況）是由佛德瑞克（Shane Frederick）於 2005 年描述的，他試著找出一種測量方式，來評估人們反思的傾向有多強。[5] 直覺給的答案是一百分鐘，這對大部分人來說，感覺似乎對了。然而，感覺對了的答案是錯的。如果五台機器能在五分鐘裡做出五個小東西，那麼每台機器各花五分鐘就會做出一個小東西。如果每台機器每五分鐘就會做出一個小東西，而有一百台機器在跑，那它們就會在五分鐘裡做出一百個小東西。所以答案是五分鐘，而不是更直覺得出的一百分鐘。

雙重歷程理論回答了「人類為何如此容易出錯」的問題，而這也就解釋了該理論為何普遍獲得採納。使用系統一因便捷得到的好處，在價值上高過了它有時出錯的壞處。因此，若把認知錯誤定為百害無一利，那恐怕是有所錯判。我們可以想像有個貧弱的人工智慧系統向

它的神仙電腦許願，希望它能忽視大部分的世界，只專注在某幾個關鍵位元上，然後透過心理捷徑，快速地將經簡化的想法抽象化並加以結合，好讓它能在世界上產生作用，而不是無止盡地做計算而變得呆若木雞。當認知心理學家在實驗室檢測到人類的錯誤時，他們通常只關注系統一。在心理實驗室之外，當人類的系統一失效時，系統二就在旁邊等著接手；儘管系統二實際上場的頻率恐怕沒有它該要上場的那麼高（第十二章將會詳細討論）。

為了配合本書主題，我們得要探討和機率相關的人類出錯問題。就如在第二章所描述的，人類往往用屬於系統一思考的可得性捷思法來猜測頻率。可得性捷思法就像良好的系統一思考那樣，往往快速而正確；不過有時在特殊情況下，它也會錯到離譜。因此，根據雙重歷程理論，人類有一種會錯誤感知機率的強烈傾向，但這傾向透過效率和速度提供的益處，多過我們可能犯下的任何錯所帶來的壞處。

一般來說，古典的雙重歷程理論相信，因為系統一能快速行動且僅使用有限的精神資源，所以優於系統二；然而，如果我們擁有謹慎反思所需的時間和精神能量，系統二就會給出更好的答案。也就是說，如果其他條件都同等，系統二始終都會給出比系統一好的答案。然而，也有人以別種方法來解讀系統一和系統二的特性。

心理學家蓋格瑞澤（Gerd Gigerenzer）把人類思考描述成一個「適應力工具箱」，由多組程序的集合所構成。捷思法不過是該工具箱內的眾多工具之一。工具可以根據需要而使用，且可以視情況用於特定工作，來產生一個能在世界上指引方向的先進認知。蓋格瑞澤甚至進一步將捷思法的優勢提高到雙重歷程理論之上。他主張，在某些情況下，就算可用的時間和精力都沒有限制，系統一還是比系統二更優越。

　　蓋格瑞澤用的一個例子，就是搞清楚如何把退休帳戶裡的錢提撥到不同種類的投資上。他思考了經濟學家馬可維茲（Harry Markowitz）發展出來、稱作「均值—方差模型」（mean-variance model）的數學策略。[6]「均值—方差模型」是個洗鍊的數學策略，代表一個基於反思推理而十分具有邏輯的方法；而馬可維茲也因此於 1990 年獲得諾貝爾經濟學獎。對一般人的心智來說，使用「均值—方差模型」並不是簡單小事（見圖 11.1 的公式）。

$$R = \sum_{t=1}^{\infty} \sum_{i=1}^{N} d_{it} r_{it} X = \sum_{i=1}^{N} X_i \left(\sum_{t=1}^{\infty} d_{it} r_{it} \right)$$

R　= 投資報酬率
N　= 證券
r_{it}　= 預期報酬
t　= 時間
d_{it} = ith 證券之報酬折算至現在之比率
X_i = i 投資於證券之相對額

圖 11.1　均值—方差模型。

　　蓋格瑞澤把洗鍊的「均值—方差模型」和「把你的資產平均分配到不同等級的投資和不同的基金（平均分配）」這個簡單的捷思法放在一起談論。[7]他指出，在一個你有五十項投資基金可以選擇的情況下，如果每項投資基金都取得五百年份的數據，那麼「均值—方差模型」會比簡單的平等分配要運作得更好。[8]然而，若是缺少這樣龐大的細部資料，平等分配就會運作得更好。

　　有時，就算精神資源和推理時間都沒有限制，現有的資訊就是不

足以讓謹慎完善的推理程序發揮它們強過經驗法則的長處。在這種情況下，我們因能力有限而無法處理所有資料並非唯一問題；問題反而在於，資料根本就還不存在（我們沒有五百年份的投資資金股市數據）。在這種情況下，捷思法就不是一種以簡單好用見長的次要方法；本質上來說，它就是比較優越的方法。[9]

確認偏誤的益處，
以及停止對世界懷疑不信的必要

不難想像捷思法如何能帶來益處；有可能因為它能快速使用有限的精神資源，又或者就像蓋格瑞澤所主張的，單單只因為它們在某些場合比較優越。相較之下，確認偏誤的優勢又會是什麼呢？為什麼我們會演化出「不論信念為何，就算後來證明信念是錯的，還是專程過濾資訊來強化我們的信念」這種心智（好比說，第三章所描述的首位效應）？為什麼我們會演化出確認偏誤，使得我們不論信念內容為何，或即便信念對我們有害，也要用它來強化信念？為什麼我們往往像某些人分析了瓦森 2-4-6 任務後所指出的那樣，使用一種尋求肯定而非反駁的方式來說出問題？上述這些傾向沒有哪個看起來能帶給我們演化優勢。

1997 年，葛拉文（Hugh Garavan）與同事發表了一項研究，名為「當造假失效」（When Falsification Fails），該研究模擬了發現新想法與獲得新理解的多種情況。[10] 該論文提到，給予明確指示、鼓勵受試者反駁想法而非尋找肯定證據時，這種行為會大大壓抑科學發現。為什麼情況會這樣？

研究確認偏誤的實驗心理學（好比瓦森 2-4-6 任務）的定義系統有個特性，讓它們和真實世界的大部分情況有所區別；特別是它所產生的解答和觀測結果並不模棱兩可。2-4-6 任務的參與者在猜測一次規則，得知「是」或「否」時，答案是很清楚的。這套演練並不包含「不去相信得到的答案」。在這個實驗中，參與者不能不信任結果；結果說了算。然而，在大部分的情況下，世界並不是這樣運作的。觀察結果可以因許多理由而不正確，包括了錯誤感知、錯誤解讀、機會效應以未受重視的干擾因素。

瓦森特別提到，2-4-6 研究中的一些受試者陳述了另一串數字，試圖確認某條已被告知錯誤的規則。有些人提出了對於規則的新猜測，但只是把先前被告知錯誤的猜測換個用詞重述一次罷了。有人認為這證明了人類有多不理性。然而，這個顯而易見的不理性，可能反映了確認偏誤的真正用途：倘若第一個遇到的證據不巧就錯誤牴觸了正確信念，它會避免人們太快認為想法有錯。

錯誤感知、誤解或機會效應，都不時會產生牴觸正確理論的證據。如果人們沒忽視一些違背信念的證據，如果單一個牴觸信念的證據就足以推翻信念，那麼人們基本上根本什麼信念都生不出來。這樣的話，我們的心智就會是由困惑含糊所構成的一團灰濛濛，因為任何信念至少都會有些經驗牴觸它。這樣一來，我們會駁斥一切，而且什麼都不相信。

人一定要在夠長的一段時間停止懷疑不信，以此跨越有可能不正確的否定證據，才能思考並檢驗一個理論；就算是真實的理論也一樣如此。葛拉文研究中那些受試者之所以會表現差勁，可能就是因為無法做到這一點。有些人在「評估哪些想法正確、哪些想法錯誤」方

面之所以無法進展，可能是因為幾乎所有的想法都被他們立刻斷定為錯。這時候最適合修正這問題的完美解方，看來就會是確認偏誤。它給我們忽視否定證據的能力，畢竟就算面對真實的理論，否定證據也還是會一直存在。或許這有助於解釋一個看起來很驚人的發現，那就是當某假說的預測不成立時，有多達一半的實作科學家會不承認這樣的反駁在邏輯上有效。[11]

　　當伽利略提出哥白尼式、以太陽為中心的太陽系觀點時，基於當時的思想局限，他並沒有辦法輕易解釋為何存在著明白的否定證據（赤道並沒有每小時一千英里的風，也沒有出現視差位移）。然而，他並沒有收回自己的理論；儘管存在著這些否定證據，他還是堅持己見。當達爾文提出演化論時，他也沒辦法解釋帶來優勢的新遺傳變異，為什麼沒在人類育種好幾代後就被洗去；又或者，化石紀錄為什麼看起來如此地不完整？的確，達爾文在書中花了一章談及理論的問題點，包括看起來是否定證據的東西。這些都是科學界的偉人，也都是理當要理性的啟蒙思想家。然而，如果他們沒辦法忽視那些顯然跟他們的理論無法調和的否定證據，他們早就放棄那些想法，而那些想法也就無法發展成更成熟的理論，而得以在日後解釋那些矛盾了。

　　這顯然是把雙面刃。確認偏誤讓伽利略和達爾文即便面對當時無法解釋的否定證據，他還是能去假定並測試那些我們如今相信為真的理論；同樣地，確認偏誤也能導致科學慘敗。在確認理論的過程中，即便有海量的否定證據，智慧高超且經驗豐富的科學家仍會憑藉著無窮的狂熱，去推動錯誤的理論。[12]

　　發現 α 螺旋蛋白質結構而獲得諾貝爾獎的鮑林（Linus Pauling），還鼓吹另一套理論，認為維他命 C 可以預防病毒疾病並治療癌症。他

對維他命 C 效果的信念，在當時對氧化和抗氧化的主流理解中有著堅實的基礎，而這信念確實符合一些道聽塗說的證據。然而，在這個典型的確認偏誤範例中，鮑林找到了許多理由去忽視後來證明維他命 C 沒有效果的大量高品質證據，並死守少數支持他理論的薄弱證據。[13] 鮑林到最後都還相信維他命 C 能預防癌症並治療癌症——他和他的妻子儘管都服用了大量維他命 C，卻都死於癌症。他的確認偏誤直到最後都堅定不移。鮑林解釋說，維他命 C 真的有效，而且他和他的妻子若沒有服用的話，想必會更早得到癌症且更快死去。[14]

在這個脈絡下，我們要如何做出對確認偏誤的評價呢？我們必須讓想法接受評估，因為若沒有確認偏誤，所有想法打從一開始就會遭到駁回。然而，它似乎也是在推廣一種對錯誤想法的妄想信念，即便在真實的想法上也有一樣的效用。確認偏誤是否讓我們注定永遠死守最初的信念？人類會不會只是憑運氣看第一個信念是否碰巧正確，而決定了最後是正確還是錯誤？這要怎麼和「人類擅長把事情弄清楚」的論點相調和？一個解釋是，人類往往不會單獨運作；我們會組成社會團體來討論辯論彼此的想法，如此來工作。只有在這種社會脈絡下，才能瞭解個別確認偏誤的真正功能，也才能瞭解我們普遍的思考流程。

社會認知的偶發特性

在我們的演化環境中，其他人類是一個重要成分。成功繁衍後代所需的技能，遠比讓我們弄清楚如何取得食物並避免在有小孩之前被殺掉的技能更為複雜。我們是社會性動物，所以成功繁衍後代的技能，

也涉及「在他人的脈絡中運作」以及「說服他人接受可能影響他們行為之事物」的能力。這些能力遠遠超過（從各方面來說我從不擅長的）「說服他人性交」這種單純的繁衍後代必要技能。由於人類是部落生物，往往會利用團體合作來提高生存優勢，因此反倒是各種社會行為會影響整個部族及個人把遺傳特質傳遞給下一代的能力。

人類之間的合作互動，能幫助我們比起單打獨鬥更容易找到食物和水、殺死獵物、擊退獵食動物並取得遮蔽之處。團體動力可能會在育兒和其他尋求資源的活動上促成齊心協力的行為。此外，在傳統的遊牧團體中，成員往往都是近親。從染色體的立場來說，兄弟姊妹和表親的繁殖行為，也會傳遞你身上的許多基因；這種方法可能會讓人從某些對個人不利的特質中產生淨利益——如果對團體來說夠有益處，那麼對團體中的每個成員來說就有著間接益處。

有些十分發人深省的研究證明了，當人們面對同一個推理問題，分別以抽象形式和在社會契約脈絡下呈現時，人們會無法解決前者，卻能成功解決後者。[15] 這顯示了我們的推理思考已演化到能讓我們和其他人協調，並同時保護我們不被利用。然而，為什麼我們獨自推理時會表現不佳，目前仍不清楚。（除非說領導社會團體所需的認知技能和個人推理所需的認知技能十分不相符，就像腎臟在失血和脫水下的反應完全不適用於鬱血性心臟衰竭那樣，個人才會表現得比較好）

探討社會團體有何作用的另一種觀點，主張社會辯論和爭論導致了一種偶發特性，能讓團體做出正確推理，結果就連那些個人往往無法正確推理的任務，團體也能正確達成。[16] 這種認知看法，捨棄了「人類推理思考是為了指引個人在世上的方向」的想法，反而認為人類推理思考之所以存在，是為了貢獻給一股團體動力，讓透過社會辯論來

進行推理的諸多心智，能藉由這股動力擁有認知上的優勢。在這種情況下，最能讓團體推理產生效果且效率最高的那種個人特質，同時也讓個人推理出現瑕疵。但就像前面提到的，特質只要加減下來有淨優勢，就有適應力了。

這並不只是一個「演化藉由裨益整個團體，並由團體透過合作把益處延伸到個人來發揮效果」的例子而已；團體推理也能幫助個人更能辨識出什麼才是好的個人理智。團體辯論透過爭論來審核好的理智和壞的理智，接著個人就能利用這種好壞判定，來讓自己的思考更有見識。基於這樣的原因，即便人類孤立時的推理能力不佳（就像在認知心理學實驗室那樣），但組成團體時就能達成巨大的技術進展。個人推理的特性經過演化後，就能成為更龐大團體推理組織的一部分來運作。

選擇任務：彼得・瓦森的逆襲

彼得・瓦森，2-4-6 任務的發明者，特別擅長尋找有用的情境、在受控制的環境中測試人的反應。他發明的任務以及他發現的傾向，激起了接下來幾十年的研究，以及關於人類認知如何運作的辯論。或許比 2-4-6 任務還有影響力的，是一般所謂的「瓦森選擇任務」或「四卡牌任務」，有人主張那是「推理心理學中最多人研究過的實驗系統」。[17] 在這個實驗中，研究者會給受試者看四張卡牌，並告知每張卡牌的一面有一個字母，另一面則有一個數字（圖 11.2 展示了卡牌）。[18]

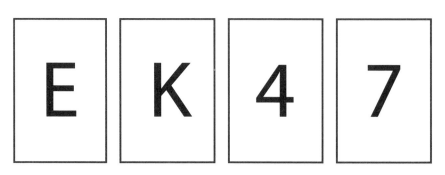

圖 11.2　瓦森選擇任務，或稱四張卡牌任務。

接著，受試者獲得以下指示。

我對這些卡牌做出以下主張：

如果卡牌的一面有母音，那另一面就會有一個偶數。

請問你需要把哪張卡牌翻面，才能判定我的主張是對是錯？

90% 的人會選擇寫有「E」的卡牌和寫有「4」的卡牌。不過，這個答案會被解讀為錯誤做法。我們的目標是查明該主張是對是錯。把「E」卡牌翻面就有這個功能。因為如果在另一面發現了奇數，那麼該主張就明顯是錯誤的；如果發現了偶數，就支持了該主張，但這還不能證明所有案例皆如此。同樣道理，把「7」卡牌翻面也有這個功能。如果在另一面發現了母音，那麼該主張就明白是錯誤的；但若發現了非母音的字母，那就沒有得到任何有用資訊。

關鍵點在於，不論寫有「K」還是「4」的卡牌，都沒有辦法證明任何東西。這裡要評估的是關於「母音的另一面是什麼」的主張，而非子音或偶數的另一面寫著什麼。由於 K 不是母音，所以它另一面寫

什麼就跟規則無關。寫「4」的卡牌是偶數。因此，若有人在另一面發現母音的話，那就提供了支持證據，但也沒有證明所有的案例都如此。若「4」卡牌的另一面是非母音，那就跟規則不相干。就算規則是真的，母音應該與一個偶數在同張卡牌的兩面，但那無法避免一個偶數也與非母音在同一張卡牌上。所以，儘管只有「E」和「7」的卡牌可以證明什麼，但人們通常會去選「4」（而非「7」）的卡牌。

人們選擇「E」和「4」的傾向，已被眾多研究者以及在各式各樣的環境中大量重現。在人類受試者身上一直都能發現這種現象，這一點基本上沒有爭議。長久以來大家爭辯的是這現象的正確詮釋為何，以及它讓我們對人類認知有什麼認識。

常有人主張，四卡牌任務就像 2-4-6 任務那樣，顯示了一種尋找肯定而不是否定證據的傾向。選擇寫有「4」的卡牌只會給予肯定證據，而無法給出否定。這被解讀為確認偏誤的另一個範例。然而也有人主張，四卡牌任務顯示了人類並非使用演繹邏輯的思考方式；不然的話，他們應該會選「E」和「7」的卡牌（即唯二能以演繹方式駁回主張的卡牌）。後面這種認為人類基本上「不講邏輯」的看法，一直是四卡牌任務較常見的結論。

為什麼人類在四卡牌任務的表現如此差勁，我們還未徹底明白。那並不只是因為數字和字母難以聯想又抽象而已；就算使用了熟悉的普通用語，人們的表現還是很差。[19] 雖然許多人相信四卡牌任務強力證明了人類思考時不講邏輯或他們有確認偏誤，但也有人主張，人偏偏就是會錯誤解讀被問到的問題，因此他們其實是正確回答了問題，只是他們回答的問題和實驗者心裡的那個問題不一樣。或許最耐人尋味的是，在使用同樣卡牌的測試中（圖11.3），若把問的問題稍作改變，

人們的表現就相當良好。

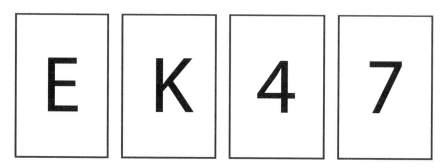

圖 11.3　問題改寫為否定句法的瓦森選擇任務。

我對這些卡牌做出以下主張：

如果卡牌有一面有母音，那另一面就**不會**有一個偶數。
請問在這些卡牌中，你要把哪幾張翻面，才能判定我的主張
是對還是錯？

絕大多數人還是選了「E」和「4」，只不過，有別於原本的四卡
牌任務，在這個版本中，「E」和「4」是邏輯上的正確答案。如果「E」
的背面有一個偶數，那麼規則就遭到了駁回；如果有一個奇數，就支
持了（但沒有證明）規則。同樣地，如果「4」的背面有一個母音，那麼
規則就遭到駁回；如果有一個非母音，那它就與問題無關。「K」卡
牌依舊和主張不相關。「7」卡牌的另一面如果有母音，就可以給這個
主張一些支持；然而，如果另一面是非母音，意義就不大，所以它無
法駁回主張。提出這項發現的科學家伊凡斯主張，人們之所以往往搞

錯古典選擇任務的意思，卻在加上一個**不會**之後就能通過，原因並不在於人們推理能力的好壞，反而在於他們根本就沒有在進行推理。他們就只是辨識出問題裡面的東西，然後在回答中重複。[20] 在上面這兩種題目中，他們會猜「E」和「4」，都只是因為問題談到母音和偶數。伊凡斯把這稱作「匹配偏誤」並主張說，人們並沒有進行潛在的邏輯計算，基本上他們就只是選擇問題裡面建議的選項。

　　這樣的發展有點諷刺。瓦森根據他的 2-4-6 任務，主張人們追求肯定證據，但不會去問可以反駁他們假說的問題。瓦森發現四卡牌任務並做出「人們的思考不講邏輯」的詮釋，那他為什麼不接著去找能駁回他假說的證據呢？他為什麼不去考慮其他解釋並加以測試，就像伊凡斯的研究那樣，主張背後的道理就跟鸚鵡學舌一樣簡單？那樣的話一切就了結了。很少有哪個認知心理學家在這學門的基礎現象學和方法論方面超越瓦森的貢獻，而且瓦森身為一個人，似乎也透過自己的行動，支持了「人往往會去尋求肯定證據」的這種概念。

　　為了捍衛瓦森和四卡牌任務的重要意義，匹配偏誤有可能並非一切的歸因。人們可以透過邏輯形式類似於四卡牌任務的問題來進行正確推理，但他們各自孤立於心理學實驗室時就沒辦法。有趣的是，若在稱作「社會交換」的人與人社會契約脈絡下問問題，把答案弄對的能力就會出現。[21] 當與其他人「交易」時，就會出現成本—效益分析：你該提供什麼，你該預期得到什麼回報，若別人沒有信守承諾你該做什麼？這與人際關係以及商務相關，而且是人類社會契約不可或缺的基礎。當四卡牌任務改編成社會交換脈絡後，人類突然間就表現極佳。換言之，把任務的脈絡改成查出社會契約裡的「騙子」，人類就很能應付與邏輯形式以及四卡牌任務一模一樣的問題。[22]

　　人類在人群產生演變的環境中（在與他人有社會契約的情況下）能夠更有邏輯地思考，這個結果似乎讓「人類處於自然環境中（譯注：相對於實驗室的孤立環境中）比較有邏輯而理性」的概念更可信。然而，即便是在與其他人類互動的脈絡下，這仍只處於個人思考層面。另一個重要問題是，當人類集體思考時，推理的哪些特性浮現了，以及，這是否改變了我們對於全人類理性的評估？

無理性的理性：
人類認知的主知論模型對上交互論模型

　　梅西耶和斯珀伯在他們的傑出作品《推理之謎》（*The Enigma of Reason*）裡呈現了一個論點，反駁了「主知論模型」的傳統教條，即「推理工作能幫助個人達到更高深的知識並做出更好的抉擇」。[23] 他們反而主張，推理真正具適應力的功能，存在於人類心智集體把問題想透的脈絡中。個人推理是集體推理這台機器的一個齒輪。專注於個人推理，只是見樹不見林。

　　同樣資訊給了不同人會得出不同的結論。有人以此論點證明，人類的推理思考是因人而異的，而且，這種能力整體來說可能沒那麼好。有鑑於資訊會透過人的背景信念和偏誤而被過濾篩選，因此就算給予同樣的輸入，人們拿來起頭的「事實」顯然也不會一樣。人類推理思考有可能相當一致，但對於世界的感知卻大異其趣。這就給主知論模型製造了一個難題；如果每個人在面對同樣資訊時會推斷出不同前提，那麼人類的認知要怎麼演化成一種指引個人在世上方向的工具？

　　然而，如果人類的推理思考是演化來在團體辯論中運作的話，那

麼對人類來說，一開始就有不同的信念便是好的而且有必要的事。如果人人始終相信一樣的事，那就不會去思考別種信念或別種信念背後的理由。從這個觀點看，人類面對同一個世界會得出不同結論其實有極大的利益，原因就在於那樣會產生各式各樣的信念，接著就可以透過團體辯論加以評估。就連確認偏誤也有可能十分具有優勢，至少在開始評估問題時有其優勢，因為它能強化各式各樣的信念，接著就可以由團體辯論來加以評估。

　　確認偏誤還有一個額外優勢：它迫使每個人在辯論時堅守自己的觀點，讓人們可以來回推理，同時整個團體就可以審查不同的論點。乍看之下是個人思考瑕疵的東西，透過這種動力就能轉變成團體思考的優勢。在心理實驗室研究孤立的人，就無法觀察到這種優勢（因為沒有團體動力），於是就只會看到瑕疵。因此有人主張，人類推理思考的演化適應效果，是團體互動的偶發特性。這個基本因素在針對孤立個人受試者進行的大量實驗室研究中都不見了。[24] 梅西耶和斯珀伯提出了令人信服的證據來支持這個看法。

　　把邏輯形式相同的難題交給一群人，如果他們獲准集體處理該問題就會成功；但如果是認知心理學實驗室裡的一個個孤立個體，就會慘烈失敗。這甚至可以在四卡牌選擇任務中觀察到。認知心理學家進行了無止盡的研究，試圖找出個人會在四卡牌任務上表現較佳的條件，但他們只要一把任務交給一群人，表現就會突然大幅進步。[25] 這個效應還跨越了文化屏障，所以似乎是人類的普遍特性。[26]

　　西方傳統往往認為進展是由個別天才所造就的，這些天才孤苦奮鬥且有著不同凡響的能力，能推理出其他人想不到的道理。我們一聽到偉大的科學成就，就會聯想到一個個人名（好比居禮夫人〔Marie

Curie〕、卡弗〔George Washington Carver〕、牛頓、愛因斯坦、麥克林托克〔Barbara McClintock〕、屠呦呦、齊威爾〔Ahmed Zewail〕以及其他眾多人士）。然而，有人提出強力論證，認為所謂「孤立思考者」的這種概念是一種錯誤感知。就算這些人當中有一些在實體空間上大半輩子都與世隔絕，但他們從來都不是真的獨自思考。他們有他們的教育背景，並且能夠取用其他人類思考者的著作。此外，就算本來有孤僻傾向，這類思考者也會以某些形式把自己的研究成果呈現給他人（不然我們就根本不會知道這些人了），而且通常還有大量的辯論，可能是面對面辯論或是書信交鋒。最後一點是，最終裁定這些主張、進一步發展理論並加以測試的，還是更廣大的群體。人們往往把偉大進展的歷程，描述成「某項重大進展顯而易見地天才洋溢、清楚明瞭，即刻便說服了所有思考者相信那是正確的」，但情況從來都不是如此。人類與生俱來就會爭辯，而且一定要等時間過去，人們才會接受新的概念其實真實且顯而易見。因此，儘管有些個人可能提出了新想法並讓一個領域活絡起來，但整體來說，它還是一個團體過程。

僅管如此，主張「個人在實體層面上不是靠自己而活」也同等荒謬，而且有時候，他們的性命和生計得仰賴自己做的判斷。然而，若沒有眾多其他人的影響（當我們做決定時會放在心上的一種影響），人的心智可能永遠無法發展；但到頭來，人還是得獨自行事。大難臨頭我的性命取決於一個抉擇時，儘管內心存有與他人廣泛互動建構起來的信念架構，但能做決定的還是只有我自己。儘管如此，在大難臨頭的那一刻，我的命運要看我自己在（就算概念上不是孤立，也是如此）實際孤立情況下的推理能力。

團體的得利不利於個人，是對交互論看法的錯誤解讀。的確，個

人的孤立推理可能會有瑕疵，但團體中的個別成員必須要有這種瑕疵，才能讓團體辯論的機制妥善運作。接著，個人把團體辯論當作一種推理機制來使用，便能改進個人信念，進而修正了個人的推理瑕疵。因此，交互論觀點不一定會讓個人的善和團體的善水火不容。然而，如果非得把社會對話當作一種推理機制來使用才能使個人受益的話，那麼當社會團體不存在時，個人得到的淨效應就有可能是負的。現代社會中人類越來越嚴重的孤立狀態對這種動力會造成多少效應，至今還不清楚。

透過多樣性取得更佳知識的認知（Epistemic）案例

過去幾十年來，各個大學和公司都一直關注於增加多樣性。我很確定就算不是所有人都很熟悉這問題的重要性，但大多數人都很熟悉。在我的經驗中，很少有人討論我們為何應當要多樣化的正當理由。人們的假定似乎是，因為我們的目標是達到一個公平公正的社會——一個靠天分努力而非靠特權地位而得到機會的社會——所以需要多樣性。

我們可以提出有力論點來反駁這種正當性，但公眾論壇很少討論，然而這種狀況近來似乎有所改變。這類論點常常反對一種所謂的「逆向偏誤」；為什麼一個天分極高的白人男性要因為處在特權團體中而受到懲罰？這不就跟少數族群和女性所經歷的機遇阻礙一樣不公平嗎？這種看法往往會連帶否定制度有任何（明著暗著的）偏誤。的確，在 2020 年的美國總統辯論中，當有人問川普為何廢除種族敏感度的教學時，他表示那是在教導「非常糟的想法，坦白來說是非常有病的想

法，而且講真的，他們是在教人去討厭我們的國家」。

有人主張，強行推動多樣性違反了菁英領導體制的概念，反而會因為選擇資質較差的人來進行任務而促成平庸。弱勢少數族群的資質較差或許不是他們的錯，而是有偏見的體制剝奪了他們的機會和教育，但儘管如此，他們就是資質較差，那種論點就是會這樣講。提倡這種看法的人所給的處方，往往是在初等教育和社會結構上處理不平等，好讓少數族裔的下面幾代資質更好，然後體制就會從下往上自我修理。當然，反方會說，要等到政治掮客本身也變得各色各樣，我們才有辦法修理體制的基礎。就算體制能修理，我們也沒辦法等那麼久——畢竟，儘管努力了幾十年，而且也有了一些普通的進展，但整個美國的權力架構，大部分依然是白人男性霸權。

對於是否有使用適當標準得出良好證據，來支持「弱勢少數族群整體來說資質真的較差」這種說法，我並不清楚。如果差異存在，那也是機遇和教育方面的體制障礙造成的結果。就算少數族群因體制在機遇和教育方面的偏誤而變得資質較差，最近的證據也證明，資質較差的個人所組成的較多元團體，還是比有才能的個人所組成的同質團體更有效率。這或許看起來違反直覺。有什麼實證證據支持這個主張？比較多元的團體效率較高的理由，是我們在本章討論的交互論模型的直接結果。個別人類常常弄錯的某些邏輯任務，如果讓同一群人集體處理，會以好上太多的效率獲得解決；[27] 而人類認知的交互論模型預測了這樣的情況。在這個例子中，團體對話是個人認知一起達到最佳效果的工具。[28] 這個程序要能生效，有一個不可或缺的要求，就是意見的多樣性——如果每個人在程序開頭時立場都類似，就不會出現縝密思考的辯論過程去考量不同的可能性。

　　重要的是，人必須在所謂「深層」和「表層」的多樣性之間做抉擇。一般在測量的多樣性標準是表層多樣性的標準，那可由一個人的外觀、族群背景、性別以及我們一般用來對人分類的其他特徵來鑑別。與之相比，深層多樣性是由觀點、著眼處、看法、假設和前提，以及價值所構成的函數來鑑別。讓交互論推理達到最佳效果所需的五花八門看法，就是由深層多樣性所導致的。當然，完全有可能出現一組具有表面同質性、但有豐富而深層多樣性的人，反之亦然。我們之中誰不是常常都會驚訝地得知某個人與其表層特徵刻板印象天差地別的看法呢？我們社會中的個人機遇和個人經驗，往往（至少在某些地方）與他們的表層團體有關。

　　哲學家歐蕾斯柯斯（Naomi Oreskes）在近期的新書《為何信任科學？》（*Why Trust Science?*）中，熟練地為自己及其他定義「立場知識論」的哲學家（例如哈定〔Sandra Harding〕和隆吉諾〔Helen Longino〕）的研究成果做了解釋。她主張「我們的個人經驗——關於富有或貧困、特權或劣勢、男性或女性特質、異性戀本位或同性戀特質、殘疾或身體健全感的經驗，都不得不影響我們對世界的觀點和對世界的詮釋……更多元的團體在同一議題上能比沒那麼多元的團體運用更多觀點」。[29] 所以，至少在我們的社會完全平等對待所有團體（而我們看起來不太可能很快就達到）以前，表層多樣性可用來當作一個深層多樣性的替代品（儘管是不完美的替代品）。

　　深層多樣性如何影響團體表現的大部分資料，都來自在團體競爭場合研究生產力的社會學家。在眾多資料中，多樣性與成功及創新相關。[30] 然而，人們也普遍知道這樣的相關性並非因果關係，且容易受到干擾因素的影響。因此，人們進行了對照實驗研究，而那些研究證

明了多元團體比同質團體更能解決問題。有趣的是,讓這情況發生的機制並不只是想法多元而已,情況比那來得複雜太多。

表層多樣性的存在,不只透過與深層多樣性產生關聯來增加手上不同觀點的組合,同時也讓多數派團體成員更有意願陳述違背自己團體教條的看法。當團體過於同質時,個別成員會不想對團體普遍支持的觀點提出異議。這種不情願,可能是從眾偏誤和害怕遭反對(甚至遭到排斥驅逐)的結果。與之相比,表層多樣性促進人們表達不循常規的意見,因為人們沒那麼指望大家都在討論議題上意見一致。[31] 換言之,光是表層多樣性的存在,就去除了要遵從某種一致性的壓力,讓人更能自由地表達及辯論。諷刺的是,就是「看起來像的人想法也像、看起來不一樣的人想法也不一樣」的錯誤假設,才讓多樣性能夠抵銷從眾偏誤,解放人們、讓他們陳述他們真正的看法。

另一個反直覺的研究結果是,當一個人預料他人會不同意時,他們會更全面地分析證據並發展出更深刻的論點。這就引發了更豐富的交互論推理,並產生更優秀的結果。[32] 這邊的情況並不是人們更願意表達不循常規的看法,情況反而是人們高喊了一種墨守(自己團體)成規的看法。然而,在同質團體中,人會假定其他人都一致同意。因此,團體成員根本就懶得用細節充實證據並發展論點。與之相比,知道自己團體內很多元的人,會因為預料有些人不同意而下更大的工夫,用證據和推理來證明自己的論點。另一方面,當有人從別的表層團體成員聽到某一論點時,他們會比從自己這個表層團體聽到同個論點時更加關注。[33] 光是具有表層多樣性就可以出現這些額外的好處,這還不論這種表層多樣性底下有沒有對應的深層多樣性。

如果面對多樣性抱持某些特定態度,多樣性就不一定會帶來淨正

面效益。這被描述成一種「悲觀的看法，認為多樣性製造了社會分歧，而那又替團體製造了負面表現結果」。[34] 的確，不論多樣性能帶來什麼益處，歧視和有害的社會政治因素就算無法完全消滅這種益處，也會使其減少。[35] 有鑑於人類社會在這方面持續進行的奮鬥，促進多樣性可能會比「促進包容」和「承認異質性和多樣性內含的巨大價值」來得簡單，更別說比「單純尊重他人差異」簡單多少。奮鬥過程的艱難完全不會降低這項工作的價值和迫切性。

　　到頭來，就跟大部分的人類直覺一樣——實際情況和乍看之下的狀況相反。不推動多樣性才是引發平庸的最佳方式，或者至少可以說，那使我們遠遠遜於本來可以達到的模樣。而這論點又恰好和公平公正對待所有個人的道德必要性一致，又是它的一個益處（但不是論點基礎）。在這種情況下，做道德正確的事也是達到最佳人類推理思考的正確策略。我們無法多樣化，對於我們的理性行事能力來說會是個基本障礙。

社會網路陰暗面：
操控輿論、公共政策及立法機關

　　過去幾十年間出現了一個吸引人的研究領域，就是關於社會網路的結構和功能如何改變「個人的經驗與信念對他人經驗與信念的影響」。「認知網路模型」是個模擬的模型社會網路，可用來研究傳播的某些特性如何影響信念的發展與穩定度。

　　大部分的認知網路模型是由一組模擬出來的個體所構成，它們每個都是在模擬一個得在兩種行動之間做選擇的人（通常稱作行為者），

而且它們不管選擇哪個行動都會導致一個可觀測的結果。重要的是，不論採取哪個行動，都可能會產生不同的結果；但那些結果的出現有著一貫的機率。舉例來說，選擇一可能有 70% 會出現想要的結果，而選擇二可能會有 30% 出現想要的結果。行為者行使他們的信念（也就是同意選擇一或二）、觀察結果、更新自己的信念，然後再度行動，藉此試圖弄清楚哪個選擇比較好。[36]

因為結果是機率，所以（平均來說）選擇一有可能比選擇二更有效，但那並不代表每次使用它都會比較有效。這反映了大多數現實生活的情況；在這些情況下，人們嘗試找出具有潛在微妙影響的問題，而這些影響只在某些時候發生──換言之，沒有人會閒到去嘗試弄清楚穿降落傘跳出飛機是不是比沒穿好；答案實在是太明顯，根本不需要斟酌。

建立認知網路模型時，行為者的數量和連接模式（溝通管道）都可以不同；也可以給認知網路模型中的各個行為者指定不同的行為特性。舉例來說，在一個簡單版的模型裡，行為者遵循貝氏定理，也就是用比較華麗的方式來說：「不管它們相信什麼信念，它們都會隨著手上多了新證據而更新信念」。還要再多加一點：（和既有信念相比）證據越驚人，影響就越強大。整個來說，可以把行為者想成是一個專注於證據並根據證據來更新信念的人。行為者按照自己的信念行事，換言之，如果它們認為選項一比選項二好，它們就會試選項一並觀察結果。

進行測試認知網路模型的實驗時，一開始會先給每個行為者指定一個選擇一對比選擇二的信念水準（好比說，認為選擇一是最佳選擇的信念度是 60%，而認為選擇二是最佳選擇的信念度是 40%），並以電腦模擬來跑

這個網路。每個行為者會嘗試它們相信的最有效方法，換言之，就是（只有兩個選項時）高過 50% 之信念的方法。接著每個行為者會收到它們嘗試方法（根據各抉擇之機率所產生）的結果；接著，每個行為者便會根據結果來更新信念（可能是當結果如預期時增加信念，也可能是不如預期時減低信念）。

行為者也可以從網上連到的其他行為者取得結果，並以此為基礎改變自己的信念；其他行為者有些可能嘗試了同個選項，有些則試了另個選項。於是，與許多其他行為者連結的行為者，就會同時得到兩個選項的相關資料——連結越多，資料就越多。這是用來模擬一群某議題研究者所形成的社群對話。

隨著模型運行了好幾輪，人們便能觀察行為者的信念如何變化。別忘了，問題是有正確答案的：事實上，比較好的要不就是選擇一，要不就是選擇二。這個模型的目的，是要觀察網路的特徵是怎麼影響行為者回應經驗時的信念發展。在簡單的認知網路模型中，行為者通常會趨於正確答案。這種趨於一致，會根據網路的特性而較快或較慢發生，而且不是在所有情況下都會發生（我們接下來會討論這一點）。然而一般來說，理想化行為者所構成的網路，會隨著時間在對的答案上趨於一致，但也並非一定如此。

歐康納（Cailin O'Connor）和魏瑟羅（James Owen Weatherall）在傑出著作《錯誤資訊時代》（*The Misinformation Age*）[37] 中，解釋並探討了處理研究問題的建模科學家可能造成的影響；然而，認知網路模型已應用於許多其他情況（好比說，不是基於證據而純粹是根據看法而造成的信念改變），而且可用來測試永遠無法實際在真實世界研究（至少是無法用對照的方式來研究）的大量變項所造成的效應。

　　替認知網路建立模型的一個最突出的特色，就是人可以設定行為者是理想化的理性存在，可以讓做了選項一或選項二的結果始終被正確地觀察到，也可以讓行為者始終對彼此忠實地報告結果。此處沒有人類心理性質在運作，沒有錯誤感知機率，沒有確認偏誤，沒有可得性捷思法，並且觀測或推理都沒有錯誤；然而，如果網路具有某些特性，團體就還是會在不正確的答案上趨於一致，或者變成兩極化的對立陣營。這絕非在說真實世界裡的人類心理因素不會獨力促成這種令人遺憾的結果，也不代表說人類心理因素不足以做到。

　　它要指出的是：在適當條件下，那種事不一定非得靠人類心理因素才能發生。

　　導致趨同於錯誤答案的認知網路特性特別耐人尋味，因為它們能成為我們在真實世界裡評估類似情況的借鏡，並試圖避開這種情況。就只要在行為者之間引入不信任，就可以徹底改變結果。在先前的描述中，行為者使用貝氏定理（以更新信念來回應新證據），所有的證據都被當作同樣效度來對待。然而，如果把貝氏定理調整成「一個行為者根據另一行為者報告的結果和自己目前的信念有多一致，來決定要多信任那一個行為者」，那麼就可能會出現兩極化的群體，也就是出現兩個相信相反事物的團體會對另一個看法越來越反對，且不論產生多少新證據都不會有解決方式。[38]

　　如果後面這種信念兩極化的狀況在你聽來很陌生，那你應該沒有很留意近來世界的發展。第三章描述過一個信念兩極化的例子，是關於死刑嚇阻犯罪的看法。在那個例子裡，兩個相反的既有信念都被同一證據所強化，而增強了兩極化；然而，這邊的狀況是由確認偏誤造成的。在認知網路建模實驗中，行為者是有簡單數學規則的模擬認知

（沒有心理性質、沒有情緒，也沒有確認偏誤）。但這並不代表確認偏誤不會造成信念兩極化，而是說在此並不需要它。當人們不信任自己從意見不同者得到的資訊時，信念兩極化便可以單憑己力而發生。

或許最令人不安的，是把別有意圖的行為者加進認知網路模型後發生的事。有人設計出幾種認知網路模型，模擬科學家做觀察並把研究結果報告給決策者的情況。一般來說，當一個科學行為者群體得出了一個共識，決策者會採納科學家們的信念。魏瑟羅、歐康納以及布魯納（Justin P. Bruner）針對認知網路模型引入「鼓吹者」後會發生什麼事情進行了研究。[39] 鼓吹者是個有意嘗試說服決策者接受某一信念的行為者（好比說由公司雇用、以影響政策為目標的說客）。鼓吹者不像理性行為者，它無論面對任何證據，都還是會相信某一特定信念（或者至少行動起來像是相信該信念）。

就像科學家那樣，鼓吹者也可以和決策者溝通訊息，而且行動起來可能遠比前者更積極，而且範圍也更廣。科學家可能只和少數決策者有直接或間接連結，但鼓吹者卻活躍地與所有決策者溝通。在這類情況下，人們證明了即便科學家得到了正確結論，決策者也會得出錯誤的結論。鼓吹者可以徹底切斷決策者和科學家之間的連結，把整個系統扭曲成以意圖而非證據為基礎的系統。

歐康納和魏瑟羅提到了菸草業的歷史紀錄，以及它那知名的（或者更精確來說惡名昭彰的）、即便越來越多資料顯示使用菸草會大幅增加疾病和死亡，卻仍讓菸草維持高消費量的工夫。[40] 菸草業耗費巨資自行研究，還資助了其他人進行研究，好比說大學內的獨立科學家。這麼做有什麼問題呢？公司本來不就該研究自己的產品嗎？花自己的資源來查明自己的產品是否會造成傷害，這不是負責任的企業會做的事

嗎？當然，這種行動的仁慈面預先假定了企業有心找出正確答案，有心把該答案傳達給其他單位（包括決策者和消費者），並修正他們發現的任何問題。但遺憾的是，菸草業這邊的情況不是如此。

這麼說來，菸草業有造假資料嗎？他們會不會捏造了從沒真正出現的研究結果？他們是不是付錢給科學家來刻意操弄研究並進行詐欺科學呢？他們沒有這麼做。菸草業不需要生產詐欺資料來推動錯誤的結果；菸草公司只報告了正確準確的資料，卻還是造成決策者和消費者得出錯誤結論。這是因為他們透過改變分數（特別是去除分母）的活動，來達成這個目的。只有透過建立認知網路模型，才能清楚知道達成這結果的錯綜複雜過程。

別忘了，因菸草而生病或死亡，是一個機率結果。人們常常會問醫生說，他們如果一直抽菸會不會得到肺癌。[41] 這問題的正確答案是，抽菸會增加得到某幾類癌症的機會，但罹癌不是必然的事。有些人抽了一輩子的菸，但從未得過肺癌；也有人從來沒抽過菸卻得肺癌。這代表的意思是，儘管最妥善進行的研究證明了抽菸和肺癌機率增加有著相關性，但也有些研究單純出於偶然而無法證明。這是一個不可免的統計必然性，因為效應是由機率決定的。如果使用菸草的人一年後百分之百會得癌症，那就沒什麼好爭的了。

這是真實世界中的衝突證據問題。始終都會有某些證據違背任一假說，就算假說為真也是一樣。如果同樣的實驗由好幾個不同團體來進行而有些支持假說、但其他駁回假說的話，那該怎麼辦才好？此時，我們正面臨「可能會基於不過是偶然發生的否定證據而駁回真實想法」的風險，但同時也面臨「基於只是偶然發生的肯定證據而接受錯誤想法」的風險。人在做決定時，需要去瞭解支持和駁回假說（在這個

案例中是抽菸和癌症的關聯）的研究各佔多大百分比。分析也需要評估每個研究的品質，包括研究設計、可能的偏誤，以及統計分析造成機會效應的可能性（好比第十章討論過的 p 值）。然而，考量的事情最終包括了支持和駁斥假說的證據各佔多大百分比（就如第一章所描述的，百分比是分數的一種形式）。在這種情況下，分子是證明抽菸和疾病相關性的研究，而分母是所有進行過的研究。

所以，菸草業是如何扭曲證明吸菸有不良後果研究的百分比？他們是怎麼改變分數的？在內部研究方面，菸草公司只報告了證明抽菸沒有不利健康之影響（或影響十分輕微）的研究，而不讓人知道存在那些證明不利影響的研究以及其研究結果。這是第四章探討過的專挑好資料。這忽視了分母並扭曲了研究結果，讓顯示抽菸和不良健康效應無關的資料所佔的百分比，看起來比實際情況高上太多。

來想想一個情況，某實驗進行的總次數中有 95% 會顯示抽菸和健康問題有相關性。如果我進行一百項實驗，單憑偶然，也會有五次顯示抽菸和生病沒有關聯。如果我只發表那五次實驗，那麼手上的資料就會百分之百顯示不存在著風險。這些研究在科學上可以十分嚴謹，方法和分析都執行得很完美，而且也按照科學發表程序由客觀第三方進行同儕審查。然而，世界就是有這種機率本質，就是會使研究有時單憑偶然就顯示出一個和真實關聯性不同的走向。菸草業藉由選擇性地只通報這些研究，專挑好分子並忽視分母，就能扭曲手上有的資料。就算他們只發表嚴謹度最頂尖的研究，這種策略也可以徹底展現他們想要的效果。[42]

專挑好的研究結果並不是扭曲資訊的唯一方法。就如歐康納和魏瑟羅所指出的，一個人大可叫別人去執行研究，但接著插手其中，靠

著「選擇性分享」來扭曲分數。在這種情況下，鼓吹者提倡並宣傳那些支持其意圖的研究和結果，讓它們看起來遠比其他研究更醒目。顯示相反情況的研究和結果，則會透過被動忽視來予以貶低。選擇性分享可能會化為會員通訊、小手冊，甚至期刊上的綜述文章。值得注意的是，這種情況下的鼓吹者自己本身並不生產任何資料，而這邊所有的資料都是由第三方產出。選擇性分享的高明之處就在於，鼓吹者除了微調資訊流動（而完全不改變資訊）之外不進行任何干涉，卻可以達到類似效應。這可以算作是一種誇大分子的作法，也是忽視（或者至少是減少）分母的作法。

還有另一種策略，不是透過扣下不想要的結果或將其最小化，而是打從一開始就去改變結果產生的比率。美國的大學和研究機構執行了大量的科學研究，而聯邦政府或非營利基金透過以科學價值為基準來發放的補助金，資助了這些研究的一大部分。公司也會贊助大量的大學研究。但贊助多少，沒人確切知道。大部分的大學在這個問題上都諱莫如深，一般來說不會公布資訊，而且就算要了可能也拿不到。不公布和保密協定都是常見的作法，而且儘管有制定法律保障公眾有權在國家贊助的機構取用資訊，詳細資料還是很難取得，就連公立大學的資料也一樣。

公司資助大學學者執行研究有什麼問題嗎？這不正是那種推動新技術並讓科學研究成果裨益最多數人的合夥關係嗎？這不就解決了先前「菸草公司自己執行研究卻只公布其中一些」的問題嗎？先把大學跟公司簽約、使公司擁有資料且可選擇要不要發表的那種情況放一邊，我們就來關注更好的情況，也就是不論結果如何，研究者都有權發表研究結果，而且沒有來自贊助團體的干涉。即便在這種情況下，

正因為公司選擇了要支持那些計畫，也選擇了要進行哪類的研究，使得有團體贊助的研究在效果上還是要大打問號。[43]

公司在這方面相當聰明。他們太清楚哪幾類研究方法、流程和研究設計，會增加自己偏好的結果出現的機會——他們便有所選擇地資助那些計畫。某計畫如果有可能得到和贊助團體期待相反的答案，不論真正答案為何，該計畫都永遠不會執行。這樣做的話，公司就沒有忽視分母，而是打從一開始就避免分母存在。這樣一來，他們對於結果的扭曲，其實和資料明明存在但被掩蓋起來沒有差別。然而資料並沒有被掩蓋；它們只是根本從沒被生出來過。[44]

融合認知網路模型及交互論人類推理模型之結果

當概念良好地趨於一致時，認知網路建模、認知心理學實驗和真實世界成功事件分析的三種結果，交互萌生並支持了關於「確認偏誤之潛在益處」的普遍結論。前一節主張，因為確認偏誤要避免人基於零星而小量的反駁證據、太早捨棄正確想法，所以是有益的。要正式測試這個概念恐怕會有問題，因為目前來說不可能產生一個沒有確認偏誤的人類，來看看會發生什麼事。然而，我們有辦法指示受試者使用違背確認偏誤的策略，這麼做之後，人們要把事情弄清楚就沒先前那麼順利了。[45] 把這種好處放在認知網路的脈絡下分析又多了一層重要性，因為確認偏誤可避免整個團體卡死在錯誤的結論上。

有時候，這單憑偶然就會發生。在認知網路建模的情況下，為一個對的想法找到一堆反駁證據，但這些並非「不正確的資訊」，因為它們正確地被觀測到且確實發生了。單憑偶然在短期間內較好的流

程，有可能得到比長期平均來說更差的結果。如果這種情況發生的話，認知網路就有可能會匯聚在一個不正確的結論上然後卡住。[46] 它會卡住，是因為「大家在認為什麼是最佳策略」上達到了共識。沒有哪個人會去研究不受團體支持但在這種情況下恰巧比較好的策略；畢竟，你幹麼根據一個較差的策略來行事呢？因為沒有人會去測試比較好的策略，使它錯誤地不被理會，也就始終無力修正錯誤。

別忘了，一般來說認知網路模型中的行為者，都是理想的理性行為者且沒有確認偏誤。然而，人類的確認偏誤的確有可能創造一個更大的屏障來匯聚共識，來防止網路卡在不正確的共識上。那些初始信念反對正確答案的行為者，說服起來會困難許多，因此需要「機會效應」更長期持續才行。雖然這可能會減緩在正確想法上趨於一致的速度，但它也會減少卡在錯誤共識上的機會。擁有少數幾個偏誤強大到多少證據都說服不了的個體，或許能提供強大的保護力來避免這種效應出現——至少總有人一直在測試那些非共識的策略。但如果這類人不只是一小撮，就會造成災難了。不過我在此推測，就我所知的範圍內，都還沒有人在認知網路理論中建立認知偏誤的模型。

在一個不一樣但同等重要的理論匯合中，認知網路建模的資料符合了交互論有關多樣性價值的模型所做的預測結果，也符合社會學資料所指出更多元的團體表現較好的主張。然而，各式各樣的想法得要在認知網路內接受觀測與交流的修改影響，那種多樣性才有利於趨近正確想法。[47] 這稱作「短瞬多樣性」，因為在那之後，研究和溝通交流的過程就會讓想法趨近於一個正確概念，這時多元信念就會消失。當行為者因為（好比說）不相信那些看法有別於自己行為者的研究結果，甚至不相信有別於自己團體的人的研究結果，而不再聽取別人違

反其信念的研究結果時，多樣性也愛莫能助。

總結

　　近期的研究進展開始調和「人類認知有多麼容易犯錯」與「人類造就的驚人進步」之間明顯的矛盾。雙重歷程理論把一整類的普遍錯誤（即捷思法）解釋成必要的心理捷徑，讓我們可以快速對問題做出即時反應（即系統一思考）。當系統一不靈光時，我們就採用一種更小心、講求邏輯、會反省的能力（即系統二思考）。所以，儘管人類不完美，但有鑑於時間、能量和腦力全都有限，我們的心智已盡其所能了。此外，在某些例子中，系統一天生就比更講邏輯的系統二分析還優秀。所以有時我們盡其所能的辦法就已是最佳辦法了。

　　要解釋確認偏誤怎麼會是一個有適應力的認知特質，看起來似乎不可能，而雙重歷程理論也幫不上什麼忙。不論我們已經相信的事物是什麼、是真還是假，甚至不論有益或有害，都會竭盡所能地錯誤解讀這個世界，以偏袒已有信念這種無所不在的傾向能有什麼優勢可言？不論一個想法或理解有多正確，始終都會有一些證據與其牴觸。確認偏誤能有適應力的一招，就是避免我們在面對抵觸證據時太快拋棄對的想法。的確，在模擬研究任務中就需要確認偏誤，才能在解決難題時做出最快速的進展。

　　傳統上來說，個人主義觀點在認知心理學上具有主宰地位。人們相信，演化出理性是要協助指引個人在世上的方向。而交互論觀點可以進一步解釋確認偏誤；在這種晚近的概念中，社會對話和辯論是推理的工具，而個人觀點和信念是這種辯論的動力來源。的確，實證資

料顯示人類團體可以輕易解決一些往往讓個人陷於苦戰的邏輯問題。交互論觀點使人理解到，要是沒有確認偏誤，個人可能會太快拋棄立場，使得全面詳盡的辯論無法開始或結束。

「認知網路建模」這個較新的領域則顯示了，一旦不再測試別種假說，等到不太可能發生的事件偶然連串發生時，就可能導致團體達成錯誤的共識，然後就此卡住。理論上來說，確認偏誤也可以避免這種情況。令人注目的是，認知網路模型說明了鼓吹者如何能輕易操縱詮釋科學資訊、將其公布給大眾，然後傳達至立法者與決策者，來使決策者得出錯誤結論。

總的來說，「人類認知如何為個人效勞以及在團體中運作」方面的理論進展，正在協助解決個體認知容易出錯的本質和人類整體進步之間明顯的矛盾，同時也照亮了我們先前不知道、因先前未曾重視的機制所產生的新脆弱地帶。

第十二章

我們能否解決人類感知與推理的問題，且我們有必要試嗎？

過去六十年裡，認知心理學達成了驚人進展，但它仍是相當年輕的領域。它的早期進展就跟大部分年輕領域一樣，重點放在弄清楚發生了什麼事，以及在什麼條件下會發生這些事。至於在我們討論過的例子中，重點則放在人類何時會感知或錯誤感知、如何感知或錯誤感知、如何推理出正確或不正確的結論，以及有哪幾種偏誤根深蒂固於人類的認知。無可否認的是，認知心理學仍在探索這些事物，也仍在定義這些事物。

儘管人類恐怕不像我們一度以為的那麼理性，但那並不代表我們就得消極接受我們的短處。我們花了大量精力，想去教導或訓練人們學會抵銷認知錯誤的策略，這些策略一般稱作「消除偏誤」。「消除偏誤」這個詞的意義，遠遠超出消除種族歧視、性別歧視或其他各種不公正偏見的用法；消除偏誤還包括為彌補人類整體的認知偏誤和捷思法所下的工夫。

　　人們往往把消除偏誤的工作描述成推廣批判性思考的技能，而威靈漢（Daniel T. Willingham）以「門外漢的用語」將批判性思考技能定義為「同時看見一個問題的兩面，對否定你想法的新證據持開放態度，並且冷靜推理，要求你的主張須有證據支持，以此從可得事實來演繹並提出結論、解決難題，諸如此類」。[1] 就如威靈漢所指出的，至少早在 1980 年代中期，從政府到私部門等眾多資訊來源，都感嘆民眾的批判性思考技能不足。

　　學生離開校門時無法具備充足的批判性思考技能，肯定不是因為缺乏嘗試。投入大量資源和新策略來教導批判性思考，已成為教育圈大家耳熟能詳的口號，但卻沒達到多大的成功。這一番苦心讓人學到了許多事情，也因此產生了大有展望的新策略。但有一件事情不能不明白，那就是我們的偏誤因天擇使然而異常頑固，而我們的認知不會輕易拋棄它們。人類的心智是很難敲開的硬頭殼。

批判性思考是種可學習的技巧，
還是說我們早知道怎麼做但就是不要？

　　就如第十一章所解釋的，根據雙重歷程理論，批判性思考至少有些部分已是人類認知的基本部分（即系統二思考）。然而，更直覺而容易出錯的系統一通常佔了主導地位，而系統二往往只在系統一失效時才發揮作用。令人遺憾的是，系統一失效時人們往往一無所覺，所以始終沒有啟動系統二。人不是無法使用系統二，而是不去使用它。因此，消除偏誤的策略往往試圖「把認知處理大幅轉變，從……系統一的模式思考（自動而捷思的）**轉變**為系統二的模式思考（受控且由規則所管

制的）」，並努力教人自動運作系統二。[2] 這個策略是在教人使用他們已有的能力。

就算有辦法讓系統二自動運作，我們也不清楚這在所有狀況下是否都是好事。有些人主張，訓練個人使用系統二，會使人喪失有用且有效的系統一捷思法，而造成抉擇有效度的淨減少。[3] 我們會演化成這樣應該是有充分理由，而且，雖然我們當下的環境可能和過往演化時所處的環境不同，但有不同到應該全面修改使用認知系統的方式嗎？嚴格來說，我們並不需要擔心訓練人們更頻繁使用系統二會造成損害，至少目前還不需要。畢竟讓系統二自動運作，可沒有看起來那麼容易。

以教育破除難題所碰上的障礙
辨識難題的心理阻力

人類有一種強烈傾向，會相信自己準確感知了世界的真正模樣（通常稱作「天真現實論」〔naïve realism〕[4]）。[5] 當然，有許多人同時體驗著同一個外在世界，但他們感知的卻是天差地別。不可能人人都對，而且很有可能每個人至少都有一部分錯了；然而，人們往往**感覺**自己是正確的。令人遺憾的是，他們往往也覺得那些不同意他們的人有問題。

就如利林恩費爾德教授（Professor Scott Lilienfeld）以及其同事所解釋的，「因為天真現實論，我們容易把那些看法不同的人當作是『懶惰、不理性，不然就是無力或不願意以正規方式來從客觀證據一路得出合理結論』。」[6] 我們往往不會用這種批判眼光看自己，因此這被稱作「我可沒有謬誤」（not-me fallacy），指的是一種「認為其他人偏誤但我

們可沒有」的信念。[7]

想要教人認識偏誤和捷思法，可以很直截了當。人們可以輕易學會這些概念，並在其他人身上立刻辨識出這樣的特質，但在自己身上就不會。[8] 出於這理由，阿克斯博士（Dr. Hal Arkes）表示

> 有個已證明完全沒價值的技術，就是跟人們說某某偏誤是什麼，然後叫他們不要被它影響。如果人們真的不太能察覺那些影響自己判斷的因素，那麼督促他們增加或減少這些因素對自己的影響，恐怕注定要以無效收場。[9]

有充分的證據證明，鼓勵人們考量不同觀點或在一個議題上從多個方面深思論點，是有一些減輕確認偏誤的效果 [10]（類似的策略還有「思考反面」、「想想別條路」或「主動心態開放性」等稱呼）。這就是威靈漢所謂的「後設認知規則」，人們透過它學會把某些反思技術運用於特定幾類情況上。然而，辨識出應用規則的場合，似乎是個主要挑戰。

當人們遇上類別一樣、架構一樣但表面特徵不同的問題時，他們往往不會留意到相似之處。就如威靈漢所解釋的，「一個學會深思熟慮地同時從英國和美國觀點來討論美國革命成因的學生，根本不會想到去問德國人怎麼看二戰。」[11] 出於這個理由，人們花了很大工夫去教導學生辨識各種情況的更深刻特徵，好讓他們學會辨識他們面對的那類問題，而不管其表面特質為何。

教導認知策略的那種方法，和人類將策略內化並加以善用的方式相當不同。大學生就算接受了正式邏輯教育，也不會改善他們進行邏輯任務（好比說第十一章描述的四張卡牌實驗）的表現。然而，若以相關具

體案例及實際運用方式來教授邏輯，教育就會大幅改善實驗結果。[12]

雖然這些方法確實展現了一些指望，但就算是讓人習慣使用後設認知規則，並讓他們看穿眼前問題的表面特徵而直入更深刻本質，都還是不夠的。為什麼呢？人們可能無法查明他們正面對的難題屬於哪類，或者無法辨識出它的特徵，因為他們對自己正在思考的事情瞭解不足。

對領域知識的需求

人們可以學會後設認知規則和批判性思考，但光憑學習還不足以讓他們能廣泛運用這類技巧。[13] 就如威靈漢所解釋的，「教導批判性思考的人們把那假設成一種技巧，就像騎腳踏車一樣，而就像其他技巧一樣，你一旦學會，就能在任何場合中運用。然而。認知科學的研究證明了思考不是那種技巧。」[14] 人們之所以無法更廣泛地運用學會的技巧，部分原因在於批判性思考在某種描述中擁有頑強的「領域特定」特性。

有些人可能會在查明事物時嘗試以不同觀點思考。然而，如果他們對一個主題（也就是一個領域）的瞭解不足，他們就不會知道什麼是不同的觀點，也就不會去思考。有些人可能會「知道你不該接受某個問題乍聽之下合理的第一個解答，但那不代表你就知道怎麼想出別種解答，或者知道如何權衡每個解答各自的合理程度。那需要你所思考領域內的特定專長（稱作領域知識），以及能有效運用該知識的實際作法。」[15]

換言之，人們需要特定領域的專長，才能運用所學的任一種後設

認知規則。批判性思考必須要讓後設認知規則成為習慣，但那還不夠——還需要領域知識。出於這個理由，就該要同時教導理論和特定內容，這種關鍵結合在科學教育中有著最佳的驗證。[16]

但可惜的是，如果一個人在特定情境下就是不知道別人在講什麼，那麼他有多聰明或多有邏輯其實都沒差。獲得專長需要時間和努力，這方面就是沒有捷徑。多數人喜歡自己獨立思考，但獨立思考要能有效進行，不只需要關於如何思考的自我教育，還需要關於該主題的自我教育。

在符合分數形式之事物上運用後設認知規則

學習辨識出分數何時在運作，以及辨識出分數可以怎麼誤解或錯誤描述的特性，也可以想成是一種後設認知規則。辨識出政治人物、警察、廣告商、科學家和新時代術者的主張裡潛藏著什麼分數，有助於讓你意識到可能存在著哪幾類混淆或錯誤描述。若要應用這個規則，可能也需要特定領域的知識。舉例來說，關於失業率如何計算的討論（第一章）所需要的特定領域知識，就有實際要用的公式和如何涵蓋變項等。光是「率」這個用詞，就指出了數學式子當中必會涉及某種分數。接著，人就可以自立學得特定領域的細節，或因為我們都很忙碌，所以比較有可能去找那些已在該領域成為專家的人所進行的此類分析。擁有較多某個領域知識的人，有可能瞭解我們不知道的背景資訊，認清這一點是身為理性人的一個環節。我並非主張面對權威就得照單全收。但要求權威解釋這樣的背景資訊以及它如何影響他們的判定，也是一個合理的期待。

就跟大部分的系統二思考一樣，分析百分比和機率的能力是人類天生的技能，但前提是要認出有分數在運作。我們能把分數想通的能力，也仰賴我們用來描述情況的那種語言。就來想想以下問題：

從人群中隨機挑出一人，海洛因成癮的機率（基本比率）是0.01%。如果從這群人中隨機挑出的一人有海洛因成癮，那麼他身上有新針孔的機率（靈敏度）是百分之百。如果從這群人中隨機挑出的一人沒有海洛因成癮，他還是有新針孔的機率（虛警率）是0.19%。那麼，從這群人中隨機挑出、有新針孔的一人，海洛因成癮的機率（事後機率）是多少？

這對人類心智來說其實是一個複雜難解的問題，而且問題照這樣陳述的話，只有4%的人可以答對。然而，同樣任務若以「自然頻率」的用詞，好比說「十次中有一次」來呈現，而不是用「0.1」或「10%」這類機率用詞呈現的話，就會有24%的人答對同個問題。[17] 以下是用自然頻率陳述的同個問題：

某一群人裡面，每十萬人有十人海洛因成癮。十個海洛因成癮者裡面，會有十人有新針孔。九萬九千九百九十個海洛因未成癮者裡，有一百九十人還是會有新針孔。那麼，這一群有新針孔的人裡面，有幾個人是海洛因成癮者呢？[18]

當然可以說，這兩種問法除了差在使用自然頻率和機率之外，還有許多不同的地方。然而，有大量的其他證據也指出，人們在類似的

推理任務上若使用自然頻率，表現會好上很多。[19] 當然，雖然 24% 的人答對率和僅僅 4% 相比是一大進步，但那之外 76% 的人呢？為什麼用了自然頻率用詞來問問題後，我們還是無法達成任務？

答案似乎不是「76% 的人就連用自然頻率也還是沒辦法解決問題」。派翠克·瑋伯（Patrick Weber）和同事反而發現，那些仍會答錯的人，其中有許多「實際上並沒有使用自然頻率做計算，而是又把它們轉譯回複雜的機率」。[20]

換言之，人們接下了自己可以解決的問題，接著卻把用詞變成某種沒辦法解決的東西。這個研究是以大學生為對象執行，使得論文作者們推測，或許我們教育的方式有問題，進而產生「自然頻率該在統計學教育中使用到什麼程度」的問題，並主張「年幼時期就已教導了自然頻率，因而在較長期間內建立起概念」。[21]

諷刺的是，我們目前的數學課程，恐怕是特意教學生用我們認知困難的語言來提問。我們可能需要根據人類認知處理哪種用詞時最順暢，以此調整教導學生去用的用詞。當我們在設法讓策略變得最有助益時，同時也要考量另一件事：我們也要考量自己是否正在造成傷害。

消除偏誤有沒有可能讓情況更糟？「逆火效應」

在某些情況下，為了減輕偏誤而下的那些工夫，就只會放大偏誤。這種情況的一個例子是「逆火效應」，指的是以幫人消除偏誤為目標的行動，卻矛盾地導致他們的偏誤更加嚴重。「逆火效應」這個詞用來描述的狀況是，給人們與事實相反的具體證據時，卻強化了對事實的信念。

逆火效應是否真的會出現，目前正處於高度爭議狀態。就算在專門設計來（在簡單事例中）推動逆火效應的實驗裡也不常觀測到它，讓研究者們懷疑它是不是真的存在。[22] 這和「針對認知偏誤（而非特定事實信念）所進行的消除偏誤工作」出現的逆火效應有所區別。在這種情況下，逆火效應似乎會發生，至少在某些環境下會發生。

在嘗試減輕「後見之明偏誤」時，有記錄到逆火效應。後見之明偏誤是一種對分數的錯誤感知。當人（在事後）回想事件發生前的狀況，並覺得該事件本來就非常可以預見、顯而易見，甚至必然如此時，就會發生後見之明偏誤。後見之明偏誤也稱作「早就知道偏誤」。

這是一種對分數的錯誤感知，因為在任一個時間點上，接下來可能發生的事情實在有太多種可能性了。若其他條件都相等，任一特定事件發生的機率，就是一件事相比於所有可能發生之事的分數。[23] 事件發生後，人們往往會只關注確實發生的那件事，並忽視本來有可能發生的所有其他事。這是一種忽視分母。

在讓美國加入二戰的珍珠港攻擊事件發生之前，人們所收集的大量情報，在美日衝突日益增加一事上有著朝四面八方發展的各種預測。珍珠港攻擊事件後，等人剔除其他資料來找出看似預測了攻擊的情報後，攻擊事件反而成了早有跡象該發生的事。於是有些人就開始推測小羅斯福總統和情報單位想必早就知道攻擊將發生，並決定任由它發生，因為他們希望美國參戰。[24]

當然，我們無法直通小羅斯福總統內心；然而，在收集大量情報（好比說軍事情報）的情況下，就能讓人在事後剔除情報，找到似乎預測了已發生事件的少量證據，並忽視所有預測別種情況的其他證據。像這樣的場合，就有利於後見之明偏誤的發生。

在摧毀世貿中心的攻擊事件後，（由五名共和黨員和五名民主黨員組成的）九一一委員會調查了攻擊前知道哪些事情。他們詳細檢查情報單位的報告以及總統每日簡報，來尋找可能預測劫機撞進世貿中心的情報。他們發現一份日期為 2001 年 8 月 8 日的總統每日簡報，標題為「賓拉登決意從美國內部發動攻擊」（Bin Laden Determined to Attack Inside the United States）。[25]

當萊斯（時任小布希總統國家安全顧問）在國會上對此議題作證時，其中一名民主黨委員（班－維尼斯特〔Richard Ben-Veniste〕）試圖主張這份備忘錄證實小布希政府曾得到預警攻擊事件的具體情報，而他們應該要預料到會發生才對。

萊斯博士回應說，簡報是份歷史文件，只做出模糊的預測且並沒有提供詳情。部分簡報內容於 2004 年解密，目前可公開取得。[26] 儘管那只是簡報的一部分且經過一些編校，但就如萊斯博士所指出的，文件只是模糊指出蓋達想要攻擊美國。簡報當中有一段是這樣寫的：「儘管如此，從那時起的聯邦調查局情報，指出了國內可疑活動的模式有符合劫機或其他類型攻擊的籌劃準備，包括近期對紐約境內聯邦政府大樓的偵察。」

我尊重執行適當國會監察工作的委員們，但問題點在於他們只把焦點關注在符合碰巧發生事件的蛛絲馬跡和不充足情報上，而且就連這些情報也相當模糊。與劫機及其他類型攻擊的籌劃工作一致的可疑活動，以及偵察紐約境內的聯邦政府大樓，並不等同於「劫機者將要把飛機撞進世貿中心」的警訊。此外，這也忽略了還有不計其數的其他情報，預測了許多本來可能發生但沒發生的其他情況。這便是後見之明偏誤的典型範例。

　　同一種程序也在第七章諾斯特拉達姆斯的預言案例中運作。某個事件發生後，詳細檢閱模糊而雜亂無章的四行詩節，透過比喻和語言抽象化來讓其中一節符合事件，然後指出某段資訊明顯有著先見之明或預言能力，這並不是什麼難事。然而，同一時間你卻忽視了同樣可以從四行詩節中扭曲出來、但講的事並沒有發生的其他無數預言。這種對分數的錯誤感知有時被稱作「後測」（postdiction），那又是另一種後見之明偏誤。

　　研究者為了減輕後見之明偏誤而採用了一個方法，即要求受試者想像事情本來可能會有怎樣的不同結果。基本上，這是要求受試者在事後想想他們忽略的其他可能。當然，最終確實有一種情況發生了，但那些本來也有可能發生的所有事情要怎麼看？這屬於先前描述過的那種普遍式消除偏誤策略，是一種後設認知（metacognitive）規則。

　　桑拿（Lawrence J. Sanna）與同事發現，要求人們想像事情本來可能會有怎樣有別於實際的結果，來企圖減輕後見之明偏誤時就發生了逆火效應，但這要看實驗者是怎麼對那些人要求的。[27] 他們發現，當實驗者要求參與者想像兩個不同的可能結果時，後見之明偏誤確實減少了，但若要求參與者想像十種可能的結果時，反而會讓偏誤惡化（也就是逆火效應）。想像出十種不同的可能結果，對大家來說挑戰性很高；因此，在難以思考多種其他結果下，人們只會更加確信發生的那個結果是不可避免的。事件就只會這麼發生，別無他種可能。[28] 這個問題突顯了，批判性思考教育需要更多研究和細微改善。某些消除偏誤技術的失敗，可能是因為方法上的微妙差別，而那都可以經調整而產生想要的效果。

從機制面解釋的力道

當費恩巴赫（Philip Fernbach）與同事比對了「用推理支持信念」和「用機制面的理解來支持信念」的效果時，有了一個重要突破。[29] 會採取這個方法，是為了回應一個稱作「解釋深度錯覺」（illusion of explanatory depth）的現象，羅森布里特（Leonid Rozenblit）和凱爾（Frank Keil）對此有詳細描述。[30] 簡單來說，人們自認對事物內在機制運作方式的瞭解，其實遠高過他們實際的瞭解程度。

若要顯現解釋深度錯覺，可以要求人們寫一份數字量表，評估自己對於普通機械或日常設備的運作方式有多瞭解。然後要人們口頭說明機械如何運作，說明得越詳細越好。之後，再讓他們重新評估自己有多瞭解那些東西實際上如何運作。在人們試著說明某物是如何運作後，他們對於自身理解程度的估計往往會下降。人們一開始評估自己所知的比實際知道的多，是因為知道一個東西整體來說如何行事，和瞭解它藉以運作的內在機制，兩者非常不同。

就想想你家裡的微波爐；它的運作方式相當顯而易見。你把食物放進去，設定烹飪時間，按開始鍵，然後微波爐就會釋放出微波加熱食物。清楚描述它如何運作似乎很容易；然而這裡描述的是如何使用這個設備，而不是它的運作原理。唯一的機械層面描述，就是爐內會放出微波加熱食物。但微波是如何產生的？電如何被轉換成微波輻射？微波並非以爐火那樣人們所熟悉的形式為食物加熱，那為什麼微波有辦法讓食物加溫？為什麼碟子加熱的程度和食物不一樣？控制板又是怎麼運作的？哪一種電腦迴路能讓小鍵盤運作並讓計時器倒數？這和電晶體或電腦晶片有些關聯。但電腦到底是怎麼運作，程式設計

又是怎麼一回事呢？不然講比較簡單的東西好了，好比說爐內發出的光芒是怎麼來的？電到底是如何轉換成可見光，又是藉由什麼過程進行轉換的？當然，小轉盤應該很好解釋。它就是會轉。但同樣地，它為什麼會轉？

　　面對熟悉但不專精的事情（好比我們生命中的大部分事物）時，這種錯覺普遍存在於我們每個人身上。大部分人知道的並不像自認的那麼多，這概念當然不是什麼新鮮事，在本書脈絡下又尤其不是。所以，那有什麼大不了的？大不了的是芬恩巴赫和同事們接下來做的事。他們執行了一系列的研究，過程中把以下這些政治提議提供給受試者：

1. 對於伊朗的核計畫強行實施單方面制裁
2. 提高社會保險的退休年齡
3. 轉為單一支付者健保制
4. 為碳排放建立總量管制與排放交易制度
5. 制定全國單一稅制
6. 實施教師績效報酬制

　　首先，參與者要在一份一到七的量表上替自己的看法評分，其中一代表「強烈反對」，而七代表「強烈支持」；這建立了他們對議題的基線看法。接著，他們要替自己對這些政策的瞭解程度（好比說，你對於因為伊朗核計畫而強行實施單方面制裁有多瞭解？）來予以評分。接著，參與者會分成兩組。

　　研究者要求第一組，

把你所有的理由寫下來，從最重要的理由開始，一直寫到最不重要的理由。也就是說，你得要精準地陳述你為何支持該立場。關於你抱持這立場的理由，盡可能試著講述一個完整的經歷。請慢慢來，因為我們期望你小心仔細地陳述你的理由。

研究者要求第二組，

把你知道的所有細節全都描述出來，從第一步到最後一步，並提供每一步之間的因果關係。也就是說，你的解釋應該要從頭到尾、環環相扣地精準陳述每個步驟如何造成下一個步驟。換言之，試著盡可能講述一段完整無缺的歷程。請慢慢來，因為我們期望你提出最佳解釋。

受試者完成後，研究者再度要求他們使用同樣量表，替自己的看法以及對政策有多麼瞭解來予以評分。這些研究結果發人深省。那些給理由的人（第一組）看法沒有變化。而那些嘗試提出機制面解釋的人（第二組），不論一開始立場如何，後來的看法都變得沒那麼極端。

論文作者做出的結論是：一種理解錯覺助長了政治極端主義，因為已知能減少理解錯覺的嘗試解釋行動減輕了極端主義。目前還不清楚這種詮釋是否完全正確，因為兩組人們進行重測時，對於理解度的自我評估都有降低，儘管第一組（理由）的信心降低程度比第二組（因果機制）來得少。論文作者把第一組下降的理解度自我評估，歸因於其中一些連為自己看法提供一個理由都辦不到的受試者。

受試後理解度自我評估和極端主義都下降的事實，並不一定表示

前者影響了後者，但卻與這個假說一致。理解錯覺與極端主義之間的因果關聯性，需要進一步的研究測試。儘管如此，不論背後機制為何，研究結果的確讓人開了眼界。要人找出支持信念的理由並不會減緩極端主義，但要人想通信念是怎麼運作的就會。這同時影響了被評估議題兩邊的極端立場——不論是接受或反駁命題的看法，它都沒有偏祖。這裡可沒有人在生產要讓人更保守或更不保守、更自由或更不自由的策略——就只是讓任何看法都更深思熟慮。這個結果十分引人注目，因為它證明了後設認知規則的具體細節有多重要，並為新策略的發展提供希望。

克服現代社會的同溫層

　　（在第十一章探討過的）人類認知交互論模型主張，確認偏誤不是人類認知的缺陷；它反而是讓團體得以進行辯論的不可或缺元素。這給予具有多元觀點和論點的人類團體提供了顯著優勢。這也預設了在真的有多元看法、可以自由探討論點且信任感足以進行公開辯論的地方，存在著一股社會動力。

　　各種不同系列的研究都證明了，當這種社會動力停頓時，確認偏誤的有益效果就會消失，負面效果此時會主導局面，導致難以回復的信念兩極化和極端主義。許多人抨擊了資訊時代對這問題的影響；其影響還不只是人可以在網路上輕易建立「虛擬社群」，只與那些有著類似看法的人互動而已；這樣的社群也會因為社群媒體和網路介面內的演算法而自行發展。此外，多種不同政治傾向的新聞出處，讓人們不管帶有怎樣的傾向，都能取得具吸引力、聽起來有理且與內心共鳴

的資訊——換言之，取得「他們早就信以為真的東西」。

有些人稱這是「過濾泡泡」（filter bubble）而不是「迴聲室」（echo chamber）[1]，因為那不是個人看法反覆迴盪，而是其他人與自己共同的觀點，透過極嚴格的濾鏡篩選而來。[31] 這種作法也會產生讓人錯覺，誤以為支持自己看法的人遠比實際上多，因為你從未聽到任何人陳述不一樣的看法（稱作「錯誤共識謬誤」）。這是另一種對分數的錯誤感知：同意者的百分比在你心中變得非常高，因為你察覺不到那些不同意之人的存在。

現代生活有個環節，讓我們透過購買調理食品而不再使用自己下廚的能力。那我們何不也來享受調理資訊與調理意見，好讓我們不用再思考了，並省下批判性思考的辛苦？我們甚至不再需要自己的確認偏誤了；我們可以先幫自己「預濾」資訊。

此外，就像第十一章描述的認知網路建模所預測的，一個人越是不信任來自看法不同者的資訊，就越會發生信念兩極化。我們不用擔心有不一致的資訊偷偷跑進我們自給自足的信念泡泡裡。我們可以把它視為不值得信任的「假新聞」而不予以理會，然後就放在一邊。假新聞也可以算成一種「無真正蘇格蘭人謬論」。如果新聞不符合你的既有信念，那就不是真新聞。令人驚訝的是，百分之百的正派新聞都證實了你的信念，所以你的信念必然為真。

人類信念兩極化的問題，也不是非要有資訊時代和網際網路才行。的確在過去好幾個世紀裡，我們不需用現代科技也能駕輕就熟這種事。但它其實會導致可怕的結果，甚至是戰爭和種族清洗，但這也

1　譯注：這兩個用語目前中文習慣都翻為「同溫層」，但如下文解釋的略有不同。

沒阻止我們一而再再而三地落入這個陷阱。這是交互論人類推理思考的陰暗面。不信任和思想宣傳滋養了信念兩極化，又與（即便懷疑仍）不鼓勵人對所屬團體不一致的從眾偏誤交織，並受其驅動。於是群體迷思開始接手，使人們帶著道德優越感和正義感深陷於自己的敘事。然而，也不能因為我們光憑自己就能辦到，就認為資訊時代和網際網路沒有把信念兩極化和偏誤放大到前所未有的更高層次。

　　發生在「個人、社會和技術層面」的交互資訊過濾，稱作「三重過濾泡架構」，而替那種架構建立模型後，有人主張會出現一個增效作用，放大它們所導致的濾鏡泡泡和極端看法。[32] 一如我們不是在心理學實驗室裡演化，我們也不是在那種把演算法預先算好、把符合我們既有想法的資訊主動推播給我們的線上搜尋頁面的閃動中演化的。

　　人要如何減輕同溫層效應？帕理澤（Eli Pariser）堅決認為，要把我們的視野拓展到我們通常不會遇見的觀點去。有時候你可以選擇退出廣告平台，清除網路瀏覽器的 cookies，並優先使用那種讓你看得出濾鏡（且如果可能的話，讓你能稍微控制濾鏡）的平台。

　　當然，運作資訊濾鏡的公司可以改變濾鏡來協助解決這個問題，但如果沒好處的話，它們幹麼要這樣做？然而，我們在此並非無計可施。我們可以藉由投票選擇（不只政治上的選票，也包括用消費習慣來投票）來刺激它們。面對那些越發掌控我們接受資訊的巨無霸公司，主張這種方法或許很天真樂觀，然而人們還是可以選擇把錢花在哪裡，或者說看起來可以。

　　在新冠肺炎大流行的巔峰時刻，時任美國總統的川普和新冠工作小組做過一次長簡報。我從三個為不同觀眾族群提供不同政治傾向的新聞網（CNN、MSNBC 以及福斯新聞網）錄下了報導（以及其後的評論）。

接著我接連看完每段錄影。就如你所想像的，我很難認出它們是在報導同一場簡報，而是看起來簡直像在報導完全不同的事件。我仔細聽了每段錄影，然後又把簡報聽了一遍。這讓我得出一個悲傷的結論，那就是每個新聞網想描述什麼就專挑選符合需求的資料，同時忽視那些不符合的資料（即操控分數）。它們都藉由遺漏來說謊。

　　每個新聞網都在製造自己的同溫層——非得等到我把三段全看了之後，這件事極端的荒謬性才顯露起來。當然，我也是人，因此我有自己的看法和信念，因此也連帶有我自己的確認偏誤。我們沒辦法從人類的身分中抽離。我往往更相信某些新聞網的敘事勝過其他新聞網，但我也承認，不論敘事真假，就算最吻合我信念的新聞網，也會藉由操控分數來扭曲資訊，以支持我的那個信念。新聞網顯然是受激勵而這麼做的：它們的生死取決於收視率。人們往往偏好符合他們信念的消息來源。你的客群要什麼你卻不給，簡直是糟糕至極的經營模式。

　　我並不是暗指新聞業界徹底缺乏操守，我也沒有主張各媒體機構扭曲的程度都相等。但所有媒體至少都在某種程度上扭曲新聞是個非常明顯的事實。某人（或某群人）可能是為了支持正確結論而扭曲證據，但這也不是構成扭曲的正當理由。就算是要陷害真的有罪的人，原告律師也不能捏造證據。

　　當我還小的時候，新聞會播一小時——可能因為報導當天事件要花這個時間長度。如今，有了二十四小時的新聞網，但還是只有一小時的新聞事件要報導，那麼新聞網要拿剩下的二十三小時做什麼？剩下的時間充滿了評論、專家意見以及解讀——而非傳達諸多事實。就算傳達事實，往往也是專挑好資料所選出的一組事實，促使一個同溫層圍著新聞網客群共有的既有信念敘事而自我膨脹。

結語

　　對於我們之中有幸成為某民主政體活躍成員的人來說，如果不當一個見多識廣的公民（只要不看新聞或讀新聞就行了），好像就是怠忽職守。或許唯一能幫助我們的，就是花更多時間看新聞（而不是更少）；但我們不該花三小時在特定新聞網上看同個節目，而是應該花一小時在三個不同的新聞網上。如果我們在各式各樣的同溫層裡花更多時間，或許可以重新接觸到更廣闊的世界。如果我們去找不同意見的人來討論問題並來回推理——不是那些會夸夸其談、只想要「贏」，而是好奇地嘗試學習並理解的人——那麼我們或許可以找回幾種幫助我們而非傷害我們的推理。或許我們可以藉由本書描述的所有機制，來習慣後設認知的技巧，好辨識出我們什麼時候錯誤感知了分數，以及別人什麼時候在操弄分數，並清理我們有錯的部分，或者找出我們遺漏的部分。如果沒有辦法的話，我們也可以減少對觀察結果和信念的信心，因為我們知道我們不曉得全貌，而且有可能把分數的一部分給弄錯了。

　　或許我們可以學會尋求並留意所有證據（不只是肯定證據），學會在得到肯定觀察結果時不要整個被它牽著走，並學會尋找機制層面的理由，而非光是找出一連串理由。或許我們的社會或政府可以限制鼓吹者（不論是出自團體扭曲及政治意圖，又或者出自其他來源）的影響力，但同時維持言論自由、表達自由以及媒體自由。一旦瞭解到我們的天性有多麼根深蒂固，承認我們常會忘記（或打從頭就不知）它們的存在，就會發現這項任務有多難。然而，近幾十年的認知心理學進展給了我們希望。

得知那些顯而易見的解答（關於人類認知錯誤的正式教育）並沒有提供解方，而是以十分切中要害的否定，讓我們去探問為什麼沒辦法，然後去尋找並測試其他可能的方法。的確，比較新的教育方法和資訊開始展現出效果。語言的細微問題至關重要，好比說，要使用自然頻率而不是機率，並向對方要求機制層面的正當理由，而不是一份理由清單就好。更細微的地方在於方法不只在質方面要正確，量的方面也要正確。要人去想像兩個跟十個其他情況的效果好壞差異，可以說明量為何如此重要。顯然這方面還需要更多研究，而我們的社會應該支持這樣的工作——那對我們的民主來說不可或缺。[33] 其實不必為了語言和方法的細微差異造成天差地別而感到氣餒，那其實能帶給我們樂觀心態，認為我們的方法可以透過逐步改善而獲致成功。

最好能夠記住，我們只有在某些環境和特定時間上需要和我們的天然傾向搏鬥。我們不該忽視的事實是，錯誤感知分數不一定是件壞事。它往往是我們能越來越瞭解世界時的必要基本條件，也往往是「身為人」的意義裡一種必要的基本內涵。為了探索和未來進展，我們需要信念多樣性、也需要一些兩極化。我們需要人們去探索多種想法和其意涵，即便它們乍看之下彼此牴觸。我們需要可得性捷思法和確認偏誤，以及本書描述的各類錯誤感知分數。它們導致我們的敗亡，卻也激勵我們進步。

如果錯誤感知分數在某些情況下會導致錯誤，而在其他情況下卻又不可或缺且有益，那麼我們就需要正確察覺到，錯誤感知分數的哪一部分才是我們想要的。最重要的是，我們每個人都有責任去當這個過程的管理者。畢竟，我們一起構成了「何而為人」的分母，而我們會是什麼分數，會由我們每個人在分子中決定。

注釋

前言

1　儘管這是經院學者對亞里斯多德看法的普遍解讀，但亞里斯多德並沒有明確使用「理性動物」這個詞。

2　從古至今的學者對人類理性的看法絕非一致；的確，有許多學者認為人類是非理性的（如培根、尼采等諸多學者）。哲學對這問題的探討，可說是一場豐富而引人入勝的辯論，但不在本書範圍內。哲學家之間儘管意見不一（而這是哲學難以擺脫的性質），但比較主流的看法是，人類推理思考的核心是理性且有邏輯的。

3　出於本書目的，我們會假定有一個存在於人心之外的「真實」世界。我們每個人顯然都會建構一個自身感知的世界，我們便是這樣體驗現實的。有人主張，我們建構的世界對我們而言就是真實世界。儘管這是一個有趣的心理及哲學辯論，但本書假定我們之外的世界是「真實的」；而我們對於該世界的概念，即我們感知並理解它的嘗試過程。

4　Kostas Kampourakis, *Understanding Evolution* (Cambridge: Cambridge University Press, 2020).

5　J. B. F. de Wit, E. Das, and R. Vet, "What Works Best: Objective Statistics or a Personal Testimonial? An Assessment of the Persuasive Effects of Different Types of Message Evidence on Risk Perception," *Health Psychology* 27, no. 1 (2008); Dean C. Kazoleas, "A Comparison of the Persuasive Effectiveness of Qualitative Versus Quantitative Evidence. A Test of Explanatory Hypotheses," *Communications Quarterly* 41 (1993); James Wainberg, Thomas Kida, and James Smith, "Stories vs. Statistics: The Impact of Anecdotal Data on Professional Decision Making," *SSRN Electronic Journal* (2010).

第一章　分數問題

1　事實上，達拉斯最初十五歲時錄取了西北大學，但他在那過得不如意而離校，後來才進入密西根州立大學就讀。

2　字條上寫著：「敬啟者：若發現我的遺體，希望您把它火化。」

3　T. J. Kask, "Dragon Rumbles," *The Dragon*, October 1979; Jon Peterson, *Playing at the*

World: A History of Simulating Wars, People and Fantastic Adventures, from Chess to Role-Playing Games (San Diego: Unreason Press, 2012).

4   William Dear, *The Dungeon Master: The Disappearance of James Dallas Egbert III* (Boston: Houghton Mifflin, 1984).

5   Dear, *The Dungeon Master*.

6   家長倡議團體群起而設法禁止遊戲。其中特別突出的有普林（Patricia Pulling）成立的「《龍與地下城》受害者自救會」（Bothered About Dungeons and Dragons，BADD）；她自殺的兒子曾是活躍的《龍與地下城》玩家。巔峰時期，《龍與地下城》受害者自救會在海內外都十分活躍。

7   保羅斯在他不同凡響的 *Innumeracy: Mathematical Illiteracy and Its Consequences* (New York: Hill and Wang, 2001) 中，對這事件有傑出的分析。

8   可以在 http://www.rpgstudies.net 找到完整的傳記，該網頁於 2021 年 10 月 14 日仍可讀取。

9   我在先前的著作 *What Science Is and How It Really Works* (Cambridge: Cambridge University Press, 2019) 中有提到艾格柏一事。我在此用了不同的詞語和略為不同的細節來描述，以說明本書的一個要點。

10 Dear, *The Dungeon Master*.

11 C. Bagley and P. Tremblay, "Elevated Rates of Suicidal Behavior in Gay, Lesbian, and Bisexual Youth," *Crisis* 21, no. 3 (2000).

12 怕你實在忍不住要把它算出來，先跟你說答案是 3/12 或 25%。

13 用最嚴格的用語定義來說，分數就是一個數在另一個上面，而上頭的數字可以被底下的除出一個值。所以，說到底分數就只是描述數字的一種方法——但它能以有用的方式呈現一個數字。我們將會把分數應用在像是百分比和機率的概念。在這些情況下，分子是有某特性的東西的數量，而分母是該東西的總數。

14 有必要把我們討論的那種分數跟「比」（ratio）區分開來。兩個都是分數，但「比」通常是用冒號（：）而不是斜線（／）來分開兩個值。「比」的第二個數字（類似分母）並不包含分子，因此「比」並不是在描述百分比。以圖 1.2 為例，中彩券的分數是 250/1,000，但中獎和沒中的比是 250:750。換言之，彩券的分數形式是中獎者有 1/4，但中獎彩券比是 1:3。

15 就數學而言，下一段用的某些用語代表的是「比」。在「比」之中，分母並不需要代表整組東西。換言之，如果有五個綠彈珠和十五個紅彈珠，那麼綠彈珠相對於紅彈珠的百分比是 25%（5/20），但綠紅彈珠的比是 5:15。「可能性」的數學定義是以「比」的形式呈現，但英文中的「可能性」（odds）往往是代表百分比的那種分數。

16 Katharine Q. Seelye, "Fraction of Americans with Drug Addition Receive Treatment, Surgeon General Says," *New York Times*, November 17, 2016.

17 關於「比」和我們這裡講的「分數」的區別，請見第 14 條注釋。

18 Elizabeth Green, "Why Do Americans Stink at Math?," *New York Times Magazine*, July 23, 2014.

19 "Frequently Asked Questions," Centers for Disease Control and Prevention, last reviewed November 26, 2019, https://www.cdc.gov/plague/faq/index.html.

20 別忘了，相關性不等於因果關係。如果那些玩《龍與地下城》的人的自殺率顯然高於總人口自殺率，那情況有可能是《龍與地下城》導致自殺率提高，也可能是《龍與地下城》和另一個真正導致自殺的因素有關。我們若不進一步調查就無法區分差別。玩《龍與地下城》的人自殺率沒有較高，可以有效反駁《龍與地下城》為風險因素的說法，但因為背景假設和輔助假說的問題，使得這反駁達不到邏輯確定。

21 這些只是例子，和任何疾病的實際罹患率都沒有關係。

22 在這個例子中，都會的心臟疾病率是 10000/8000000 = 0.00125，或八百人中有一人，而小鎮則是 10000/20000 =0.5，或者兩人中有一人。

23 Peterson, *Playing at the World*, 600.

24 Clyde Haberman, "When Dungeons & Dragons Set Off a 'Moral Panic,'" *New York Times Retro Report*, April 17, 2016.

25 因為關聯不等於因果，所以比率的增加需要再做研究，但光靠它不會驗證暴力電子遊戲導致了暴力的增加。舉例來說，（出於不同理由而）傾向使用暴力的人，有可能既偏好玩暴力遊戲，也常受暴力所害。

26 R. Shao and Y. Wang, "The Relation of Violent Video Games to Adolescent Aggression: An Examination of Moderated Mediation Effect," *Frontiers in Psychology* 10 (2019).

27 C. J. Ferguson, "Evidence for Publication Bias in Video Game Violence Effects Literature: A Meta-Analytic Review," *Aggression and Violent Behavior* 12, no. 4 (2007).

28 Alexander Burns, "Choice Words from Donald Trump, Presidential Candidate," *New York Times*, June 16, 2015.

29 Alex Nowrasteh, "Immigration and Crime—What the Research Says," *Cato at Library*(blog), June 14, 2015, https://www.cato.org/blog/immigration-crime-what-research-says.

30 Alex Nowrasteh, "The White House's Misleading & Error Ridden Narrative on Immigrants and Crime," *Cato at Liberty* (blog), June 25, 2018, https://www.cato.org/blog/white-houses-misleading-error-ridden-narrative-immigrants-crime.

31 Richard Perez-Pena, "Contrary to Trump's Claims, Immigrants Are Less Likely to Commit Crimes," *New York Times*, January 26, 2017.

32 Kristin F. Butcher and Anne Morrison Piehl, "Crime, Corrections, and California: What Does Immigration Have to Do with It?," *Public Policy Institute of California*

Population Trends and Profiles 9, no. 3 (2008).

33　Allan Rappeport and Alexander Burns, "Donald Trump Says He Will Accept Election Outcome ('If I Win')," *New York Times*, October 20, 2016.

34　Andrew Van Dam, "The Awful Reason Wages Appeared to Soar in the Middle of a Pandemic," *Washington Post*, May 8, 2020.

35　Van Dam, "The Awful Reason Wages Appeared to Soar."

36　Jeremy Barr, "Axios's Jonathan Swan Is the Latest Interviewer to Leave Trump Gasping on TV," *Washington Post*, August 4, 2020.

37　這個分析假定了同一群人不會測超過一次，或者如果超過一次的話，那麼重複測試率也是各國都相等。我不知道有任何資料直接處理這個問題。

38　"The Share of Covid-19 Tests That Are Positive," Our World in Data, University of Oxford, Oxford Martin School, accessed October 14, 2021, https://ourworldindata.org/grapher/positive-rate-daily-smoothed?tab=chart&time=earliest..2020-07-28.

39　這樣看起來彷彿史旺忽視了分母，就好像他只算了死亡人數一樣，但他看的是死亡人數／總人口數（見史旺下一段評論）。要談這個評論的話，因為美國每日的人口變化小到可以忽略，所以看某國的逐日死亡數變化，就是有把整個分數都考慮進去。

40　"Excess Deaths Associated with Covid-19," Centers for Disease Control and Prevention, National Center for Health Statistics, accessed September 19, 2020, https://www.cdc.gov/nchs/nvss/vsrr/covid19/excess_deaths.htm.

41　我承認這規則可能有例外，好比說有些人因為腎臟衰竭使用洗腎機而不排尿。

第二章　我們的心智如何將世界分數化

1　Daniel Kahneman and Frederick Shane, "Representativeness Revisited: Attribute Substitution in Intuitive Judgement" in *Heuristics and Biases: The Psychology of Intuitive Judgment*, ed. Thomas Gilovich, Dale Griffin, and Daniel Kahneman (Cambridge: Cambridge University Press, 2002).

2　在這種情況下，我使用「推斷」來表明一個結果，而不是發生的過程具體細節。在某些領域中，「推斷」指的是有意識的過程；然而，我不是這麼用這個詞的。我所指的推斷往往下意識地發生，但仍符合推斷的一般形式。人類的認知會接收感官輸入，然後下意識地處理它，以此在資訊中辨識出模式加以推斷，並指派實體的感知。

3　G. W. McConkie and K. Rayner, "The Span of Effective Stimulus During a Fixation in Reading," *Perception and Psychophysics* 17, no. 6 (1975).

4　Patricia S. Churchland, V. S. Ramachandran, and Terrence J. Sejnowski, "A Critique of

Pure Vision" in *Large Scale Neuronal Theories of the Brain*, ed. Christof Koch and Joel L. Davis (Cambridge, MA: MIT Press, 1994), 22–60.

5　Steven A. Sloman and Philip Fernback, *The Knowledge Illusion: Why We Never Think Alone* (New York: Riverhead, 2017), 94.

6　前面的閱讀定像範例和心不在焉的盲目不同。雖然這兩者都被用來說明能被我們留意的感官輸入實在很少，但它們是不同的現象。

7　Christopher Chabris and Daniel Simons, *The Invisible Gorilla: How Our Intuitions Deceive Us* (New York: Crown, 2009).

8　這部片的好幾個版本可以在線上觀看。事先知道有大猩猩可能會讓你不至於看漏牠。儘管如此，如果你還沒看過的話，我推薦你去看看，光是看大猩猩有多醒目就夠了。

9　K. Pammer, S. Sabadas, and S. Lentern, "Allocating Attention to Detect Motorcycles: The Role of Inattentional Blindness," *Human Factors* 60, no. 1 (2018).

10　Kahneman and Frederick, "Representativeness Revisited"; S. Frederick, "Cognitive Reflection and Decision Making," *Journal of Economic Perspectives* 19, no. 4 (2005): 25–42.

11　Amos Tversky and Daniel Kahneman, "Availability: A Heuristic for Judging Frequency and Probability," *Cognitive Psychology* 5, no. 2 (1973).

12　Daniel Kahneman, Paul Slovic, and Amos Tversky, *Judgement Under Uncertainty: Heuristics and Biases* (London: Cambridge University Press, 1982), 164.

13　J. B. F. de Wit, E. Das, and R. Vet, "What Works Best: Objective Statistics or a Personal Testimonial? An Assessment of Different Types of Message Evidence on Risk Perception," *Health Psychology* 27, no. 1 (2008); Dean C. Kazoleas, "A Comparison of the Persuasive Effectiveness of Qualitative Versus Quantitative Data. A Test of Explanatory Hypotheses," *Communications Quarterly* 41 (1993); James Wainberg, Thomas Kida, and James Smith, "Stories vs. Statistics: The Impact of Anecdotal Data on Professional Decision Making," *SSRN Electronic Journal* (2010).

14　de Wit, Das, and Vet, "What Works Best: Objective Statistics or a Personal Testimonial?"

15　A. Winterbottom, H. L. Bekker, M. Conner, and A. Mooney, "Does Narrative Information Bias Individual's Decision Making? A Systematic Review," *Social Science and Medicine* 67, no. 12 (2008).

16　James Wainberg, "Stories vs. Statistics: The Impact of Anecdotal Data on Managerial Decision Making," in *Advances in Accouting Behavior Research*, ed. K. E. Karim (Bingley, UK: Emerald, 2019); Wainberg, Kida, and Smith, "Stories vs. Statistics."

17　重要的是，必須承認那些觀察到孩子原本健康、打了麻疹疫苗後卻出現自閉症的家長，其實就是用上述這個順序觀察到事物的。因此，有鑑於因果的正常時

間關係，家長會合理推論疫苗符合「可能是造成自閉症之物」的模式。然而這是混淆了時間，因為自閉症往往在孩子十八個月大的時候開始明顯，而麻疹疫苗是十二個月到十五個月之間施打。必須要瞭解到家長在做合理觀測，且他們對疫苗的顧慮有充分理由。這是「後此故因此」（post hoc ergo propter hoc）的錯誤，而這種信念的堅持不懈（儘管有大量對照研究證明麻疹和自閉症之間無關），才是問題所在。我在 *What Science Is and How It Really Works* (Cambridge: Cambridge University Press, 2019), 214–218, 230–234 有詳細談討。

18 N. L. Buerkel-Rothfuss and S. Mayes, "Soap Opera Viewing: The Cultivation Effect," *Journal of Communication* 31, no. 3 (1981).

19 T. C. O'Guinn and L. J. Shrum, "The Role of Television in the Construction of Consumer Reality," *Journal of Conusmer Research* 23 (1997).

20 S. An, "Antidepressant Direct-to-Consumer Advertising and Social Perception of the Prevalence of Depression: Application of the Availability Heuristic," *Health Communication* 23, no. 6 (2008).

21 Jenna Johnson, " 'A Lot of People Are Saying . . .': How Trump Spreads Conspiracies and Innuendoes," *Washington Post*, June 13, 2016.

22 Johnson, " 'A Lot of People Are Saying . . .' "

23 M. J. Vincent et al., "Chloroquine Is a Potent Inhibitor of SARS Coronavirus Infection and Spread," *Virology Journal* 2 (2005).

24 D. R. Boulware et al., "A Randomized Trial of Hydroxychloroquine as Postexposure Prophylaxis for Covid-19," *New England Journal of Medicine* 383, no. 6 (2020); W. H. Self et al., "Effect of Hydroxychloroquine on Clinical Status at 14 Days in Hospitalized Patients with Covid-19: A Randomized Clinical Trial," *Journal of the American Medical Association* 324, no. 21 (2020).

25 Philip Bump, "Trump's Stunning Claim That He's Taking Hydroxychloroquine Could Trigger a Cascade of Negative Effects," *Washington Post*, May 18, 2020.

26 National Safety Council of America, "Odds of Dying," https://injuryfacts.nsc.org/all-injuries/preventable-death-overview/odds-of-dying/? The precise risk of dying in a motor-vehicle crash is 1 in 107.

27 "U.S. Passenger-Miles," U.S. Department of Transportation Bureau of Transportation Statistics, https://www.bts.gov/content/us-passenger-miles.

28 當然，這邊是所有的移動里程都被當成同種情況，但其實有些路徑就是比其他路徑更危險，而且遇到壞天氣時，不論開車還是搭飛機都有較高風險，所以又有額外的複雜度。此外，有些駕駛比其他駕駛安全，雖然說不論你是開起車來有多安全，你也無法掌控其他駕駛的安全度。然而，個人依自身經驗脈絡所做之決定，也會影響個人風險。儘管如此，還是很難主張開車比搭飛機安全，就

算是最小心且十分謹慎地關注何時何處開車的駕駛也是一樣。

29　S. T. Stewart, D. M. Cutler, and A. B. Rosen, "Forecasting the Effects of Obesity and Smoking on U.S. Life Expectancy," *New England Journal of Medicine* 361, no. 23 (2009).

30　Mark Griffiths and Richard Wood, "The Psychology of Lottery Gambling," *International Gambling Studies* 1 (2001).

31　J. G. Klein, "Five Pitfalls in Decisions About Diagnosis and Prescribing," *British Medical Journal* 330, no. 7494 (2005); R. M. Poses and M. Anthony, "Availability, Wishful Thinking, and Physicians' Diagnostic Judgments for Patients with Suspected Bacteremia," *Medical Decision Making* 11, no. 3 (1991).

32　Klein, "Five Pitfalls in Decisions About Diagnosis and Prescribing."

第三章　確認偏誤：我們的心智如何根據既有信念來評估證據

1　John Walliss, *The Bloody Code in England and Wales, 1760–1830*, ed. M. Muravyeva and R. M. Tovio, *World Histories of Crime, Culture and Violence* (Cham, Switzerland: Palgrave Macmillan, 2018).

2　C. G. Lord, L. Ross, and M. R. Lepper, "Biased Assimilation and Attitude Polarization. The Effects of Prior Theories on Subsequently Considered Evidence," *Journal of Personality and Social Psychology* 37, no. 11 (1979): 2098–2109.

3　Lord, Ross, and Lepper, "Biased Assimilation and Attitude Polarization," 2100.

4　這個重大的效應「統計顯著」，也就是說若沒有效應的話，每進行一百至一千次的研究，它才會單憑偶然出現一次（亦即對死刑嚇阻作用支持者和反對者的效應，是 p 值小於 0.001 及 p 值小於 0.01）。在像這樣的研究中，總是要擔心或許決定結果的不是不一樣的初始信念，而是第三方變項（好比說性別、社經背景／地位、大學正式主修、出生地）不均等地在反對者和支持者之間分配。沒有人提供過這種詳細的「多變量分析」；然而，那些進行研究的人確實控制了「哪一份陳述先讀有差」的可能，因為每組都有一半的成員先讀其中一份研究，而另一半先讀另一份。此外，他們控制了研究內容的本質差異，方法是使用兩個獨立的「材料組」；這兩組材料還交換了內容中的實驗細節並交換結果。於是，「整個設計因此完全抵銷了受試者的初始態度、肯定和否定證據的順序，還有設計架構為『前後對照』或『相鄰狀態』與正負結果之間的關聯。」

5　R. S. Nickerson, "Confirmation Bias: A Ubiquitious Phenomenon in Many Guises," *Review of General Psychology* 2, no. 2 (1998), 175.

6　Thucydides, *History of the Peloponnesian War*, trans. Rex Warner, ed. M. I. Finley (London: Penguin Classics, 1972).

7　Henry David Thoreau, "Autumnal Tints," *The Atlantic*, 1862

8　尼克森《Confirmation Bias》中的評論，被當作本章大部分資訊的主要資料來源。儘管也使用了第一手引文及其他資料來源，但此文是把讀者稱作主要的材料來源。

9　Nickerson, "Confirmation Bias," 177.

10　G. F. Pitz, L. Downing, and H. Reinhold, "Sequential Effects in the Revision of Subjective Probabilities," *Canadian Journal of Psychology* 21 (1967).

11　H. Mercier, "Confirmation Bias-Myside Bias," in *Cognitive Illusions: Intriguing Phenomena in Thinking, Judgment and Memory*, ed. R. F. Pohl (London: Routledge, 2017); H. Mercier and D. Sperber, *The Enigma of Reason* (Cambridge, MA: Harvard University Press, 2017)

12　Nickerson, "Confirmation Bias: A Ubiquitous Phenomenon in Many Guises," 175。請留意尼克森並沒有使用「我方偏誤」這個詞，而是更普遍地談確認偏誤。

13　Upton Sinclair, *I, Candidate for Governor: And How I Got Licked* (Berkeley: University of California Press, 1934), 109.

14　C. R. Peterson and W. M. DuCharme, "A Primacy Effect in Subjective Probability Revision," *Journal of Experimental Psychology* 73, no. 1 (1967).

15　J. S. Bruner and M. C. Potter, "Interference in Visual Recognition," *Science* 144, no. 3617 (1964)

16　P. C. Wason, "On the Failure to Eliminate Hypotheses in a Conceptual Task," *Quarterly Journal of Experimental Psychology* 12, no. 3 (1960).

17　這種用邏輯確定性（即演繹推理地）反駁的能力，要仰賴所有背景假設都是固定的，但真實世界從不是如此。因此，就如科學哲學家奎因（Willard Van Orman Quine）所描述的，任何假說遭駁回時都可以藉由改變一個「輔助假說」來挽救。這個差別超出了本書範疇，但我有在之中討論。雖然否定證據有一種和肯定證據不一樣的邏輯特徵，但它的駁回在一個非固定或非封閉系統的脈絡中（好比說真實世界）並不是絕對的。

18　愛因斯坦很有可能從沒說過這幾句話；然而，他曾以更複雜的方式表達了這種感觸。

19　就如杜漢（Pierre Duhem）以及奎因所指出的，重要的是，在真實世界中不能真正駁回假說（邏輯和數學除外）。假說光靠自己不會做出預測，只會在與其他假說搭在一起時才做出預測。因此，任何假說就算遇上了似乎反駁它的資料，也可以藉由援引「輔助假說」來加以挽救，好比說讓資料無效的東西，或引入新的實體（或者移除某實體）來讓假說和資料共存。另一方面，亨普爾（Carl Gustav Hempel）則驗證，看起來無關的資訊也可以用來當作肯定認據（好比說，即使只是在微乎其微的程度上，一隻綠鞋卻證實了天下烏鴉一般黑）。知識哲學家有對此提出各種論點，而他們的分析超出了本書範圍——然而，十分鼓勵

有興趣的讀者發掘這個迷人的思考領域。

20　研究的設計讓參與者可以一直做下去、做到弄對規則為止，或做到四十五分鐘為止。有六個人第一回報告就答對規則，十個人第二回答對，四個人第三回答對。有一名參與者到第五回答對，還有七名參與者從頭到尾都沒想出正確規則。最後一名參與者從沒去猜規則。

21　R. D. Tweney et al., "Strategies of Rule Discovery in an Inference Task," *Quarterly Journal of Experimental Psychology* 32 (1980)

22　G. A. Miller, *The Psychology of Communication* (New York: Basic Books, 1967).

23　J. S. B. T. Evans, "Reasoning, Biases and Dual Processes: The Lasting Impact of Wason (1960)," *Quarterly Journal of Experimental Psychology* 69, no. 10 (2016).

24　桑坦是美國知名作曲家，曾經住在紐約市的東四十九街 246 號。

25　我並沒有桑坦住過的所有地址的完整資料，所以沒辦法評估。

26　Tweney et al., "Strategies of Rule Discovery in an Inference Task." 受試者試著弄清楚 DAX 是否遵循瓦森原本實驗使用的同一規則（也就是任三個增加的數字），以及 MED 是否為任何不符合 DAX 的數列。

27　A. Cherney, "The Effect of Common Features on Brand Choice: Moderating the Effect of Attribute Importance," *Journal of Conusmer Research* 23 (1997).

28　A. Gopnik, "Explanation as Orgasm and the Drive for Causal Understandin: The Evo- lution, Function, and Pehnomenology of the Theory-Formation System," in *Cognition and Explanation*, ed. F. Keil and R. Wilson (Cambridge, MA: MIT Press, 2000), 299–323.

29　M. Tik et al., "Ultra-High-Field Fmri Insights on Insight: Neural Correlates of the Aha!-Moment," *Human Brain Mapping* 39, no. 8 (2018)

30　Noreena Hertz, *Eyes Wide Open: How to Make Smart Decisions in a Confusing World* (New York: HarperCollins, 2013), 37.

31　Sara E. Gorman and Jack M. Gorman, *Denying to the Grave: Why We Ignore the Facts That Will Save Us* (New York: Oxford University Press, 2017).

32　D. Westen et al., "Neural Bases of Motivated Reasoning: An fMRI Study of Emotional Constraints on Partisan Political Judgment in the 2004 U.S. Presidential Election," *Journal of Cognitive Neuroscience* 18, no. 11 (2006).

33　J. Baron, "Myside Bias in Thinking About Abortion," *Thinking and Reasoning* 1, no. 3 (1995).

34　Kevin Dutton, *Black and White Thinking: The Burden of a Binary Brain in a Complex World* (London: Bantam, 2020).

35　M. Lind, M. Visentini, T. Mantyla, and F. Del Missier, "Choice-Supportive Misremembering: A New Taxonomy and Review," *Frontiers in Psychology* 8 (2017).

36 重覆先前段落所言，從邏輯觀點來看，因為歸納法的問題，所以除非是有限封閉系統，否則都沒辦法有肯定存在。在這邊的情況裡，邏輯肯定指的是和不合邏輯的心理肯定所相對的、對證據進行邏輯完好的評估。

第四章　偏誤頂上再添花：專挑好資料

1 D. Levitan, *Not a Scientist: How Politicians Mistake, Misrepresent, and Utterly Mangle Science* (New York: Norton, 2017).

2 J. Hansen, R. Ruedy, M. Sato, and K. Lo, "Global Surface Temperature Change," *Review of Geophysics* 48, no. 4 (2010).

3 Ted Cruz, interview by Steve Inskeep and David Greene, *Morning Edition*, *NPR*, December 9, 2015.

4 Levitan, *Not a Scientist*.

5 Ted Cruz, interview by Jay Root, *Texas Tribune*, March 24, 2015, https://www.texastribune.org/2015/03/24/livestream-one-on-one-interview-with-ted-cruz/.

6 我不知道克魯茲參議員心裡怎麼想，因此，我無法確定他是否有意進行操控。但他會選中那兩個時間點而忽視所有其他點，還得出一個符合他意圖的結論，光憑偶然如此的機率看來實在夠低，低到有可能是有意為之。

7 克魯茲參議員這個例子（對任何花時間看資料的人來說）實在是太震驚而且太過明顯，以至於除了列維坦的《不是個科學家》以及麥金泰爾的《後真相：真相已無關緊要，我們要如何分辨真假》之外，還有好幾本不同的著作都分析並描述了這例子。這是一個太傑出又切題的範例，使我得在此單獨描述。

8 Glenn Kessler, "The Biggest Pinocchios of Election 2012," *Washington Post*, November 4, 2012, https://www.washingtonpost.com/blogs/fact-checker/post/the-biggest-pinocchios-of-election-2012/2012/11/02/ad6e0bb4-2534-11e2-9313-3c7f59038d93_blog.html.

9 U.S. Bureau of Labor Statistics, "Labor Force Statistics from the Current Population Survey," last accessed June 4, 2021, https://data.bls.gov/pdq/SurveyOutputServlet.

10 Peter Baker and Michael Cooper, "In Romney and Obama Speeches, Selective Truths," *New York Times*, June 19, 2012.

第五章　刑事司法系統

1 "Washington Post Police Shooting Database," https://www.washingtonpost.com/graphics/investigations/police-shootings-database/.

2 "Washington Post Police Shooting Database."

3 "Washington Post Police Shooting Database."

4   E. Davis, A. Whyde, and L. Langton, "Contacts Between Police and the Public, 2015," (Washington, DC: Bureau of Justice Statistics, U.S. Department of Justice, Office of Justice Programs, 2018).

5   Katherine Schaeffer, "The Most Common Age Among Whites in U.S. Is 58—More Than Double That of Racial and Ethnic Minorities," Pew Research Center, https://www.pewresearch.org/fact-tank/2019/07/30/most-common-age-among-us-racial-ethnic-groups/.

6   這不是指高加索人進行恐怖行動的比率高過其他人口類別。高加索人的人數比其他群體都來得多上太多——要得出上面這個論定,就需要根據人口調整過的比率。

7   Mike German, *Disrupt, Discredit and Divide: How the New FBI Damages Democracy* (New York: New Press, 2019); Bryan Schatz, "A Former FBI Whistleblower Explains Why the Federal Government Is Failing on Domestic Terrorism—and How to Fix It," *Mother Jones*, August 7, 2019.

8   Tom Lehrer, "Dialog," on *An Evening Wasted with Tom Lehrer*, Warner Bros Records, 1959, track 11.

9   Andrew Gutherie Ferguson, *The Rise of Big Data Policing: Surveillance, Race and the Future of Law Enforcement* (New York: New York University Press, 2017).

10 California State Auditor, "The CalGang Criminal Intelligence System Report" (Report 2015-130, Sacramento, California, August 2016).

11 Anita Chabria, Kevin Rector, and C. Chang, "California Bars Police from Using LAPD Records in Gang Database. Critics Want It Axed," *Los Angeles Times*, July 14, 2020.

12 Editorial Board, "Who Will Kill or Be Killed in Violence-Plagued Chicago? The Algorithm Knows," *Chicago Tribune*, May 10, 2016.

13 Ferguson, *The Rise of Big Data Policing*.

14 Ferguson, *The Rise of Big Data Policing*.

15 當然,優渥的青少年可能有資源請得起較好的法律代表,也有其他社會資源可取用。這是一個同樣嚴重也同樣需要處理的問題,但和這裡討論的大數據效應有別。

16 Jeff Guo, "Police Are Searching Black Drivers More Often but Finding More Illegal Stuff with White Drivers," *Washington Post*, October 27, 2015, https://www.washingtonpost.com/news/wonk/wp/2015/10/27/police-are-searching-black-drivers-more-often-but-finding-more-illegal-stuff-with-white-drivers-2/

17 Ferguson, *The Rise of Big Data Policing*.

18 *People v. Collins*, 438, P.2d 33, 34 (Cal. 1968) (1968).

19 這是一個經典範例。在這個情況下,我們假定我們是在擲一枚總次數中 50% 是

人頭而 50% 是數字的「公平硬幣」。我們也假定每一次擲硬幣都不影響別次結果，而實際上擲硬幣就是這樣。同樣因為無視每次事件的獨立性而錯誤理解機率的另一種問題，就是「賭徒謬誤」。如果擲一枚硬幣然後碰巧連十次都是人頭，下一擲會是人頭或數字的可能性，還是各 50%。賭徒謬誤會讓人覺得因為前面已經連十次人頭了，所以這一次比較有可能是數字。這並不正確，因為每一擲都是獨立事件。

20　J. J. Koehler, "One in Millions, Billions, and Trillions: Lessons from *People v. Collins* (1968) for *People v. Simpson* (1995)," *Journal of Legal Education* 147, no. 2 (1997).

21　最後，一個上訴審法庭發現，這些規則沒有一項能論定為合理假設，而且就算能好了，其論點潛藏的問題也還是沒變。

22　在這個例子中，德諾斯基是一個完全虛構的角色，既不代表任何碰巧叫做德諾斯基的人，也跟任何碰巧叫做德諾斯基的人沒有相似之處。

23　法庭其實有四個不同理由的可以推翻有罪判定，每個都指出數學家所做的機率論定有著不同的問題點，而檢察官謬誤只是其中一個。

第六章　邁向戰爭

1　Donald Rumsfeld, interview by Stephen Colbert, *The Late Show with Stephen Colbert*, CBS, January 26, 2016.

2　The White House President George W. Bush Archives, "Vice President Speaks at VFW 103rd National Convention," Office of the Press Secretary, news release, August 26, 2002, https://georgewbush-whitehouse.archives.gov/news/releases/2002/08/20020826.html.

3　Robert Draper, *To Start a War: How the Bush Administration Took America into Iraq* (New York: Penguin, 2020), loc. 3,608 of 11,294, Kindle.

4　The White House President George W. Bush Archives, "President Bush Outlines Iraqi Threat," Office of the Press Secretary, news release, October 7, 2002, https://georgewbush-whitehouse.archives.gov/news/releases/2002/10/20021007-8.html.

5　就如作者德雷珀在《如何開戰》中指出的，1441 號決議也表示「伊拉克過去至今都嚴重違反其義務」，指的是先前 1991 年通過的決議（《687 號決議》）。因此，1441 號決議讓伊拉克因為先前行動的結果而處於嚴重違反狀態，這代表說就算伊拉克讓調查員入境且調查員什麼都沒找到，伊拉克還是會違反決議，而戰爭應該還是會有正當理由。

6　The White House President George W. Bush Archives, "U.S. Secretary of State Colin Powell Addresses the UN Security Council," news release, February 5, 2003, https://georgewbush-whitehouse.archives.gov/news/releases/2003/02/20030205-1.html.

7 Condoleeza Rice, interview by Wolf Blitzer, *CNN Late Edition with Wolf Blitzer*, CNN, September 8, 2002.

8 Draper, *To Start a War*, loc. 3,718 of 11,294, Kindle.

9 Draper, *To Start a War*, loc. 4,640 of 11,294, Kindle.

10 Draper, *To Start a War*, loc. 4,640 of 11,294, Kindle.

11 Bob Woodward, *Plan of Attack* (New York: Simon & Schuster, 2004).

12 G. Tenet, *At the Center of the Storm: My Years at the CIA* (New York: Harper Luxe, 2007).

13 Michelle Nichols, "Ex-CIA Chief Says 'Slam Dunk' Iraq Quote Misused," *Reuters*, April 26, 2007.

14 Jeffrey J. Matthews, *Colin Powell: Imperfect Patriot* (Notre Dame, IN: University of Notre Dame Press, 2019), loc. 4,618 of 8,151, Kindle.

15 David Von Drehle and Jeffrey R. Smit, "U.S. Strikes Iraq for Plot to Kill Bush," *Washington Post*, June 27, 1993.

16 David E. Rosenbaum, "A Closer Look at Cheney and Halliburton," *New York Times*, September 28, 2004.

17 Laurie Mylroie, *Study of Revenge: Saddam Hussein's Unfinished War Against America* (Washington, DC: AIE Press, 2000).

18 Paul Wolfowitz and Zalmay Khalilzad, "Overthrow Him," *Weekly Standard*, 1997.

19 Douglas Jehl, "Qaeda-Iraq Link U.S. Cited Is Tied to Coercion Claim," *New York Times*, December 9, 2005.

20 Richard Cheney, interview by Tim Russert, *Meet the Press*, NBC, December 9, 2001.

21 Draper, *To Start a War*, loc. 2,755 of 11,294, Kindle.

22 人們常說，美國人一直到小布希總統關注海珊，才開始把海珊和九一一恐怖攻擊連在一起。然而，這要看調查怎麼進行以及問題要怎麼問——看是指美國人自己自然想起海珊的名字，還是有誰專程跟美國人這麼主張而他們同意該主張。人們的聯想是在操作中產生的還是慢慢培養的，我們並不清楚——然而，不論出於什麼機制，轉而關注海珊的情況確實發生了，而相信他有涉及九一一攻擊的這種信念相當強烈。對這個問題的詳細分析，呈現在 Scott L. Althaus and Devon M. Largio, "When Osama Became Saddam: Origins and Consequences of the Change in America's Public Enemy #1," *PS: Political Science and Politics* 37, no. 4 (October 2004)

23 Draper, *To Start a War*, loc. 690 of 11,294, Kindle.

24 Draper, *To Start a War*, loc. 5,001 of 11,294, Kindle.

25 Draper, *To Start a War*.

26 Martin Chulov and Helen Pidd, "Curveball: How US Was Duped by Iraqi Fantasist Looking to Topple Saddam," *Guardian*, February 15, 2011.

27　Eric Lichtblau, "2002 Memo Doubted Uranium Sale Claim," *New York Times*, January 18, 2006.

28　Draper, *To Start a War*.

29　如果你讀到這裡，那你就是那種真的會閱讀藏有不同意見的注腳的人。關於真的有讀注腳者的百分比，我並沒有具體資料；然而，我猜並沒有那麼高。另外，注腳裡的資訊有可能不如正文裡的資訊那麼受重視──畢竟如果資訊重要，就不會淪落到注腳了。就在這邊打開天窗說亮話，嚴格來說，這是尾注而不是注腳（我不想犯分類的錯誤）。在一份學術文章裡插入一個眨眼的表情符號似乎有失尊嚴，但如果不會的話，我就超想這麼做。

30　Draper, *To Start a War*, loc. 4536–37 of 11,294, Kindle.

31　Dick Cheney, interview byWolf Blitzer, *Situation Room*, CNN, September 6, 2011, http:// www.cnn.com/TRANSCRIPTS/1109/06/sitroom.03.html.

32　David Stout, "Subject of C.I.A. Leak Testifies on Capitol Hill," *New York Times*, March 16, 2007.

33　Glenn Kessler, "Valerie Plame's Claim That Scooter Libby Leaked Her Identity," *Washington Post*, September 10, 2019.

34　Creators Syndicate, "The CIA Leak," *CNN Inside Politics*, CNN, October 1, 2003.

35　Peter Baker, "Trump Pardons Scooter Libby in a Case That Mirrors His Own," *New York Times*, April 13, 2018.

36　Thom Shanker, "New Strategy Vindicates Ex-Army Chief Shinseki," *New York Times*, January 12, 2007.

37　Shanker, "New Strategy Vindicates Ex-Army Chief Shinseki."

38　Draper, *To Start a War*, loc. 5,307 of 11, 294, Kindle.

39　N. P. Walsh, "The Lies That Were Told to Sustain the US and UK Mission in Afghanistan," *CNN*, May 30, 2021.

40　Matthew Rosenberg, "Afghan Sign of Progress Turns out to Be Error," *New York Times*, February 26, 2013.

41　Barbara W. Tuchman, *The March of Folly: From Troy to Vietnam* (New York: Random House, 2014).

42　Thucydides, *History of the Peloponnesian War*, trans. Rex Warner, ed. M. I. Finley (London: Penguin Classics, 1972).

第七章　靜態中的模式

1　Nostradamus, *The Complete Prophecies of Nostradamus* (New York: Start Publishing, 2012), loc. 2,464 of 3,665, Kindle.

2 Nostradamus, *The Complete Prophecies of Nostradamus*, loc. 909 of 3,665, Kindle.

3 Nostradamus, *The Complete Prophecies of Nostradamus*, loc. 548 of 3,665, Kindle.

4 129 和希特勒與拿破崙的關聯已經廣為人知且廣受討論。有些人視為幽默的巧合，但其他人則認為那蘊含了真正的意義。我從許多網站及我自己的一些數學創意挑選出這段說法。

5 Michael Drosnin, *The Bible Code* (New York: Touchstone, 1998).

6 這整章使用的數字，都跟我在《What Science Is and How It Really Works》(Cambridge: Cambridge University Press, 2019) 用的一樣。那本書探討了用來減輕這幾類錯誤的特定科學方法，而那些錯誤被拿來當作科學處理這類問題的方法範例。在本書中，這些例子主要是當作解釋「錯誤之本質」的首要重點。

7 威力球彩券是美國多州發行的彩券，包含五顆不同的彩球，每顆球上的數字可以是 1 至 69 的任一數字，然後會有一顆「威力球」，上頭的數字可以是 1 至 26 的任一數字。所有數字都猜中的人就得到頭獎。猜中某幾組球，會分別得到較小獎。中威力球頭獎的可能性，大約是 1/292000000。

8 這個數字假定賣掉 3 億張彩券時，每個人都只買了一張。但實際上許多人會買多張彩券，所以實際的樂透玩家人數會少很多。

9 這和第五章檢察官謬誤的相關例子不同。那邊是兩件事同時發生的機會，也就是一個分數乘另一個分數的結果。我們這邊討論的情況是這件事「或」那件事發生的可能性，是兩個分數相加的和。

10 這其實有一點過度簡化，因為一個人的行為（好比說在大雷雨時外出）以及此人住在世界的何處，都會影響風險。但這些數字是「假使其他條件都相等」。

11 "Citrus Christ? Cheesus? 13 Religious Sightings: God Is Everywhere—Including an Orange, a Cat's Fur and a Bag of Cheetos," *Today*, July 20, 2011.

12 Michael Shermer, *How We Believe: Science, Skepticism, and the Search of God* (New York: W. H. Freeman, 1999).

13 臉盲症的會很難辨認他人臉孔，甚至不只很難而是無法分辨——甚至連自己的臉都不認得。就如你可以想像的，這恐怕會是嚴重障礙。然而就連有臉盲症的人，看見人臉時通常也認得出有個人臉；他們只是沒辦法分辨一張張臉而已。

14 Tyler Vigen, *Spurious Correlations* (New York: Hachette, 2015).

15 我在 *What Science Is and How It Really Works*, 244–46 用了這個例子。

16 有一件重要的往事值得留意，《聖經密碼》一開始是在享譽各界的專業統計學期刊上發表，討論的主題是「命中」的頻率其實比統計分析預測單憑偶然會發生的頻率還高。但最終證明，這是統計方法的使用錯誤。雖然後面這個觀察結果基本上讓整個概念都得作廢，然而這個主題的普遍敘事仍繼續推廣著「神聖文字中存在著隱藏預言」的這種信念，並沒有因為新的觀察結果而遭到破除。

17 M. Bar-Hillel, D. Bar-Natan, and B. McKay, "Solving the Bible Code Puzzle," *Statistical*

Science 14 (1999). I use this same example in *What Science Is and How It Really Works*, 244–45.

第八章　替代醫療與新時代信仰

1　我用「特異功能者」來當本章討論的信念架構的普遍範例。這種範例可以延伸到大量不同的新時代類型信仰。

2　不太可能大部分的特異功能者或透視者都從事這種行為，儘管確實有一些知名案例，是有人以著獲利動機、在公眾論壇上大規模使用這種透視。或許最出名的例子是波波夫（Peter Popof），他聲稱自己光是看著人就能看出他罹患的病。結果波波夫聲名大噪，靠著他聲稱的這種能力賺了大錢。然而後來人們發現，波波夫的妻子在表演前會蒐集人們的資訊，並透過無線電把資訊傳給藏在耳朵裡的耳機；這情況後來在電視節目《強尼‧卡森秀》（*the Johnny Carson show*）上遭到揭露。揭穿之後他就不再作法。但多年後，他以另一種噱頭捲土重來，並提出了新的主張；而且很不幸的是，儘管先前的詐欺已被揭露，他還是小有成就。波波夫這樣已遠遠超出冷讀術技巧，而是跟（不知情的）委託人取得資訊來「熱讀」他們。這種濫用的確影響了許多人對於「新時代術者有何意圖」的看法。

3　Mark Edward, "The Clown in the Graveyard," *Skeptical Inquirer*, April 20, 2016. https://skepticalinquirer.org/exclusive/the-clown-in-the-graveyard/.

4　在這個例子中，愛德華假裝自己是透視者，所以觀眾就覺得他是透視者而不是魔術師。

5　這一般稱作「巴納姆效應」（Barnum effect）或「佛瑞效應」（Forer effect）效應。

6　Edward, "The Clown in the Graveyard."

7　我在我教的一門課上這樣示範過。我最喜歡的例子是 2017 年在華盛頓大學的例子。我班上有二十一個學生，於是我們就一個個來問生日。看起來沒有人生日同一天，然後我們問到了最後兩人。學生一說他的生日是 12 月 31 日，安靜片刻後，學生二說了一樣的話。這兩人一講完，教室的燈突然因停電而熄滅。嗯，這樣的可能性有多高呢？

8　要留意到 184 並不是 367 的一半，但我假定不會有半個人，所以不會寫 183.5 人。我就四捨五入多算到下個人。

9　J. A. Paulos, *Innumeracy: Mathematical Illiteracy and Its Consequences* (New York: Hill and Wang, 2001).

10　這個驗證是以本書寫作時西方世界的英文名字頻率為準。其他文化或使用其他語言的特異功能者，會順應他們的特定環境行事。

11　威力球彩券是在美國多州發行的彩券，包含了五顆不同的彩球，每顆球上的數

字可以是 1 至 69 的任一數字，然後會有一顆「威力球」，上頭的數字可能是 1 至 26 的任一數字。所有數字都猜中的人就得到頭獎。猜中某幾組球的話會得到比較小的獎。中威力球頭獎的可能性大約是 1/292000000。在這個例子中，特異功能者只有 1/748083342 的機會猜不中，或說猜中的機率比中威力球任一獎還要高二‧六倍。

12　Edward, "The Clown in the Graveyard."

13　就連「新時代」這個詞，也被某些人反對，認為有貶低意味。有些人比較偏好包含了「替代」（alternative）或「全面性」（holistic）或其他異體詞的用語。因為缺少普世偏好的用詞，所以我使用「新時代」一詞，來涵蓋我描述的這一系作法。

14　當然，有各式各樣的新時代信仰，也有許多不同領域的科學，每個都有不同的研究規範──所以我是用分類普遍陳述的方式來寫的。儘管如此，這些普遍陳述至少在某種程度上適用於大部分的情況。

15　新時代信仰和科學有許多其他的差異，包括了理論邏輯架構、假說中的實體如何連結經驗、是否容納「超自然」實體，以及基於經驗更新信念的規則。出於當前討論目的，我們會專注於感知和經驗。

16　Lee McIntyre, *The Scientific Attitude: Defending Science from Denial, Fraud, and Pseudoscience* (Cambridge, MA: MIT Press, 2019).

17　McIntyre, *The Scientific Attitude*.

18　"Brandon Mroz Lands Historic Quad Lutz," *ESPN*, November 12, 2011, https://www.espn.com/olympics/fieskating/story/_/id/7223251/brandon-mroz-makes-skating-history-quadruple-lutz-nhk-trophy.

19　科學家也是人，而就像人類一樣，他們也有做人惡毒小心眼的能力。確實會發生人身攻擊，但和人們所認為的恰好相反，科學界非常不鼓勵這種行為，而且認為那是不專業的行為。對於某些人來說，所謂「我不是攻擊你，我只是攻擊你相信的想法」，可能跟人身攻擊沒兩樣──但大部分的實作科學家都對這兩者的區別感到習慣而自在。

20　Karla McLaren, "Bridging the Chasm Between Two Cultures," *Skeptical Inquirer* 28, no. 3 (May/June 2004), 48.

21　我排除掉那些太清楚知道自己的作法和療法都沒效，但還是照賣不誤，藉以騙走脆弱者的錢，有時連性命都騙走的那些人。這可鄙地展現人類的墮落行為。這已經不夠格放進錯誤感知分數的脈絡了。在這種例子中，狩獵者太瞭解分數，並利用這種了解來主動欺騙傷害他人。

22　見本章注釋 2。McLaren, "Bridging the Chasm Between Two Cultures,"48.

第九章 自然世界中的設計現象

1 William Paley, *Natural Theology, or Evidences of the Existence and Attributes of the Deity, Collected from the Appearances of Nature* (London: R. Faulder, 1803). 這本書比天擇演化論早了五十七年，並不是對達爾文和華萊士的回應；儘管說，物種固定性與物種演變之間的辯論，在那時候是很有影響力的爭論。

2 我對於「人造物就不是自然」的概念始終有點不自在，因為人類明顯是「生於自然」，因此人做的事情也是「生於自然」；然而在這個脈絡下，某物「不是自然」，意味著它是因人類的意圖對自然刻意干涉而發生。

3 裴利書中實際的文字如下：

穿越石楠灌木叢時，假如我伸腳碰到了一塊石頭，然後被問說那石頭怎會來到這裡；我有可能會回答，就任何我所知的相反情況來看，它是過去都在那裡：這或許並不怎麼容易顯示這答案的荒謬之處。但假如我在地上發現了一支錶，就應該要去查查錶怎麼會在那地方；我實在不太會想到我前面給的那個答案，也就是就我所知錶可能一直都在那裡。……想必某個時候、在某個地方，曾經存在一位或多位巧匠，為了一個我們發覺真得去回答的目的而造成（了那隻錶），並理解其構造，也設計了它的用途。……錶上存在的每一個有所計畫的跡象，每個體現出設計的跡象，都存在於自然的成果中；那在自然這邊有更多的差異，其程度超越了任何的計算。

這段文字不只是一段有用的描述，它也能幫助我面對那些認為我書寫可能太冗長的批評——這個嘛，跟別人比還好啦。

4 釐清「達爾文和華萊士是天才靈感一來就發明了生命演化概念」這種錯誤說法，是很重要的事。在那之前好幾個世紀都有人提倡生命演化，提出的機制也是五花八門；然而，隨機變異進行的天擇機制，是達爾文和華萊士做出的重大貢獻。這對我們的討論來說不可或缺。

5 這些論點都和「演化是不是真的在發生」或「演化是不是物種多樣性的源頭」無關。從過去到現在，有大量的著作都在爭論演化，累積了好幾世紀的資料。當然，就跟所有理論一樣，也有反對演化的論點，演化論本身也有問題點。自然神論、決定論以及自由意志等範圍更廣的議題，也是和演化論有所交流的神學爭辯。我鼓勵有興趣的讀者去尋找專門談這些議題的著作。有鑑於本書的當前關注點，這邊的討論範圍，就限定在機率判定（好比說分數）的問題，如何影響以微調論點為中心的爭論。

6 Kostas Kampourakis, *Understanding Evolution* (Cambridge: Cambridge University Press, 2020).

7 Roger Penrose, *The Emperor's New Mind: Concerning Computers, Minds, and the Laws of Physics* (Oxford: Oxford University Press, 1989); Victor J. Stenger, *The Fallacy of Fine-Tuning: Why the Universe Is Not Designed for Us* (Amherst, NY: Prometheus, 2011).

8　Penrose, *The Emperor's New Mind*, loc. 7,329 of 10,3337, Kindle.

9　Fred Hoyle, "The Universe: Past and Present Reflections," *Engineering and Science Magazine*, November 1981, 12.

10　M. Mangel and F. J. Samaniego, "Abraham Wald's Work on Aircraft Survivability," *Journal of American Statistical Association* 79, no. 386 (1984).

11　「人擇原理」這名字是 1973 年由卡特（Brandon Carter）開始使用的。那之後就有其他版本陸續出現，使得卡特的立場如今稱作「弱人擇原理」。「強人擇原理」是比較激進的概念，認為宇宙要被觀測才會存在，因此沒有活物的宇宙就不可能存在。這個論點的基礎涉及了量子理論及其觀測者效應的類推，而超出了本書的範圍外。

12　John Leslie, *Universes* (London: Routledge, 1989); Stephen C. Meyer, *The Return of the God Hypothesis: Compelling Scientific Evidence for the Existence of God* (New York: HarperOne, 2020), 154.

13　Meyer, *The Return of the God Hypothesis*.

14　Meyer, *The Return of the God Hypothesis*.

15　在此向讀者致歉，因為有些事你實在是沒辦法不知道，而這可能就是其中之一。

16　因應本書出版的許久之後可能有人工或別種非人類智慧閱讀此書的情況，我在此先為這個假說致歉。

17　William A. Dembski, *The Design Inference: Eliminating Chance Through Small Probabilities*, Cambridge Studies in Probability, Induction and Decision Theory (Cambridge: Cambridge University Press, 1998), xi.

18　Dembski, *The Design Inference*.

19　很遺憾的是，黑山（Black Hill，即拉什莫爾山雕刻所在處）雖然在 1868 年的拉勒米堡條約（Treaty of Fort Laramie）中給了拉科塔族，但這塊土地後來又被美國陸軍以武力拿下。蘇族同盟（Sioux Nation）於 1980 年拒絕接受美國最高法院承認「蘇族同盟從未因失去土地獲得公正補償」的判決（譯注：因為一旦接受了判決要美國支付的賠償金，就再也無法要求歸還黑山土地），而他們仍在設法使土地合法回歸拉科塔族。

20　Meyer, *The Return of the God Hypothesis*, 158.

21　Meyer, *The Return of the God Hypothesis*, 158.

22　Jesse Bering, *The Belief Instinct: The Psychology of Souls, Destiny, and the Meaning of Life.* (New York: Norton, 2011).

23　Paul Davies, *The Goldilocks Enigma: Why Is the Universe Just Right for Life?* (London: Allen Lane, 2006).

24　Peter Lipton, *Inference to the Best Explanation*, 2nd ed., International Library of Philosophy (London: Routledge, 2004).

25 John Allen Paulos, *Irreligion: A Mathematician Explains Why the Arguments for God Just Don't Add Up* (New York: Hill and Wang, 2008), 13.

第十章　硬科學

1　當初某些最基本的統計學工具之所以被發展出來，其背後動機其實是一種誤入歧途且格外噁心的嘗試，企圖用來主張種族優越性，並讓優生學計畫有正當理由；這是確實發生在過往的事實。現在人們認為優生學計畫因無正當理由而不符合道德。不過，即便那些統計學方法當初是在這種脈絡下、為了那樣的目的而發展出來，也不會減低其效用；就算不是應用在當初驅使其發展的意圖上，也不會減低其能力。儘管如此，我們仍應隨時留心歷史，而在這個例子中也該如此。

2　如果已有一種過去可能跟安慰劑對照測試過而確知有效的療法，那麼現在在同一種治療試驗中，如果給對照組的還是安慰劑，一般來說在倫理上就沒有正當性。在這種情況下，假說就會是「新藥會比既有的療法（即治療標準）好」，而其中一組會得到新療法，另一組則會得到已確定可用的藥。不難看出為何在倫理上有這必要；不這樣的話，試驗中拿到安慰劑的患者，病情反而會比不加入研究還糟，因為給予安慰劑反而剝奪了他們應得的標準療法，而後者至少已知會有一定程度療效。當然，「已知有效」是基於先前試驗的統計結果，而那會有非零值的型一錯誤率。

3　這不該被推斷成主張「科學測量或測試儀器不能也是一種錯誤的來源」——它們當然可以是錯誤來源。話雖如此，測量錯誤的本質和確認偏誤並不一樣。

4　在某些情況下，對照組其實是會進行假步驟，他們會接受侵入性演練（好比說，插導管或打開外科切口），但接下來會省略治療步驟。這顯然是極端程度的維持盲測，不僅很少進行，倫理上也很少會說是正當的。有些特殊情況允許在某些案例中這麼做。案例可見 R. Al-Lamee et al., "Percutaneous Coronary Intervention in Stable Angina (Orbita): A Double-Blind, Randomised Controlled Trial," *Lancet* 391, no. 10115 (2018).

5　留意到 p 值常被定義為發生型一錯誤的機會。雖然大略如此，但這並不是 p 值的正確定義。2016 年，美國統計協會（American Society of Statistics）將 p 值定義為「在一個特定的統計模型下，資料的一個匯總指標（例如兩個相比較之樣本的均值差）等於觀測值或比觀測值更為極端的機率」。為了方便理解，我們會用比較簡單的描述；然而，要意識到真正的定義，並留意到規定定義和普遍使用定義之間重要的細微差別。 R. L. Wasserstein and N. A. Lazar, "The ASA Statement on p-Values: Context, Process, and Purpose," *American Statistician* 70, no. 2 (2016).

6 有很多辯論在爭辯該不該拿別的 *p* 值來當典型標準，有些期刊還質疑到底有沒有必要使用 *p* 值，但至少到現在，0.05 還是統計顯著的標準取捨點。

7 適當考量「一種藥需要提供多少益處才有用」的問題是很重要的。低 *p* 值並不處理這問題。換言之，某種藥可能延長癌症患者生命七天，而 *p* 值小於 0.0001。這代表著，在這種情況下，我們可以相當確定該藥真能延長七天生命。然而，該藥可能每次治療要花五十萬美元，而且可能要直接注射到腦中。所以，給人用這種藥來獲得七天生命同時要承受腦部注射是值得的嗎？或許是，或許不是。重點在於，統計顯著並不處理提供之益處值得與否的問題；它只告訴你說，觀察到的差異有多可能是單憑偶然出現。當然，比較小的差異比大差異更有可能單憑偶然出現，所以這些事是有關的。當一種藥根據低 *p* 值而被稱作有「顯著」效應時，還需要更多資訊來在使用與否方面做出合理決定。

8 Gary Smith, *Standard Deviations: Flawed Assumptions, Tortured Data, and Other Ways to Lie with Statistics* (New York: Overlook Duckworth, 2019), loc. 337 of 5,360, Kindle.

9 Jerry Z. Muller, *The Tyranny of Metrics* (Princeton, NJ: Princeton University Press, 2018).

10 J. P. Simmons, L. D. Nelson, and U. Simonsohn, "False-Positive Psychology: Undisclosed Flexibility in Data Collection and Analysis Allows Presenting Anything as Significant," *Psychological Science* 22, no. 11 (2011).

11 M. L. Head et al., "The Extent and Consequences of P-Hacking in Science," *PLoS Biology* 13, no. 3 (2015).

12 Head et al., "The Extent and Consequences of P-Hacking in Science."

13 Richard Harris, *How Sloppy Science Creates Worthless Cures, Crushes Hope, and Wastes Billions* (New York: Basic Books, 2017).

14 James C. Zimring, "We're Incentivizing Bad Science," *Scientific American*, October 29, 2019.

15 Monya Baker, "Over Half of Psychology Studies Fail Reproducibility Test," *Nature News*, August 27, 2015, 2, https://www.nature.com/articles/nature.2015.18248.

16 這是一個對彌爾（John Stuart Mill）所定義的普遍方法的正式描述，這種以古典方式定義的方法，被稱作是「彌爾方法」（Mill's method）的其中一項。

17 在真實世界的分析中，肯定和否定關聯都會被分析，而可能會使用不同的方法計算 *p* 值，但同樣的普遍問題也會繼續存在。

18 這番話通常稱作「漢隆剃刀」（Hanlon's razor），來源有多種說法，也有各種不同版本。

第十一章　錯誤感知機率如何帶來好處

1 為了這裡的討論，我把焦點放在天擇演化理論上；然而，認知心理學的研究結

果要產生矛盾，並不需要演化脈絡。對於支持智慧設計為真的某些人來說，就產生了這個問題：「設計者是否選擇把我們創造成邏輯推理有瑕疵的愚蠢存在，如果是的話，為什麼？」然而，這種神學辯論遠超出了本書範圍之外。

2　當然，天擇演化要比這複雜許多。一個新特質光是產生更多可存活後代還不夠，後代本身還得可存活且活到能產生新的可存活後代，如此這樣下去。一個特質要有適應力，增加的後代群體數量必須隨時間過去而一直有淨生存性——也就是說，如果特質導致的快速繁殖快到讓總體數量超出了資源量，然後所有個體都因過度密集而死（比如說饑荒），那這種特質就會被天擇淘汰。會活下來的特質，是那些最能適應眼前環境特性的特質。當然，隨著環境改變（也確實會這樣），有優勢的特質也會改變。

3　H. Mercier and D. Sperber, *The Enigma of Reason* (Cambridge, MA: Harvard University Press, 2017).

4　Z. Kunda, "The Case for Motivated Reasoning," *Psychological Bulletin* 108, no. 3 (1990).

5　S. Frederick, "Cognitive Reflection and Decision Making," *Journal of Economic Perspectives* 19, no. 4 (2005).

6　Harry Markowitz, "Portfolio Selection," *Journal of Finance* 7, no. 1 (1952).

7　G. Gigerenzer, "Heuristics That Make Us Smart" (paper presented at the World Minds Annual Symposium, Zurich, December 2011).

8　這個模型計算是設計來測試某理論情況下的兩種方法。確切需要幾年份的資料，可根據投資選項的數量以及預測不確定性的量來改變。然而，在這些範圍內，這個計算是成立的。

9　要留意到，雙重歷程理論面臨了一些挑戰，質問系統一和系統二是否真的打從基本上不同。有人主張系統一和二形式相同，因為兩個都是直覺認知模組。系統一是有關特定事物的直覺，系統二則有推理方面的直覺；兩者都是同一類推論模組，而各自只專注於不同的實體。也有人主張，系統二的功能不是針對世界反思推理，而是發展出一種人類之間的社會互動功能，來提供理由解釋行動或使行動正當化。這些論點的詳盡細節已超出本書範圍。這是認知理論一個很吸引人的領域，我會鼓勵有興趣的讀者去探索。見 Mercier and Sperber, *The Enigma of Reason*.

10　H. Garavan, M. E. Doherty, and C. R. Mynatt, "When Falsification Fails," *Irish Journal of Psychology* 18, no. 3 (1997).

11　L. H. Kern, H. L. Mirels, and V. G. Hinshaw, "Scientists' Understanding of Propositional Logic: An Experimental Investigation," *Social Studies of Science* 13, no. 1 (1983).

12　有些書專門談從以前到現在的一連串科學失敗。關於這主題的一本傑出著作是：W. Gratzer, *The Undergrowth of Science: Delusion, Self-Deception and Human Frailty* (Oxford: Oxford University Press, 2000).

13　Mercier and Sperber, *The Enigma of Reason*.

14　幫鮑林說句公道話，使用維他命 C 治療癌症目前仍有所爭議，有些研究顯示有效果，有些則無。然而也有研究結果發現，維他命 C 在其他環境下反而會促發癌症。效果可能和時間點以及劑量有關，或者可能就只是統計雜訊。無論如何，這見證了真實世界的複雜程度。

15　L. Cosmides, "The Logic of Social Exchange: Has Natural Selection Shaped How Humans Reason? Studies with the Wason Selection Task," *Cognition* 31, no. 3 (1989); G. Gigerenzer and K. Hug, "Domain-Specific Reasoning: Social Contracts, Cheating, and Perspective Change," *Cognition* 43, no. 2 (1992); R. S. Nickerson, "Confirmation Bias: A Ubiquitous Phenomenon in Many Guises," *Review of General Psychology* 2, no. 2 (1998).

16　Mercier and Sperber, *The Enigma of Reason*.

17　K. Manktelow, *Reasoning and Thinking* (East Sussex, UK: Psychology Press, 1999), loc. 177 of 4,699, Kindle.

18　確切展示給實驗者的卡牌有各種版本變化，但整體效果是一樣的。

19　L. Cosmides and J. Tooby, "Adaptations for Reasoning About Social Exchange," in *The Handbook of Evolutionary Psychology*, ed. D. M. Buss (Hoboken, NJ: Wiley, 2015).

20　J. S. B. T. Evans, "Interpretation and Matching Bias in a Reasoning Task," *Quarterly Journal of Experimental Psychology* 24, no. 2 (1972).

21　Cosmides and Tooby, "Adaptations for Reasoning About Social Exchange."

22　Cosmides and Tooby, "Adaptations for Reasoning About Social Exchange."

23　Mercier and Sperber, *The Enigma of Reason*, 4.《推理之謎》不只試圖調和「如果人類推理如此充滿瑕疵、那為什麼一向如此成功」的問題，也試圖調和「推理能力是怎麼作為一種和其他特質無關的神奇額外認知而演化出來」的問題。後面這個問題和本書無關，但有人提出一個傑出論點，認為推理能力是推論模組內的一種遞增進展，和更原始的推理模型高度相關。因此，它和演化發展的典型模式是一致的。梅西耶和斯珀伯藉此駁回了雙重歷程理論，也就是快思（經驗法則捷思法）和慢想（反思推理）基本上是不同程序的這種概念。梅西耶和斯珀伯並不否認「快」和「慢」思考存在——兩者的理論涵蓋了這些認知程序的既有資料——但他們反駁了「快思和慢想基本上是兩件事」的概念。他們反而主張，快思是一種評估環境經驗的推論模組，而慢想（反思推理）是一種評估理由的推論模組。兩個都是推論模組，但處理不同的輸入內容。

24　《推理之謎》提出的論點遠比這裡能概述的要精細複雜太多。別的先不提，推理能力的效用就延伸到了社會架構，在該架構中人用推理能力來評估他人的論點，也用來讓自己在他人面前擁有正當理由。這是一個複雜的主題，我強烈推薦有興趣的讀者拿起這本傑出著作。

25　D. Moshman and M. Geil, "Collaborative Reasoning: Evidence for Collective Rationality," *Thinking and Reasoning* 4, no. 3 (1998).

26　H. Mercier, M. Deguchi, J. B. Van der Henst, and H. Yama, "The Benefits of Argumentation Are Cross-Culturally Robust; the Case of Japan," *Thinking and Reasoning* 22, no. 1 (2016).

27　Moshman and Geil, "Collaborative Reasoning."

28　Mercier and Sperber, *The Enigma of Reason*.

29　N. Oreskes, *Why Trust Science?* (Princeton, NJ: Princeton University Press, 2019), loc. 908 of 8,372, Kindle.

30　K. W. Phillips, "How Diversity Works," *Scientific American* 311, no. 4 (2014).

31　K. W. Phillips and D. L. Loyd, "When Surface and Deep-Level Diversity Collide: The Effects on Dissenting Group Members," *Organizational Behavior and Human Decision Process* 99, no. 2 (2006).

32　D. L. Loyd, C. S. Wang, K. W. Phillips, and R. B. Lount, "Social Category Diversity Promotes Premeeting Elaboration: The Role of Relationship Focus," *Organization Science* 24, no. 3 (2013).

33　A. L. Antonio et al., "Effects of Racial Diversity on Complex Thinking in College Students," *Psychological Science* 15, no. 8 (2004); Phillips, "How Diversity Works."

34　E. Mannix and M. A. Neale, "What Differences Make a Difference? The Promise and Reality of Diverse Teams in Organizations," *Psychological Science in the Public Interest* 6, no. 2 (2005), 31.

35　Mannix and Neale, "What Differences Make a Difference?"

36　事實上，有五花八門的認知網路模型可以用來模擬不同種類的系統。一般來說，認知網路是基於巴拉（Venkatesh Bala）和高雅爾（Sanjeev Goyal）的先驅研究工作。 Venkatesh Bala and Sanjeev Goyal, "Learning from Neighbours," *Review of Economic Studies* 65, no. 3 (1998).

37　Cailin O'Connor and James Owen Wetherall, *The Misinformation Age: How False Beliefs Spread* (New Haven, CT: Yale University Press, 2019).

38　Cailin O'Connor and James Owen Weatherall, "Scientific Polarization," *European Journal of Philosophy of Science* 8 (2018).

39　J. O. Weatherall, C. O'Connor, and J. P. Bruner, "How to Beat Science and Influence People: Policymakers and Propaganda in Epistemic Networks," *British Journal for the Philosophy of Science* 71, no. 4 (2020).

40　此處所呈現的關於菸草業的資料，來自 O'Connor and Wetherall, *The Misinformation Age* 中的描述，但大部分來自一項先驅研究，也就是 Naomi Oreskes and Erik M. Conway, *Merchants of Doubt: How a Handful of Scientists Obscured the Truth on Issues from Tobacco Smoke to Global Warming* (New York: Bloomsbury, 2019).

41　在我看來，把抽菸的風險聚焦於肺癌，其實是令人遺憾地目光短淺。抽菸明顯增加罹患肺癌的機會，人們對此有所憂慮是合情合理的。然而，肺氣腫、慢性阻塞性肺臟疾病、心臟病發、中風和其他也由抽菸造成的疾病所帶來的痛苦和死亡，遠比肺癌更為巨大。這裡運作的是可得性捷思法，而這種捷思法能幫到菸草業的忙，因為眾人一直低估了他們產品所造成的痛苦和死亡的完整規模。我並不是說不准人抽菸，也不是說菸草公司不准賣產品。然而，如果人選擇抽菸，就讓他們選擇這麼做的同時能獲得準確的風險評估吧。

42　我並非意指菸草業發表了傑出的科學研究，情況完全不是這樣。重點在於，藉著忽視分母以及用省略來說謊，就有可能以高品質資料來推動錯誤的結果。就如歐康納和魏瑟羅指出的，企圖藉由省略來說謊時，進行許多小研究會比較少的較大型研究更合適，因為前者提供了更大量擁有不正確結果而能讓人挑選報告的研究。

43　Bennett Holman and Justin Bruner, "Experimentation by Industrial Selection," *Philosophy of Science* 84, no. 5 (2017).

44　這論點也是由歐康納和魏瑟羅在 *The Misinformation Age* 提出的。

45　Garavan, Doherty, and Mynatt, "When Falsification Fails."

46　Kevin J. S. Zollman, "The Communication Structure of Epistemic Communities," *Philosophy of Science* 74, no. 5 (2007).

47　Kevin J. S. Zollman, "The Epistemic Benefit of Transient Diversity," *Erkenntnis* 72, no. 1 (2010).

第十二章　我們能否解決人類感知與推理的問題，且我們有必要試嗎？

1　D. T. Willingham, "Critical Thinking; Why Is It So Hard to Teach?," *American Educator* 31 (2007), 8.

2　S. O. Lilienfeld, R. Ammirati, and K. Landfield, "Giving Debiasing Away: Can Psychological Research on Correcting Cognitive Errors Promote Human Welfare?," *Perspectives on Psychological Science* 4, no. 4 (2009).

3　H. Arkes, "Costs and Benefits of Judgment Errors: Implications for Debiasing," *Psychological Bulletin* 110, no. 3 (1991).

4　天真現實論在哲學和心理學脈絡各有不一樣的意義；這裡用的是後者的脈絡。

5　Lilienfeld, Ammirati, and Landfield, "Giving Debiasing Away"; L. Ross and A. Ward, "Naive Realism in Everyday Life: Implications for Social Conflict and Misunderstanding," in *The Jean Piaget Symposium Series. Values and Knowledge*, ed. E. S. Reed, E. Turiel, and T. Brown (Hillsdale, NJ: Lawrence Erlbaum, 1996) , 103–35.

6   Lilienfeld, Ammirati, and Landfield, "Giving Debiasing Away."

7   Lilienfeld, Ammirati, and Landfield, "Giving Debiasing Away."

8   E. Pronin, T. Gilovich, and L. Ross, "Objectivity in the Eye of the Beholder: Divergent Perceptions of Bias in Self Versus Others," *Psychological Review* 111, no. 3 (2004).

9   H. R. Arkes, "Impediments to Accurate Clinical Judgment and Possible Ways to Minimize Their Impact," *Journal of Consulting and Clinical Psychology* 49, no. 3 (1981), 326.

10   Lilienfeld, Ammirati, and Landfield, "Giving Debiasing Away."

11   Willingham, "Critical Thinking," 10.

12   P. W. Cheng, K. J. Holyoak, R. E. Nisbett, and L. M. Oliver, "Pragmatic Versus Syntactic Approaches to Training Deductive Reasoning," *Cognitive Psychology* 18, no. 3 (1986).

13   Willingham, "Critical Thinking"; D. T. Willingham, "How to Teach Critical Thinking," in *Education Future Frontiers* (Department of Education, State of New South Wales, Australia, 2019).

14   Willingham, "Critical Thinking," 8.

15   Willingham, "Critical Thinking," 13.

16   Willingham, "How to Teach Critical Thinking."

17   G. Gigerenzer and U. Hoffrage, "How to Improve Bayesian Reasoning without Instruction: Frequency Formats," *Psychological Review* 102 (1995); P. Weber, K. Binder, and S. Krauss, "Why Can Only 24% Solve Bayesian Reasoning Problems in Natural Frequencies: Frequency Phobia in Spite of Probability Blindness," *Frontiers in Psychology* 9 (2018).

18   問的問題是，在所有恰巧有新針孔的人之中，有多少人海洛因成癮？這問題的答案是一個分數。分數的頂部是有針孔且海洛因成癮的人，而分數底部則是所有有針孔的人（成癮者或非成癮者）。重要的是要認清，所有沒新針孔的人就完全和這問題無關。所以，關於那些確實有新針孔的人，我們知道什麼？這個嘛，我們知道十萬人中有十人（0.01%）是海洛因成癮者，且這些人也全都會有新針孔，因為全部的成癮者都有。我們也知道一百九十人（0.19%）有新針孔但不是海洛因成癮者。所以，在所有有新針孔的人之中，那些真的是海洛英成癮者的分數是 10 / (10 + 190) = 10 / 200 = 兩百人中有十人 = 二十人中有一人（或者 5%）。這類問題對於瞭解醫療診斷來說極為重要。如果你驗出某種疾病的陽性，你有多大的可能真的有該疾病？這不只要看檢測的特徵，也要看疾病在總人數中的頻率。就算是訓練有素的醫生，往往也無法正確回答這問題，顯示了人類往往不善於應付這類問題。關於這問題的更詳細討論可見我的著作 *What Science Is and How It Really Works*, (Cambridge: Cambridge University Press, 2019), 192–95.

19 M. McDowell and P. Jacobs, "Meta-Analysis of the Effect of Natural Frequencies on Bayesian Reasoning," *Psychological Bulletin* 143, no. 12 (2017).

20 Weber, Binder, and Krauss, "Why Can Only 24% Solve Bayesian Reasoning Problems in Natural Frequencies," 1.

21 Weber, Binder, and Krauss, "Why Can Only 24% Solve Bayesian Reasoning Problems in Natural Frequencies," 11.

22 B. Swire-Thompson, J. DeGutis, and D. Lazer, "Searching for the Backfire Effect: Measurement and Design Considerations," *Journal of Applied Research in Memory and Cog- nition* 9, no. 3 (2020).

23 當然我的意思不是說，不管自然規則如何，所有事物都有同樣的發生機率。把紙放在火中，燒起來的機率遠高於它變成小鳥飛走的機率。我指的是在不確定性條件下更複雜的事件。

24 Robert B. Stinnett, *Day of Deceit: The Truth About FDR and Pearl Harbor* (New York: Free Press, 2000).

25 "Testimony of Condoleezza Rice Before 9/11 Commission," *New York Times*, April 8, 2004.

26 "Bin Ladin Determined to Strike in US," National Security Archive, August 6, 2001, Central Intelligence Agency, declassified and approved for release, April 10, 2004, https://irp.fas.org/cia/product/pdb080601.pdf.

27 L. J. Sanna, N. Schwarz, and S. L. Stocker, "When Debiasing Backfires: Accessible Content and Accessibility Experiences in Debiasing Hindsight," *Journal of Experimental Psychology: Learning, Memory, and Cognition* 28, no. 3 (2002).

28 接受比對的兩組參與者，會分別受指示想像兩個和十個不同結果，這數字是根據研究前調查選出來的；研究前調查查出了一種設想十個不同結果時會有的主觀困難感，但只想兩個不同結果就沒這種困難感。

29 P. M. Fernbach, T. Rogers, C. R. Fox, and S. A. Sloman, "Political Extremism Is Supported by an Illusion of Understanding," *Psychological Science* 24, no. 6 (2013).

30 L. Rozenblit and F. Keil, "The Misunderstood Limits of Folk Science: An Illusion of Explanatory Depth," *Cognitive Science* 26, no. 5 (2002).

31 Eli Pariser, *The Filter Bubble: How the New Personalized Web Is Changing What We Read and How We Think* (London: Penguin, 2011).

32 D. Geschke, J. Lorenz, and P. Holtz, "The Triple-Filter Bubble: Using Agent-Based Modelling to Test a Meta-Theoretical Framework for the Emergence of Filter Bubbles and Echo Chambers," *British Journal of Social Psychology* 58, no. 1 (2019), 129.

33 經編者提醒，我並非這些領域的研究者，而且我並不會因為這些領域的研究獲得更多支持，而在工作或私人方面直接受益。

參考書目

Al-Lamee, R., D. Thompson, H. M. Dehbi, S. Sen, K. Tang, J. Davies, T. Keeble, et al. "Percutaneous Coronary Intervention in Stable Angina (Orbita): A Double-Blind, Randomised Controlled Trial." *Lancet* 391, no. 10115 (2018): 31–40.

Althaus, Scott L. and Devon M. Largio. "When Osama Became Saddam: Origins and Consequences of the Change in America's Public Enemy #1." *PS: Political Science and Politics* 37, no. 4 (2004): 795–99.

An, S. "Antidepressant Direct-to-Consumer Advertising and Social Perception of the Prevalence of Depression: Application of the Availability Heuristic." *Health Communicatio*n 23, no. 6 (2008): 499–505.

Antonio, A. L., M. J. Chang, K. Hakuta, D. A. Kenny, S. Levin, and J. F. Milem. "Effects of Racial Diversity on Complex Thinking in College Students." *Psychological Science* 15, no. 8 (2004): 507–10.

Arkes, H. "Costs and Benefits of Judgment Errors: Implications for Debiasing." *Psychological Bulletin* 110, no. 3 (1991): 486–98.

——. "Impediments to Accurate Clinical Judgment and Possible Ways to Minimize Their Impact." *Journal of Consulting and Clinical Psychology* 49, no. 3 (1981): 323–30.

Bagley, C., and P. Tremblay. "Elevated Rates of Suicidal Behavior in Gay, Lesbian, and Bisexual Youth." *Crisi*s 21, no. 3 (2000): 111–7.

Baker, Monya. "Over Half of Psychology Studies Fail Reproducibility Test." *Nature News*, August 27, 2015. https://www.nature.com/articles/nature.2015.18248.

Baker, Peter. "Trump Pardons Scooter Libby in a Case That Mirrors His Own." *New York Times*, April 13, 2018.

Baker, Peter, and Michael Cooper. "In Romney and Obama Speeches, Selective Truths." *New York Times*, June 19, 2012.

Bala, Venkatesh, and Sanjeev Goyal. "Learning from Neighbours." *Review of Economic Studies* 65, no. 3 (1998): 595–621.

Bar-Hillel, M., D. Bar-Natan, and B. McKay. "Solving the Bible Code Puzzle." *Statistical Science* 14 (1999): 150–73.

Baron, J. "Myside Bias in Thinking About Abortion." *Thinking and Reasoning* 1, no. 3 (1995): 221–35.

Barr, Jeremy. "Axios's Jonathan Swan Is the Latest Interviewer to Leave Trump Gasping on TV." *Washington Post*, August 4, 2020.

Bering, Jesse. *The Belief Instinct: The Psychology of Souls, Destiny, and the Meaning of Life*. New York:

Norton, 2011.

"Bin Ladin Determined to Strike in US." National Security Archive, August 6, 2001. Central Intelligence Agency, declassified and approved for release, April 10, 2004. https://irp.fas.org/cia/product/pdb080601.pdf.

Boulware, D. R., M. F. Pullen, A. S. Bangdiwala, K. A. Pastick, S. M. Lofgren, E. C. Okafor, C. P. Skipper, et al. "A Randomized Trial of Hydroxychloroquine as Postexposure Prophylaxis for Covid-19." *New England Journal of Medicine* 383, no. 6 (2020): 517–25.

"Brandon Mroz Lands Historic Quad Lutz." ESPN, November 12, 2011. https://www.espn.com/olympics/figureskating/story/_/id/7223251/brandon-mroz-makes-skating-history-quadruple-lutz-nhk-trophy.

Bruner, J. S., and M. C. Potter. "Interference in Visual Recognition." *Science* 144, no. 3617 (1964): 424–5.

Buerkel-Rothfuss, N. L., and S. Mayes. "Soap Opera Viewing: The Cultivation Effect." *Journal of Communication* 31, no. 3 (1981): 108–15.

Bump, Philip. "Trump's Stunning Claim That He's Taking Hydroxychloroquine Could Trigger a Cascade of Negative Effects." *Washington Post*, May 18, 2020.

Burns, Alexander. "Choice Words from Donald Trump, Presidential Candidate." *New York Times*, June 16, 2015.

Butcher, Kristin F., and Anne Morrison Piehl. "Crime, Corrections, and California: What Does Immigration Have to Do with It?" *Public Policy Institute of California Population Trends and Profiles* 9, no. 3 (2008).

California State Auditor. "The CalGant Criminal Intelligence System Report." Report 2015-130, Sacramento, California, August 2016.

Chabria, Anita, Kevin Rector, and C. Chang. "California Bars Police from Using LAPD Records in Gang Database. Critics Want It Axed." *Los Angeles Times*, July 14, 2020.

Chabris, Christopher, and Daniel Simons. *The Invisible Gorilla: How Our Intuitions Deceive Us.* New York: Crown Publishing, 2009.

Cheney, Richard. "Cheney on Bin Laden Tape." By Tim Russert. *Meet the Press*, NBC, December 9, 2001.

Cheng, P. W., K. J. Holyoak, R. E. Nisbett, and L. M. Oliver. "Pragmatic Versus Syntactic Approaches to Training Deductive Reasoning." *Cognitive Psychology* 18, no. 3 (1986): 293–328.

Cherney, A. "The Effect of Common Features on Brand Choice: Moderating the Effect of Attribute Importance." *Journal of Consumer Research* 23 (1997): 304–11.

Chulov, Martin, and Helen Pidd. "Curveball: How US Was Duped by Iraqi Fantasist Looking to Topple Saddam." *Guardian,* February 15, 2011.

Churchland, Patricia S., V. S. Ramachandran, and Terrence J. Sejnowski. "A Critique of Pure Vision." In *Large Scale Neuronal Theories of the Brain*, ed. Christof Koch and Joel L. Davis, 23–60. Cambridge, MA: MIT Press, 1994.

"Citrus Christ? Cheesus? 13 Religious Sightings: God Is Everywhere-Including an Orange, a Cat's Fur and a Bag of Cheetos." *Today*, July 20, 2011. http://www.today.com/id/39750888/ns/today-today_news/t/citrus-christ-cheesus-religious-sightings/#.XlvWbnwo6Ul.

Cosmides, L. "The Logic of Social Exchange: Has Natural Selection Shaped How Humans Reason?

Studies with the Wason Selection Task." *Cognition* 31, no. 3 (1989): 187–276.

Cosmides, L., and J. Tooby. "Adaptations for Reasoning About Social Exchange." In *The Handbook of Evolutionary Psychology*, ed. D. M. Buss, 625–28. Hoboken, NJ: Wiley, 2015.

Creators Syndicate. "The CIA Leak." *CNN Inside Politics*, CNN, October 1, 2003.

Cruz, Ted. "One-on-One Interview with Ted Cruz." By Jay Root, *Texas Tribune,* March 25, 2015. https://www.texastribune.org/2015/03/24/livestream-one-on-one-interview-with-ted-cruz/

———. "Scientific Evidence Doesn't Support Global Warming, Sen. Ted Cruz Says." By Steve Inskeep and David Greene. *Morning Edition*, NPR, December 9, 2015.

Davies, Paul. *The Goldilocks Enigma: Why Is the Universe Just Right for Life?* London: Allen Lane, 2006.

de Wit, J. B. F., E. Das, and R. Vet. "What Works Best: Objective Statistics or a Personal Testimonial? An Assessment of the Persuasive Effects of Different Types of Message Evidence on Risk Perception." *Health Psychology* 27, no. 1 (2008): 110–15.

Dear, William. *The Dungeon Master: The Disappearance of James Dallas Egbert III.* Boston: Houghton Mifflin, 1984.

Dembski, William A. *The Design Inference: Eliminating Chance Through Small Probabilities.* Cambridge Studies in Probability, Induction and Decision Theory. Cambridge: Cambridge University Press, 1998.

Draper, R. *To Start a War: How the Bush Administration Took America into Iraq.* New York: Penguin, 2020.

Drosnin, Michael. *The Bible Code.* New York: Touchstone, 1998.

Dutton, Kevin. *Black and White Thinking: The Burden of a Binary Brain in a Complex World.*ondon: Bantam, 2020.

Editorial Board. "Who Will Kill or Be Killed in Violence-Plagued Chicago? The Algorithm Knows." *Chicago Tribune,* May 10, 2016.

Edward, Mark. "The Clown in the Graveyard." *Skeptical Inquirer*, April 20, 2016. https://skepticalinquirer.org/exclusive/the-clown-in-the-graveyard/.

Evans, J. S. B. T. "Interpretation and Matching Bias in a Reasoning Task." *Quarterly Journal of Experimental Psychology* 24, no. 2 (1972): 193–99.

———. "Reasoning, Biases and Dual Processes: The Lasting Impact of Wason (1960)." *Quarterly Journal of Experimental Psychology* 69, no. 10 (2016): 2076–92.

"Excess Deaths Associated with Covid-19." Centers for Disease Control and Prevention, National Center for Health Statistics. Last reviewed November 6, 2015. https://www.cdc.gov/nchs/nvss/vsrr/covid19/excess_deaths.htm accessed 9-19-2020.

Ferguson, Andrew Gutherie. *The Rise of Big Data Policing: Surveillance, Race and the Future of Law Enforcement.* New York: New York University Press, 2017.

Ferguson, C. J. "Evidence for Publication Bias in Video Game Violence Effects Literature: A Meta-Analytic Review." *Aggression and Violent Behavior* 12, no. 4 (2007): 470–82.

Fernbach, P. M., T. Rogers, C. R. Fox, and S. A. Sloman. "Political Extremism Is Supported by an Illusion of Understanding." *Psychological Science* 24, no. 6 (2013): 939–46.

Frederick, S. "Cognitive Reflection and Decision Making." *Journal of Economic Perspectives* 19, no. 4 (2005): 25–42.

"Frequently Asked Questions." Centers for Disease Control and Prevention. Last reviewed

November 26, 2019. https://www.cdc.gov/plague/faq/index.html.

Garavan, H., M. E. Doherty, and C. R. Mynatt. "When Falsification Fails." *Irish Journal of Psychology* 18, no. 3 (1997): 267–92.

German, Mike. *Disrupt, Discredit and Divide: How the New FBI Damages Democracy.* New York: New Press, 2019.

Geschke, D., J. Lorenz, and P. Holtz. "The Triple-Filter Bubble: Using Agent-Based Modelling to Test a Meta-Theoretical Framework for the Emergence of Filter Bubbles and Echo Chambers." *British Journal of Social Psychology* 58, no. 1 (2019): 129–49.

Gigerenzer, G. "Heuristics That Make Us Smart." Paper presented at the *World Minds Annual Symposium*, Zurich, December 2011.

Gigerenzer, G., and U. Hoffrage. "How to Improve Bayesian Reasoning without Instruction: Frequency Formats." *Psychological Review* 102 (1995): 684–703

Gigerenzer, G., and K. Hug. "Domain-Specific Reasoning: Social Contracts, Cheating, and Perspective Change." *Cognition* 43, no. 2 (1992): 127–71.

Gopnik, A. "Explanation as Orgasm and the Drive for Causal Understanding: The Evolution, Function, and Phenomenology of the Theory-Formation System." In *Cognition and Explanation*, ed. F. Keil and R. Wilson, 299–323. Cambridge, MA: MIT Press, 2000.

Gorman, Sara E., and Jack M. Gorman. *Denying to the Grave: Why We Ignore the Facts That Will Save Us.* New York: Oxford University Press, 2017.

Gratzer, W. *The Undergrowth of Science: Delusion, Self-Deception and Human Frailty.* Oxford: Oxford University Press, 2000.

Green, Elizabeth. "Why Do Americans Stink at Math?" *New York Times Magazine,* July 23, 2014.

Griffiths, Mark, and Richard Wood. "The Psychology of Lottery Gambling." *International Gambling Studies* 1, no. 1 (2001): 27–45.

Haberman, Clyde. "When Dungeons & Dragons Set Off a 'Moral Panic.' " *New York Times Retro Report,* April 17, 2016.

Hansen, J., R. Ruedy, M. Sato, and K. Lo. "Global Surface Temperature Change." *Review of Geophysics* 48, no. 4 (2010): RG4004.

Harris, Richard. *How Sloppy Science Creates Worthless Cures, Crushes Hope, and Wastes Billions.* New York: Basic Books, 2017.

Head, M. L., L. Holman, R. Lanfear, A. T. Kahn, and M. D. Jennions. "The Extent and Consequences of P-Hacking in Science." *PLoS Biology* 13, no. 3 (2015): e1002106.

Hertz, Noreena. *Eyes Wide Open: How to Make Smart Decisions in a Confusing World.* New York: HarperCollins, 2013.

Holman, Bennett, and Justin Bruner. "Experimentation by Industrial Selection." *Philosophy of Science* 84, no. 5 (2017): 1008–19.

Hoyle, Fred. "The Universe: Past and Present Reflections." *Engineering and Science Magazine,* November 1981, 8–12.

Jehl, Douglas. "Qaeda-Iraq Link U.S. Cited Is Tied to Coercion Claim." *New York Times,* December 9, 2005.

Johnson, Jenna. " 'A Lot of People Are Saying . . .': How Trump Spreads Conspiracies and Innuendoes." *Washington Post,* June 13, 2016.

Kahneman, Daniel, and Frederick Shane. "Representativeness Revisted: Attribute Substitution in Intuitive Judgement." In *Heuristics and Biases: The Psychology of Intuitive Judgment*, ed. Thomas Gilovich, Dale Griffin, and Daniel Kahneman, 49–81. Cambridge, UK: Cambridge University Press, 2002.

Kahneman, Daniel, Paul Slovic, and Amos Tversky. *Judgement under Uncertainty: Heuristics and Biases.* London: Cambridge University Press, 1982.

Kampourakis, Kostas. *Understanding Evolution.* Cambridge: Cambridge University Press, 2020.

Kask, T. J. "Dragon Rumbles." *The Dragon,* October 1979.

Kazoleas, Dean C. "A Comparison of the Persuasive Effectiveness of Qualitative Versus Quantitative Evidence. A Test of Explanatory Hypotheses." *Communications Quarterly* 41, no. 1 (1993): 40–50.

Kern, L. H., H. L. Mirels, and V. G. Hinshaw. "Scientists' Understanding of Propositional Logic: An Experimental Investigation." *Social Studies of Science* 13, no. 1 (1983): 131–46.

Kessler, Glenn. "Valerie Plame's Claim That Scooter Libby Leaked Her Identity." *Washington Post,* September 10, 2019.

Klein, J. G. "Five Pitfalls in Decisions About Diagnosis and Prescribing." *British Medical Journal* 330, no. 7494 (2005): 781–3.

Koehler, J. J. "One in Millions, Billions, and Trillions: Lessons from People V. Collins (1968) for People V. Simpson (1995)." *Journal of Legal Education* 147, no. 2 (June 1997): 214–23.

Kunda, Z. "The Case for Motivated Reasoning." *Psychological Bulletin* 108, no. 3 (1990): 480–98.

Lehrer, Tom. "Dialog." *Track* 11, "We Will All Go Together When We Go." On *An Evening Wasted with Tom Lehrer.* Warner Bros Records, 1959.

Leslie, John. *Universes.* London: Routledge, 1989.

Levitan, D. *Not a Scientist: How Politicians Mistake, Misrepresent, and Utterly Mangle Science.* New York: Norton, 2017.

Lichtblau, Eric. "2002 Memo Doubted Uranium Sale Claim." *New York Times,* January 18, 2006.

Lilienfeld, S. O., R. Ammirati, and K. Landfield. "Giving Debiasing Away: Can Psychological Research on Correcting Cognitive Errors Promote Human Welfare?" *Perspectives on Psychological Science* 4, no. 4 (Jul 2009): 390–8.

Lind, M., M. Visentini, T. Mantyla, and F. Del Missier. "Choice-Supportive Misremembering: A New Taxonomy and Review." *Frontiers in Psychology* 8 (2017): 2062.

Lipton, Peter. *Inference to the Best Explanation.* 2nd ed. International Library of Philosophy. London: Routledge, 2004.

Lord, C. G., L. Ross, and M. R. Lepper. "Biased Assimilation and Attitude Polarization. The Effects of Prior Theories on Subsequently Considered Evidence." *Journal of Personality and Social Psychology* 37, no. 11 (1979): 2098–109.

Loyd, D. L., C. S. Wang, K. W. Phillips, and R. B. Lount. "Social Category Diversity Promotes Premeeting Elaboration: The Role of Relationship Focus." *Organization Science* 24, no. 3 (2013): 757–72.

Mangel, M., and F. J. Samaniego. "Abraham Wald's Work on Aircraft Survivability." *Journal of American Statistical Association* 79, no. 386 (1984): 259–67.

Manktelow, K. *Reasoning and Thinking.* East Sussex, UK: Psychology Press, 1999.

Mannix, E., and M. A. Neale. "What Differences Make a Difference? The Promise and Reality of Diverse Teams in Organizations." *Psychological Science in the Public Interest* 6, no. 2 (2005):

31–55.

Markowitz, Harry. "Portfolio Selection." *Journal of Finance* 7, no. 1 (1952): 77–91.

Matthews, Jeffrey J. Colin Powell: *Imperfect Patriot*. Notre Dame, IN: University of Notre Dame Press, 2019.

McConkie, G. W., and K. Rayner. "The Span of Effective Stimulus During a Fixation in Reading." *Perception and Psychophysics* 17, no. 6 (1975): 578–86.

McDowell, M., and P. Jacobs. "Meta-Analysis of the Effect of Natural Frequencies on Bayesian Reasoning." *Psychological Bulletin* 143, no. 12 (2017): 1273–312.

McIntyre, Lee. *Post-Truth*. Cambridge, MA: MIT Press, 2018.

———. *The Scientific Attitude: Defending Science from Denial, Fraud, and Pseudoscience*. Cambridge, MA: MIT Press, 2019.

McLaren, Karla. "Bridging the Chasm Between Two Cultures." *Skeptical Inquirer* 28, no. 3 (2004): 47–52.

Mercier, H. "Confirmation Bias-Myside Bias." In *Cognitive Illusions: Intriguing Phenomena in Thinking, Judgment and Memory*, ed. R. F. Pohl, 99–114. London: Routledge, 2017.

Mercier, H., M. Deguchi, J. B. Van der Henst, and H. Yama. "The Benefits of Argumentation Are Cross-Culturally Robust; the Case of Japan." *Thinking and Reasoning* 22, no. 1 (2016): 1–15.

Mercier, H., and D. Sperber. *The Enigma of Reason*. Cambridge, MA: Harvard University Press, 2017.

Meyer, Stephen C. *The Return of the God Hypothesis: Compelling Scientific Evidence for the Existence of God*. New York: HarperOne, 2020.

Miller, G. A. *The Psychology of Communication*. New York: Basic Books, 1967.

Moshman, D., and M. Geil. "Collaborative Reasoning: Evidence for Collective Rationality." *Thinking and Reasoning* 4, no. 3 (1998): 231–48.

Muller, Jerry Z. *The Tyranny of Metrics*. Princeton, NJ: Princeton University Press, 2018.

Mylroie, Laurie. *Study of Revenge: Saddam Hussein's Unfinished War Against America*. Washington, DC: AIE Press, 2000.

National Safety Council of America. "Odds of Dying." https://injuryfacts.nsc.org/all-injuries/preventable-death-overview/odds-of-dying/?

Nichols, Michelle. "Ex-CIA Chief Says 'Slam Dunk' Iraq Quote Misused." *Reuters*, April 26, 2007.

Nickerson, R. S. "Confirmation Bias: A Ubiquitous Phenomenon in Many Guises." *Review of General Psychology* 2, no. 2 (1998): 175–220.

Nostradamus. *The Complete Prophecies of Nostradamus*. New York: Start Publishing, 2012.

Nowrasteh, Alex. "Immigration and Crime—What the Research Says." Cato at Library (blog), June 14, 2015. https://www.cato.org/blog/immigration-crime-what-research-says.

———. "The White House's Misleading & Error Ridden Narrative on Immigrants and Crime." Cato at Library (blog), June 25, 2018. https://www.cato.org/blog/white-houses-misleading-error-ridden-narrative-immigrants-crime.

O'Connor, Cailin, and James Owen Weatherall. "Scientific Polarization." *European Journal of Philosophy of Science* 8 (2018): 855–75.

———. *The Misinformation Age: How False Beliefs Spread*. New Haven, CT: Yale University Press, 2019.

O'Guinn, T. C., and L. J. Shrum. "The Role of Television in the Construction of Consumer

Reality." *Journal of Consumer Research* 23 (1997): 278–94.

Oreskes, Naomi. *Why Trust Science?* Princeton, NJ: Princeton University Press, 2019.

Oreskes, Naomi, and Erik M. Conway. *Merchants of Doubt: How a Handful of Scientists Obscured the Truth on Issues from Tobacco Smoke to Global Warming.* New York: Bloomsbury, 2019.

Paley, William. *Natural Theology, or, Evidences of the Existence and Attributes of the Deity, Collected from the Appearances of Nature.* London: R. Faulder, 1803.

Pammer, K., S. Sabadas, and S. Lentern. "Allocating Attention to Detect Motorcycles: The Role of Inattentional Blindness." *Human Factors* 60, no. 1 (2018): 5–19.

Pariser, Eli. *The Filter Bubble: How the New Personalized Web Is Changing What We Read and How We Think.* London: Penguin, 2011.

Paulos, John A. *Innumeracy: Mathematical Illiteracy and Its Consequences.* New York: Hill and Wang, 2001.

Penrose, Roger. *The Emperor's New Mind: Concerning Computers, Minds, and the Laws of Physics.* Oxford: Oxford University Press, 1989.

People V. Collins, 438, P.2d 33, 34 (Cal. 1968) (1968).

Perez-Pena, Richard. "Contrary to Trump's Claims, Immigrants Are Less Likely to Commit Crimes." *New York Times*, January 26, 2017.

Peterson, C. R., and W. M. DuCharme. "A Primacy Effect in Subjective Probability Revision." *Journal of Experimental Psychology* 73, no. 1 (1967): 61–5.

Peterson, Jon. *Playing at the World: A History of Simulating Wars, People and Fantastic Adventures, from Chess to Role-Playing Games.* San Diego, CA: Unreason Press, 2012.

Phillips, K. W. "How Diversity Works." *Scientific American* 311, no. 4 (2014): 42–7.

Phillips, K. W., and D. L. Loyd. "When Surface and Deep-Level Diversity Collide: The Effects on Dissenting Group Members." *Organizational Behavior and Human Decision Process* 99, no. 2 (2006): 143–60.

Pitz, G. F., L. Downing, and H. Reinhold. "Sequential Effects in the Revision of Subjective Probabilities." *Canadian Journal of Psychology* 21 (1967): 381–93.

Poses, R. M., and M. Anthony. "Availability, Wishful Thinking, and Physicians' Diagnostic Judgments for Patients with Suspected Bacteremia." *Medical Decision Making* 11, no. 3 (1991): 159–68.

Pronin, E., T. Gilovich, and L. Ross. "Objectivity in the Eye of the Beholder: Divergent Perceptions of Bias in Self Versus Others." *Psychological Review* 111, no. 3 (2004): 781–99.

Rappeport, Allan, and Alexander Burns. "Donald Trump Says He Will Accept Election Outcome ('If I Win')." *New York Times,* October 20, 2016.

Rice, Condoleezza. By Wolf Blitzer. CNN Late Edition with Wolf Blitzer, CNN, September 8, 2002.

Rosenbaum, David E. "A Closer Look at Cheney and Halliburton." *New York Times,* September 28, 2004.

Rosenberg, Matthew. "Afghan Sign of Progress Turns out to Be Error." *New York Times,* February 26, 2013.

Ross, L., and A. Ward. "Naive Realism in Everyday Life: Implications for Social Conflict and Misunderstanding." In *The Jean Piaget Symposium Series. Values and Knowledge*, ed. E. S. Reed, E. Turiel, and T. Brown, 103–35. *Hillsdale*, NJ: Lawrence Erlbaum, 1996.

Rozenblit, L., and F. Keil. "The Misunderstood Limits of Folk Science: An Illusion of Explanatory Depth." *Cognitive Science* 26, no. 5 (2002): 521–62.

Rumsfeld, Donald. By Stephen Colbert. *The Late Show with Stephen Colbert, CBS,* January 26, 2016.

Sanna, L. J., N. Schwarz, and S. L. Stocker. "When Debiasing Backfires: Accessible Content and Accessibility Experiences in Debiasing Hindsight." *Journal of Experimental Psychology: Learning, Memory, and Cognition* 28, no. 3 (2002): 497–502.

Schatz, Bryan. "A Former FBI Whistleblower Explains Why the Federal Government Is Failing on Domestic Terrorism—and How to Fix It." *Mother Jones,* August 7, 2019.

Seelye, Katharine Q. "Fraction of Americans with Drug Addition Receive Treatment, Surgeon General Says." *New York Times,* November 17, 2016.

Self, W. H., M. W. Semler, L. M. Leither, J. D. Casey, D. C. Angus, R. G. Brower, S. Y. Chang, et al. "Effect of Hydroxychloroquine on Clinical Status at 14 Days in Hospitalized Patients with Covid-19: A Randomized Clinical Trial." *Journal of the American Medical Association* 324, no. 21 (2020): 2165–76.

Shanker, Thom "New Strategy Vindicates Ex-Army Chief Shinseki." *New York Times,* January 12, 2007.

"The Share of Covid-19 Tests That Are Positive." Our World in Data, University of Oxford, Oxford Martin School. https://ourworldindata.org/grapher/positive-rate-daily-smoothed?tab=chart&time=earliest..2020-07-28.

Shao, R., and Y. Wang. "The Relation of Violent Video Games to Adolescent Aggression: An Examination of Moderated Mediation Effect." *Frontiers in Psychology* 10 (2019): 384.

Shermer, Michael. *How We Believe: Science, Skepticism, and the Search of God.* New York: W. H. Freeman, 1999.

Simmons, J. P., L. D. Nelson, and U. Simonsohn. "False-Positive Psychology: Undisclosed Flexibility in Data Collection and Analysis Allows Presenting Anything as Significant." *Psychological Science* 22, no. 11 (2011): 1359–66.

Sinclair, Upton. *I, Candidate for Governor: And How I Got Licked.* Berkeley: University of California Press, 1934.

Sloman, Steven A., and Philip Fernback. *The Knowledge Illusion: Why We Never Think Alone.* New York: Riverhead, 2017.

Smith, Gary. *Standard Deviations: Flawed Assumptions, Tortured Data, and Other Ways to Lie with Statistics.* New York: Overlook Duckworth, 2019.

Stenger, Victor J. *The Fallacy of Fine-Tuning: Why the Universe Is Not Designed for Us.* Amherst, NY: Prometheus, 2011.

Stewart, S. T., D. M. Cutler, and A. B. Rosen. "Forecasting the Effects of Obesity and Smoking on U.S. Life Expectancy." *New England Journal of Medicine* 361, no. 23 (2009): 2252–60.

Stinnett, Robert B. *Day of Deceit: The Truth About FDR and Pearl Harbor.* New York: Free Press, 2000.

Stout, David. "Subject of C.I.A. Leak Testifies on Capitol Hill." *New York Times,* March 16, 2007.

Swire-Thompson, B., J. DeGutis, and D. Lazer. "Searching for the Backfire Effect: Measurement and Design Considerations." *Journal of Applied Research in Memory and Cognition* 9, no. 3 (2020): 286–99.

Tenet, George. *At the Center of the Storm: My Years at the CIA.* New York: Harper Luxe, 2007.

"Testimony of Condoleezza Rice Before 9/11 Commission." *New York Times,* April 8, 2004.

Thoreau, Henry David. "Autumnal Tints." *The Atlantic,* 1862.

Thucydides. *History of the Peloponnesian War.* Trans. Rex Warner, ed. M. I. Finley. London: Penguin Classics, 1972.

Tik, M., R. Sladky, C. D. B. Luft, D. Willinger, A. Hoffmann, M. J. Banissy, J. Bhattacharya, and C. Windischberger. "Ultra-High-Field fMRI Insights on Insight: Neural Correlates of the Aha!-Moment." *Human Brain Mapping* 39, no. 8 (2018): 3241–52.

Tuchman, Barbara W. *The March of Folly: From Troy to Vietnam.* New York: Random House, 2014.

Tversky, Amos, and Daniel Kahneman. "Availability: A Heuristic for Judging Frequency and Probability." *Cognitive Psychology* 5, no. 2 (1973): 207–32.

Tweney, R. D., M. E. Doherty, W. J. Warner, D. B. Pliske, C. R. Mynatt, K. A. Gross, and D. L. Arkkelin. "Strategies of Rule Discovery in an Inference Task." *Quarterly Journal of Experimental Psychology* 32 (1980): 109–23.

U.S. Bureau of Labor Statistics. "Labor Force Statistics from the Current Population Survey." https://data.bls.gov/pdq/SurveyOutputServlet.

"U.S. Passenger-Miles." U.S. Department of Transportation Bureau of Transportation Statistics. https://www.bts.gov/content/us-passenger-miles.

Van Dam, Andrew. "The Awful Reason Wages Appeared to Soar in the Middle of a Pandemic." *Washington Post,* May 8, 2020.

Vigen, Tyler. *Spurious Correlations.* New York: Hachette, 2015.

Vincent, M. J., E. Bergeron, S. Benjannet, B. R. Erickson, P. E. Rollin, T. G. Ksiazek, N. G. Seidah, and S. T. Nichol. "Chloroquine Is a Potent Inhibitor of SARS Coronavirus Infection and Spread." *Virology Journal* 2 (2005): 69.

Von Drehle, David, and Jeffrey R. Smit. "U.S. Strikes Iraq for Plot to Kill Bush." *Washington Post,* June 27, 1993.

Wainberg, James. "Stories vs. Statistics: The Impact of Anecdotal Data on Managerial Decision Making." In *Advances in Accounting Behavior Research,* ed. K. E. Karim, 127–42. Bingley, UK: Emerald, 2019.

Wainberg, James, Thomas Kida, and James Smith. "Stories vs. Statistics: The Impact of Anecdotal Data on Professional Decision Making." *SSRN Electronic Journal* (2010). doi:10.2139/ssrn.1571358.

Walliss, John. *The Bloody Code in England and Wales, 1760–1830. World Histories of Crime, Culture and Violence.,*ed. M. Muravyeva and R. M. Tovio. Cham, Switzerland: Palgrave Macmillan, 2018.

Walsh, N. P. "The Lies That Were Told to Sustain the US and UK Mission in Afghanistan." *CNN,* May 30, 2021.

"Washington Post Police Shooting Database." https://www.washingtonpost.com/graphics/investigations/police-shootings-database/.

Wason, P. C. "On the Failure to Eliminate Hypotheses in a Conceptual Task." *Quarterly Journal of Experimental Psychology* 12, no. 3 (1960): 129–40.

Wasserstein, R. L., and N. A. Lazar. "The ASA Statement on p-Values: Context, Process, and Purpose." *American Statistician* 70, no. 2 (2016): 129–33.

Weatherall, J. O., C. O'Connor, and J. P. Bruner. "How to Beat Science and Influence People: Policymakers and Propaganda in Epistemic Networks." *British Journal for the Philosophy of Science* 71, no. 4 (2020): 1–30.

Weber, P., K. Binder, and S. Krauss. "Why Can Only 24% Solve Bayesian Reasoning Problems in Natural Frequencies: Frequency Phobia in Spite of Probability Blindness." *Frontiers in Psychology* 9 (2018): 1833.

Westen, D., P. S. Blagov, K. Harenski, C. Kilts, and S. Hamann. "Neural Bases of Motivated Reasoning: An fMRI Study of Emotional Constraints on Partisan Political Judgment in the 2004 U.S. Presidential Election." *Journal of Cognitive Neuroscience* 18, no. 11 (2006): 1947–58.

The White House. President George W. Bush Archives. "President Bush Outlines Iraqi Threat." Office of the Press Secretary, October 7, 2002. https://georgewbush-whitehouse.archives. gov/news/releases/2002/10/20021007-8.html.

Willingham, D. T. "Critical Thinking; Why Is It So Hard to Teach?" *American Educator* 31 (2007): 8–19.

——. "How to Teach Critical Thinking." In *Education Future Frontiers. Occasional Paper Serie*s. Department of Education, State of New South Wales, Australia, 2019.

Winterbottom, A., H. L. Bekker, M. Conner, and A. Mooney. "Does Narrative Information Bias Individual's Decision Making? A Systematic Review." *Social Science and Medicine* 67, no. 12 (2008): 2079–88.

Wolfowitz, Paul, and Zalmay Khalilzad. "Overthrow Him." *Weekly Standard,* December 1, 1997.

Woodward, Bob. *Plan of Attack*. New York: Simon & Schuster, 2004.

Zimring, James C. "We're Incentivizing Bad Science." *Scientific American*, October 29, 2019.

——. *What Science Is and How It Really Works* (Cambridge: Cambridge University Press, 2019).

Zollman, Kevin J. S. "The Communication Structure of Epistemic Communities." *Philosophy of Science* 74, no. 5 (2007): 574–87.

——. "The Epistemic Benefit of Transient Diversity." *Erkenntnis* 72, no. 1 (2010): 17–35.

鷹之喙 04

誤判的總和：
我們的心智如何被分數扭曲，並學會克服它
Partial Truths：How Fractions Distort Our Thinking

作　　　者　　詹姆斯・齊姆林 James C. Zimring
譯　　　者　　唐澄暐

副 總 編 輯　　成怡夏
責 任 編 輯　　成怡夏
行 銷 總 監　　蔡慧華
封 面 設 計　　莊謹銘
內 頁 排 版　　宸遠彩藝

出　　　版　　遠足文化事業股份有限公司 鷹出版
發　　　行　　遠足文化事業股份有限公司（讀書共和國出版集團）
　　　　　　　231 新北市新店區民權路 108 之 2 號 9 樓
客 服 信 箱　　gusa0601@gmail.com
電　　　話　　02-22181417
傳　　　真　　02-86611891
客 服 專 線　　0800-221029

法 律 顧 問　　華洋法律事務所 蘇文生律師
印　　　刷　　成陽印刷股份有限公司

初　　　版　　2023 年 10 月
初 版 二 刷　　2023 年 12 月
定　　　價　　500 元

I　S　B　N　　9786267255186（平裝）
　　　　　　　9786267255193（PDF）
　　　　　　　9786267255209（EPUB）

國家圖書館出版品預行編目 (CIP) 資料

誤判的總和：我們的心智如何被分數扭曲，並學會克服它 / 詹姆斯 . 齊姆林 (James C.
Zimring) 作；唐澄暐譯 . -- 初版 . -- 新北市：遠足文化事業股份有限公司鷹出版：遠足
文化事業股份有限公司發行, 2023.10
　　面；　公分 . -- (鷹之喙；4)
譯自：Partial truths : how fractions distort our thinking
ISBN 978-626-7255-18-6(平裝)

1. 認知心理學　2. 思考　3. 機率　4. 分數

176.3　　　　　　　　　　　　　　　　　　　　　　　　　　　112015240